银行抵债资产疑难问题及案例解析

谭兴民 编著

中国财经出版传媒集团
中国财政经济出版社
北京

图书在版编目（CIP）数据

银行抵债资产疑难问题及案例解析／谭兴民编著
．－－北京：中国财政经济出版社，2023.11
ISBN 978－7－5223－2259－9

Ⅰ．①银… Ⅱ．①谭… Ⅲ．①银行－抵押－经济管理
－法规－中国 Ⅳ．①D922.281

中国国家版本馆 CIP 数据核字（2023）第 098043 号

责任编辑：张　莹　　　　责任校对：胡永立
封面设计：陈宇琰　　　　责任印制：党　辉

银行抵债资产疑难问题及案例解析
YINHANG DIZHAI ZICHAN YINAN WENTI JI ANLI JIEXI

中国财政经济出版社 出版

URL：http：//www.cfeph.cn
E－mail：cfeph@cfeph.cn

（版权所有　翻印必究）

社址：北京市海淀区阜成路甲 28 号　邮政编码：100142
营销中心电话：010－88191522
天猫网店：中国财政经济出版社旗舰店
网址：https：//zgczjjcbs.tmall.com
北京财经印刷厂印刷　各地新华书店经销
成品尺寸：170mm×240mm　16 开　19 印张　301 000 字
2023 年 11 月第 1 版　2023 年 11 月北京第 1 次印刷
定价：72.00 元
ISBN 978－7－5223－2259－9
（图书出现印装问题，本社负责调换，电话：010－88190548）
本社质量投诉电话：010－88190744
打击盗版举报热线：010－88191661　QQ：2242791300

前 言

银行业不良贷款居高不下，不良率持续攀升，虽然解决的办法很多，但是，成效并不大。目前，最有效的方法就是收取客户的资产来抵偿债务，即：以物抵债。抵债资产的收取、保管、处置涉及方方面面，既有监管法律法规制约，又有银行管理操作规定，还涉及各类资产的特征、保管知识、处置方式，甚至还包括税收、出租、海关、船舶扣押等银行主营业务以外的相关知识，因此，在实际工作中会面临许多难点问题。同时，在以物抵债过程中还会遇到各种风险陷阱，稍有不慎就会导致银行利益受损。综上所述，对银行抵债资产问题进行解析十分必要，也十分迫切。

目前，市场上对银行抵债资产问题进行专门论述和解析的书籍并不多见。有鉴于此，笔者将多年对银行抵债问题的研究，以及大量案例的进行收集整理、归纳分析，提炼总结，并最终编撰成书。本书从基本要务谈起，共分为上、中、下三篇。

上篇共八章，全面、细致地回答了银行抵债资产在收取、保管与处置过程中的流程和注意事项，以及监管部门对各个环节的相关规定。本篇还将银行工作中的流程、相关规定和需要注意事项，通过案例展现在读者面前，方便读者学习和掌握相关知识。

中篇共六章，专门论述了银行抵债资产收取、保管与处置过程中遇到的风险陷阱与化解方法。银行在收取、保管与处置抵债资产过程中会遇到各种风险，这些风险都会侵害银行的利益，造成银行的损失，因此，需要做好防范，提前发现这些陷阱以便规避风险。本篇将这些风险的种类做了充分的揭示，提醒银行工作人员在工作中注意防范和细心识别。在识别风险的基础上，本篇还列举了化解的方法和手段，方便银行工作人员在日常工作中解决实际问题。

下篇共八章，全面、深刻地回答了产生被动抵债后果的授信风险应如何识别与防范。从抵、质押的基本知识和法律规定，到这些业务遇到的欺诈、陷阱后应如何识别以及抵、质押物被故意损毁后银行应如何处理等，本篇都做了详细的阐述。同时也对必须警惕的法律风险进行了深入分析和阐述。

为了让读者对相关问题有更深入的了解，本书在各篇的最后一章都专门设置案例解析，这些案例与前面的疑难问题相互呼应，便于读者对相关问题的深入理解。

本书有三个亮点。第一个亮点：新旧法律交替，推新除旧，分析解惑。本书对《民法典》实施下的新旧法律交替，分别进行了解惑，分析推新除旧的法律境况。《民法典》2021年1月1日正式实施，其中的第二编物权、第三编合同与银行抵债资产和抵押经济活动密切相关。在现有的书籍中关于银行抵债资产和抵押经济活动中分析新旧法规的差别、适用范围的改变、推新除旧的分析解惑论述不多。因此，银行工作人员急需一本在《民法典》实施下的准确、全面的操作指导用书。本书是银行在抵债和抵押活动中贯彻《民法典》，领会其中的法律精神的参考用书，可以帮助银行工作人员做好相关的工作。

第二个亮点：判决要点归纳整理，立足实务以案说法。疑难问题中往往涉及法律问题及案件，本书力求对疑难问题的解析更准确、更务实。因此，收集的一些案例的最终结果以法院的判决为依据，以求准确。在此基础上对判决要点进行归纳整理，体现了立足实务以案说法的精髓。

第三个亮点：形式新颖，方便阅读，实用性强。本书采用问答的形式，分上、中、下三篇，按照本书主题的逻辑一步一步深入，以几百例疑难问题及案例来解答现实中遇到的各类难题，用丰富的案例回答读者的疑惑。读者既可以从整体上把握，又可以用碎片化时间，有针对性地查阅一个个具体问题，很适合银行广大基层员工阅读，是一本解决实际问题的工具书。本书的内容对银行工作者在厘清思路和优化操作上都有所助益。

本书的内容来自笔者多年的工作经验积累和管理实践，更来自行业内外专家、同行给予的指导和帮助。尽管如此，在编撰过程中很多地方更改多稿，但由于资料有限，仍可能存在不成熟或错漏的地方，这些不足之处欢迎读者批评指正。

谭兴民
2023年10月15日于北京

目 录

上篇　银行抵债资产收取、保管与处置的基本要务

第一章　被动抵债是所有银行必须面对的难题 …… 3

1. 《民法典》的实施对银行抵债资产和抵押产生什么影响？ …… 3
2. 为什么说被动抵债是银行必须面对的难题？ …… 3
3. 银行不良资产处置有哪些常规手段？ …… 3
4. 什么是以物抵债？什么是抵债资产？ …… 4
5. 什么是不良贷款核销？核销以后原有的不良贷款是否不再需要清收？ …… 4
6. 我国金融企业（主要指银行）呆账核销经过了怎样的过程？ …… 5
7. 金融企业呆账核销以后为什么还要继续追偿？ …… 6
8. 我国银行业在贷款分类上发生过怎样的变化？ …… 6
9. 银行实施以物抵债有哪些重要作用？ …… 7
10. 银行收取抵债资产过程中会遇到哪些难题？ …… 7
11. 银行收取抵债资产后不及时处置会对银行的经营效益产生哪些不利影响？ …… 8
12. 银行在收取抵债资产过程中需要缴纳哪些费用？ …… 9
13. 抵债资产取得环节需缴纳税费应如何计算？ …… 10
14. 抵债资产保管环节产生的税费如何计算？ …… 10
15. 银行在处置抵债资产过程中需要缴纳哪些费用？ …… 11
16. 抵债资产处置环节产生的税费如何计算？ …… 11
17. 银行收取和处置抵债资产需要进行内部申报和审批吗？ …… 12
18. 《民法典》有关法规的变化对银行抵押担保业务有哪些影响？ …… 12
19. 《民法典》是否对动产抵押设立了统一规则？ …… 12

20. 《民法典》对抵押不破租赁规则的适用做出了哪些规定? …… 13
21. 《民法典》对抵押财产的转让规则做出了哪些规定? …… 13
22. 《民法典》对购买价金担保权超优先规则是如何规定的? …… 13
23. 在新冠疫情期间,国家对收取抵债资产实施了哪些税收优惠政策? …… 14
24. 银行以物抵债应坚持什么原则? …… 15
25. 银行抵债资产管理部门的职能有哪些? …… 15
26. 银行相关部门在抵债资产管理中有哪些职责? …… 16
27. 面对以物抵债银行有哪些困境? …… 16
28. 银行如何依法合规实施协议抵债? …… 18
29. 银行在抵债资产管理中主要存在哪些风险? …… 18
30. 银行工作人员在抵债债资产收取、保管和处置过程中出现的问题应当如何处罚? …… 19
31. 财政主管部门对银行抵债资产收取、保管和处置情况的监督检查责任有哪些? …… 20

第二章 抵债资产的收取 …… 21

32. 在什么情况下银行可以以物抵债? …… 21
33. 债务人什么情况下只能以物抵债? …… 21
34. 银行收取抵债资产的形式都有哪些? …… 21
35. 可抵债的资产有哪些种类? …… 22
36. 不可抵债的资产有哪些种类? …… 22
37. 什么是法律规定的禁止流通物? …… 22
38. 什么情况下抵债资产没有价值? …… 23
39. 什么是权属不明或有争议的资产? …… 23
40. 为什么伪劣、变质、残损或储存、保管期限短的资产不能作为抵债资产收取? …… 23
41. 为什么资产已抵押或质押给第三人,且抵押或质押价值没有剩余的不能作为抵债资产? …… 24
42. 依法被查封、扣押、监管或者依法被以其他形式限制转让的资产(银行有优先受偿权的资产除外)为什么不能作为抵债资产? …… 24
43. 生活设施、教育设施、医疗卫生设施是否可以作为抵债

目 录

资产？…………………………………………………………… 24
44. 法律禁止转让和转让成本高的集体所有土地使用权为什么
不能作为抵债资产？ ………………………………………… 24
45. 集体所有土地使用权转让包括哪些成本？ ………………… 25
46. 划拨的土地使用权是否可以单独用于抵偿债务？ ………… 26
47. 已确定要被征用的土地使用权是否可以抵债？ …………… 26
48. 《银行抵债资产管理办法》中，其他无法变现的资产有哪些？ … 27
49. 划拨土地使用权为什么必须与地上建筑物一并抵债？ …… 27
50. 银行应优先选择哪些资产抵债？ …………………………… 27
51. 实施抵债前银行为什么需要及时做好诉前保全？ ………… 27
52. 在办理以物抵债前银行要做哪些工作？ …………………… 28
53. 抵债后为什么要及时设定收取责任人？ …………………… 28
54. 怎样合理确定抵债金额？ …………………………………… 28
55. 怎样确定抵债资产公允价值？ ……………………………… 29
56. 收取抵债资产确定公允价值时，需要考虑哪些因素？ …… 29
57. 同一动产上已设立抵押权或者质权，该动产又被留置的以及
抵押权与质权并存时，如何优先受偿？ …………………… 29
58. 抵债资产收取阶段可以向抵债人支付补价吗？ …………… 30
59. 抵债资产收取方案和处置方案必须要同时制定合并申报吗？ … 30
60. 以物抵债方案包括哪些内容？ ……………………………… 30
61. 银行采用协议方式，申报以物抵债须上报什么资料？ …… 31
62. 银行采用法院或仲裁机构裁决方式，申报以物抵债须上报
什么资料？ …………………………………………………… 31
63. 采用公允价值确定的抵债资产需要申报什么材料？ ……… 31
64. 银行应按照哪些程序对抵债资产收取、处置方案进行报批？ … 32
65. 收取抵债资产时有哪几种情况需要事先处理？ …………… 32
66. 以物抵债管理的四大原则是什么？ ………………………… 33
67. 协议抵债的适用范围是什么？ ……………………………… 34
68. 协议抵债的操作流程是什么？ ……………………………… 34
69. 协议抵债的难点是什么？ …………………………………… 34
70. 法院裁定以物抵债应当同时具备哪些条件？ ……………… 35
71. 法院裁定以物抵债需要遵循哪些规定？ …………………… 35
72. 法院拍卖抵押物动产要经过几次拍卖？ …………………… 36

73. 不动产或者其他财产权拍卖的规定是什么？ ………………… 36
74. 法院拍卖抵押物资产流拍应如何处理？ …………………… 36
75. 拍卖与变卖有什么区别？ …………………………………… 37
76. 抵押物流拍，且银行不接受抵押物，法院是否需要解除查封措施？ … 37
77. 法院将流拍抵押物裁定给银行，银行应如何处理？ ………… 38
78. 法院将债权人不同意以物抵债的不动产抵押物解除查封并退还被执行人后，债权人是否还享有抵押权？ …………………… 38
79. 法院、仲裁机构裁定抵债是以什么价格为准？ ……………… 39
80. 法院裁定以物抵债，但债务人隐瞒房产处于拆迁阶段，债务人已经收取补偿款的事实，债权人应如何处理？ ………………… 39
81. 法院裁定房产抵债银行未及时过户，企业再次抵押，银行应如何处理？ ……………………………………………………… 39
82. 法院已下达以物抵债裁定书后，债务人拒不提供房产证，银行将如何处理？ ………………………………………………… 40
83. 法院调解以物抵债，但银行还未更名，其他法院查封是否有效？ … 40
84. 执行程序中以物抵债，法院能否直接裁定过户给案外人？ …… 40

第三章　抵债资产的保管 ………………………………………… 41

85. 抵债资产保管原则都有哪些？ ……………………………… 41
86. 严格控制原则的具体含义是什么？ ………………………… 41
87. 合理定价原则的具体含义是什么？ ………………………… 41
88. 妥善保管原则的具体含义是什么？ ………………………… 41
89. 及时处置原则的具体含义是什么？ ………………………… 41
90. 银行在接收抵债资产后应当如何进行保管？ ……………… 41
91. 抵债资产经营管理主责任人的工作职责是什么？ ………… 42
92. 抵债资产经营保管责任人的工作职责是什么？ …………… 42
93. 抵债资产经营保管责任人变更需要哪些程序？ …………… 42
94. 银行在办理抵债资产接收后应采取哪些保管方式？ ……… 42
95. 什么是就地保管？ …………………………………………… 42
96. 什么是上收保管？ …………………………………………… 42
97. 什么是委托保管？ …………………………………………… 43
98. 权利类资产及抵债资产的权利凭证等重要物品和单证原件如何进行保管？ …………………………………………………… 43

99. 抵债资产已对外出租的如何进行保管？……………………… 43
100. 如何对抵债资产进行日常管理？…………………………… 43
101. 抵债资产在保管期间可以对其进行新的资金投入吗？…… 44
102. 抵债资产可以出租吗？……………………………………… 44
103. 抵债资产收取前已经出租了如何处理？…………………… 44
104. 抵债资产在特殊情况下出租的如何进行管理？…………… 44
105. 如何对抵债资产进行信息管理？…………………………… 44
106. 如何对抵债资产进行档案管理？…………………………… 44
107. 如何对关联交易进行管理？………………………………… 45
108. 如何对抵债资产工作进行监督和检查？…………………… 45
109. 抵债资产管理监督和检查的内容是什么？………………… 45
110. 抵债资产管理出现违规情形，如何进行责任追究？……… 46

第四章 抵债资产的处置……………………………………… 47

111. 抵债资产处置的原则是什么？……………………………… 47
112. 抵债资产的处置时限是多久？……………………………… 47
113. 抵债资产的处置方案包括哪些内容？……………………… 47
114. 抵债资产的处置方案的附件包括哪些内容？……………… 48
115. 抵债资产出现两种处置方案应如何处理？………………… 48
116. 抵债资产处置方式变更的，应如何重新申报？…………… 48
117. 实施的抵债资产处置价格低于对应抵债资产收取时入账价值的如何处理？…………………………………………… 48
118. 抵债资产的处置超过审批权如何处理？…………………… 48
119. 抵债资产处置的基本方针是什么？………………………… 49
120. 抵债资产处置的主要方式是什么？………………………… 49
121. 采用委托销售处置方式需要哪些报批程序？……………… 49
122. 什么是打包出售？…………………………………………… 49
123. 什么是招标处置？…………………………………………… 49
124. 为什么在经济活动中采取招投标制度？…………………… 49
125. 什么是协议处置？…………………………………………… 50
126. 什么是委托销售？…………………………………………… 50
127. 银行进行抵债资产拍卖要做什么准备？…………………… 51
128. 抵债资产拍卖方式是如何确定的？………………………… 51

129. 为什么要对抵债资产拍卖保留底价进行保密？ ………………… 51
130. 拍卖保留价在实际拍卖时可以灵活处理吗？ ………………… 51
131. 拍卖付款的期限有哪些规定？ ………………………………… 51
132. 拍卖成交资金是如何监督管理的？ …………………………… 52
133. 如何保证拍卖公开、公正、公平？ …………………………… 52
134. 什么是拍卖的回避制度？ ……………………………………… 52
135. 抵债资产转为自用的需要报批哪些手续？ …………………… 52
136. 全额损失的抵债资产，应该履行什么审批程序？ …………… 52
137. 抵债资产处置费用应如何控制？ ……………………………… 53
138. 暂时不能处置的异地抵债资产，发生费用时应如何处理？ …… 53
139. 委托资产所在地银行如何处置抵债资产？ …………………… 53
140. 抵债资产处置中买受人不能一次性付款应如何处理？ ……… 53
141. 抵债资产发生盘亏或毁损应如何报账？ ……………………… 54

第五章　抵债资产处置的渠道 …………………………………… 55

142. 抵债资产处置有哪些渠道？ …………………………………… 55
143. 如何利用银行的老客户资源处置抵债资产？ ………………… 55
144. 法拍与商拍（正常拍卖、非诉拍卖）的区别？ ……………… 56
145. 银行采用互联网渠道方式处置抵债资产有哪些原则和步骤？ … 56
146. 为什么说拍卖抵债资产是处置抵债资产的主流方式？ ……… 56
147. 拍卖抵债资产时，如何遵守公开原则？ ……………………… 57
148. 拍卖抵债资产时，如何遵守公平原则？ ……………………… 58
149. 拍卖抵债资产时，应如何遵守公正原则？ …………………… 58
150. 什么是诚实信用原则？ ………………………………………… 59
151. 为什么说抵债资产可以通过招标来进行处置？ ……………… 59
152. 拍卖和招标的区别是什么？ …………………………………… 60
153. 如何利用现有客户资源处置抵债资产？ ……………………… 60
154. 如何组织现有优质贷款客户重组盘活抵债资产？ …………… 60
155. 抵债资产委托代销的工作程序是什么？ ……………………… 61
156. 银行可以打包出售抵债资产吗？ ……………………………… 61
157. 批量转让抵债资产有哪些操作流程？ ………………………… 61
158. 批量转让抵债资产有哪些优势及劣势？ ……………………… 61
159. 如何利用专业机构处置机器设备、厂房、特殊资产？ ……… 62

第六章　抵债资产的出租与管理 ········· 63
- 160. 抵债资产出租的依据是什么? ········· 63
- 161. 什么情况下抵债资产可以出租? ········· 63
- 162. 抵债资产出租必须满足哪三个条件? ········· 63
- 163. 承租人出质租赁物应如何处理? ········· 64
- 164. 租赁合同中承租人的义务有哪些? ········· 64
- 165. 抵债资产出租要经过哪四个操作流程? ········· 65
- 166. 抵债资产出租租金管理有哪些要求? ········· 65

第七章　抵债资产的财务处理 ········· 66
- 167. 银行取得抵债资产时如何确定抵债资产入账价值? ········· 66
- 168. 银行在取得抵债资产过程中向债务人收取补价或者法院判决、仲裁或协议规定银行须支付补价的,如何进行账务处理? ········· 66
- 169. 抵债金额超过债权本息总额的部分,法院判决、仲裁或协议规定须支付补价怎么办? ········· 66
- 170. 抵债金额超过贷款本金和表内利息的部分,是否可以确认为利息收入? ········· 66
- 171. 在什么情况下抵债金额不足冲减债权本息的部分才可以进行核销和冲减? ········· 67
- 172. 抵债资产保管过程中发生的费用、租金收入、处置过程发生的费用应如何处理? ········· 67
- 173. 抵债资产处置损益如何计算? ········· 67
- 174. 抵债资产所抵偿债权的停息日应如何确定? ········· 67
- 175. 抵债资产以什么价值入账? ········· 68
- 176. 什么是抵债资产的公允价值? ········· 68
- 177. 信贷资产转变为抵债资产涉及的贷款损失准备的调整如何进行账务处理? ········· 68
- 178. 抵债资产对应的贷款损失准备金数额如何确定? ········· 69
- 179. 贷款损失准备如何进行财务处置? ········· 69
- 180. 非信贷类债权以物抵债时如何进行账务处理? ········· 69
- 181. 收取抵债资产过程中向债务人收取的补价如何进行财务处理? ········· 69
- 182. 抵债资产用人民币偿还外汇贷款时如何进行账务处理? ········· 69

183. 已核销的贷款本息收取抵债资产的如何进行账务处理？ ………… 70
184. 抵债资产处置后，由于买受人与银行发生纠纷等原因而接收
退回的抵债资产如何进行账务处理？ ………………………… 70
185. 法院或仲裁机构裁定取消以资抵债时应如何进行账务处理？ … 70
186. 未按照规定时间处置抵债资产的应如何进行账务处理？ ……… 70
187. 待处理抵债资产在未处置期间怎么计提折旧或摊销？ ………… 70
188. 在什么情况下才能进行抵债资产处置损益的账务处理？ ……… 70
189. 抵债资产分拆处置及部分处置如何进行账务处理？ …………… 71
190. 抵债资产收取、保管、处置环节发生的相关税费按照什么规
定处理？ …………………………………………………… 71
191. 抵债资产经批准转为固定资产时如何进行账务处理？ ………… 71
192. 抵债资产发生盘亏或毁损时如何进行账务处理？ ……………… 72
193. 抵债资产收取、保管、处置过程中涉及的各类单据、凭证应
如何处理？ ……………………………………………………… 72
194. 待处理抵债资产如何进行账务处理？ …………………………… 72
195. 银行如何调整计提减值准备？ …………………………………… 72

第八章 银行抵债资产收取、保管与处置的相关案例解析 ……… 73
196. 债务人使用虚假合同对抗银行抵押的相关案例 ………………… 73
197. 购车过程中应用购买价金担保权的相关案例 …………………… 74
198. 抵押物流拍后，法院继续查封抵押物，不予解封的相关案例 … 75
199. 法院裁定以物抵债银行未及时过户，抵押物被其他法院查封
的相关案例 ……………………………………………………… 76
200. 抵押物将要成为抵债资产的重组收购案例 ……………………… 76

中篇 银行抵债资产收取、保管、处置的风险陷阱与化解方法

第九章 抵债资产收取阶段的风险陷阱与化解 ……………………… 81
201. 抵债资产收取过程中哪些阶段容易发生问题？ ………………… 81
202. 为什么法院裁决的抵债资产普遍存在价值高估的问题？ ……… 81
203. 协议抵债过程中存在的主要问题？ ……………………………… 81
204. 抵债协议中存在哪些风险陷阱（一）？ ………………………… 81
205. 抵债协议中存在哪些风险陷阱（二）？ ………………………… 82

206. 抵债协议中存在哪些风险陷阱（三）? ……………………… 82
207. 抵债协议中存在哪些风险陷阱（四）? ……………………… 82
208. 抵债协议中存在哪些风险陷阱（五）? ……………………… 82
209. 抵债协议中存在哪些风险陷阱（六）? ……………………… 82
210. 以房抵债中哪几种类型属于欺诈性质的以房抵债? ………… 83
211. 债务人提供虚假信息时，银行应如何应对? ………………… 83
212. 债务人恶意串通，损害第三人利益，逃避还款时，银行应如何处理? ……………………………………………………… 83
213. 《民法典》实施后，有关合同无效的规定有哪些变化? …… 84
214. 恶意串通损害第三人利益的主要行为有哪些? ……………… 85
215. 抵债资产在银行收取后为什么出现被法院强制执行风险? … 85
216. 动产作为抵债物的，抵债物如果未实际交付并转移至银行方保管，将存在什么法律风险? …………………………… 86
217. 银行收取抵债资产前要查清资产的哪些瑕疵? ……………… 86
218. 对法院组织的拍卖，银行应当注意哪些问题? ……………… 87
219. 《民法典》中关于"流质条款无效"的规定有哪些? ……… 88
220. 什么是流质契约? ……………………………………………… 88
221. 禁止流质契约是否可以保护债务人的利益? ………………… 89
222. 禁止流质契约是否可以保护债权人的利益? ………………… 89
223. 禁止流质契约是否可以维持抵押权的价值权性? …………… 89
224. 流质契约的法律禁止性规定有哪些? ………………………… 90
225. 银行在不良资产快速增加的情况下过分依赖于接收抵债资产化解不良贷款有什么风险? …………………………………… 90
226. 抵债资产收取中会产生哪些风险? …………………………… 90

第十章 抵债资产保管阶段的风险陷阱与化解 …………………… 91

227. 抵债资产在保管阶段的风险有哪些? ………………………… 91
228. 抵债资产被非法侵占都有哪些情况? ………………………… 91
229. 哪些情况属于房产被非法侵占? ……………………………… 91
230. 原房主的家人或者亲属以各种理由拒不腾退房屋，造成非法侵占的事实的应如何处理? …………………………………… 91
231. 第三人撬门强行入住，房屋被非法侵占，应如何处理? …… 92
232. 小区物业以各种理由安排无关人员入住怎么办? …………… 92

233. 房产被非法侵占的相关处理规定有哪些？ ……………… 92
234. 房屋被占用有哪几种情况？ …………………………… 93
235. 抵债资产管理的基本要求有哪些？ …………………… 93
236. 为什么银行要对抵债资产进行定期检查、账实核对抵债资产？ ………………………………………………… 94
237. 银行对抵债资产在收取直至处置期间，定期检查需要注意哪些方面？ ………………………………………… 94
238. 抵债资产远离银行，容易产生什么风险？ …………… 94
239. 抵债资产存放在第三方仓库会产生什么风险？ ……… 95
240. 如果以机动车作为抵债资产会产生什么风险？ ……… 95
241. 抵债资产中专业设备管理会产生什么风险？ ………… 95
242. 抵债资产的自然贬值会产生什么风险？ ……………… 95
243. 什么是资产的实体性贬值？ …………………………… 96
244. 什么是资产的功能性贬值？ …………………………… 96
245. 什么是资产的经济性贬值？ …………………………… 96

第十一章 抵债资产处置阶段的风险陷阱与化解 ……… 97

246. 银行在抵债资产处置阶段会遇到哪些风险？ ………… 97
247. 银行抵债资产拍卖处置中存在哪些风险？ …………… 97
248. 银行在拍卖处置环节有哪些管理风险？ ……………… 97
249. 银行在拍卖处置环节有哪些法律风险？ ……………… 98
250. 为什么银行在抵债资产拍卖中会产生管理风险？ …… 99
251. 为什么银行在抵债资产拍卖中会产生法律风险？ …… 99
252. 怎样防范银行在抵债资产拍卖中的各类风险？ ……… 99
253. 法院支持对涉案房产进行带租约拍卖的法律依据是什么？ …………………………………………………… 100
254. 银行拍卖抵债资产时遇到的法律风险具体是哪些？ … 100
255. 银行抵债资产协议出售遇到的哪些法律风险（以不动产出售为例）？ ……………………………………………… 100
256. 什么是银行的瑕疵担保责任风险？ …………………… 101
257. 什么是抵债资产的交付义务风险？ …………………… 102
258. 什么是受让方受领延迟的责任风险？ ………………… 102
259. 什么是资产的收益取得及风险承担的风险？ ………… 102
260. 行使优先购买权有哪些风险？ ………………………… 103

261. 银行抵债资产协议出售遇到的银行内部的操作风险表现是什么? ……103
262. 银行如何采取措施防范银行内部在协议抵债中出现哪些问题? ……104

第十二章 以物抵债需要特别关注的要点 ……105

263. 为什么要提居住权问题?什么是居住权? ……105
264. 银行以物抵债为什么要关注居住权的问题? ……105
265. 为什么说居住权的设立是《民法典》的创新? ……105
266. 居住权有哪些法律要素? ……105
267. 什么是地役权?什么是供役地?什么是需役地? ……106
268. 设定地役权对银行有哪些影响? ……106
269. 如何避免设定地役权对银行的影响? ……106
270. 地役权人有什么权力? ……106
271. 银行为什么要审核抵债资产是否已经出租? ……107
272. 动产抵债,为什么留置权要优先银行以物抵债? ……107
273. 什么是留置权? ……107
274. 留置权有什么效力? ……107
275. 什么是留置权的占有权? ……108
276. 什么是留置权的收取权? ……108
277. 什么是留置权的使用权? ……109
278. 什么是留置权的偿还请求权? ……109
279. 什么是留置权的优先受偿权? ……109
280. 抵押权这一担保形式在经济活动中和法律上都占有什么重要的地位? ……109
281. 什么是购买价款超级优先权?为什么优先以物抵债? ……110
282. 《民法典》设立购买价款超级优先权这一条法有哪些意义? ……110
283. 《民法典》设立购买价款超级优先权这一条法在实践中银行要注意哪些方面呢? ……110
284. 同一财产向两个以上债权人抵押的,拍卖、变卖抵押财产所得的价款如何分配? ……111
285. 拍卖刑事追赃房产,债权人对抵押给银行的房屋能否优先受偿? ……112

286. 债务到期前签订合同财产形式转至债权人，到期不能履行债务，财产是否可以归债权人？ ……………………………… 112
287. 以物抵债在《民法典》颁布后出现了哪些值得注意的风险？ …… 113
288. 为什么清偿期届满前和届满后签订的以物抵债合同效力不同？ … 113
289. 为什么法律规定清偿期届满后，以物抵债合同有效？ …………… 113
290. 为什么清偿期届满前，以物抵债合同须做特别解释？ …………… 114
291. 诺成合同（诺成性）的法律含义是什么？ ………………………… 115
292. 为什么以物抵债合同签订后未及时转移权属存在风险？ ………… 115
293. 为什么协议抵债合同签订后抵债资产有被变卖的风险？ ………… 116
294. 为什么协议抵债合同签订后抵债资产存在被法院查封的风险？ … 116
295. 抵债资产上为什么还有其他抵押人存在的风险？ ………………… 116
296. 为什么要关注未通知承租人引发的法律风险？ …………………… 117
297. 抵债资产上设立了居住权需要注意哪些事项？ …………………… 117
298. 为什么银行必须关注抵债资产处置时限风险？ …………………… 118
299. 《民法典》实施后以物抵债房产无法过户该如何处理？ ………… 118
300. 以物抵债协议达成后，债权人未实际受领抵债物，该债权人主张对抵债物排除强制执行能否被支持？ ……………………… 119

第十三章　抵押物面临的若干重要法律问题　120

301. 房屋作为抵押物被恶意租赁，如何防止抵押权贬值？ …………… 120
302. 房屋作为抵押物租赁是否合法？ …………………………………… 120
303. 恶意虚假租赁有哪些共性？ ………………………………………… 120
304. 买卖不破租赁规则下恶意租约为何不合法？ ……………………… 121
305. 如何防止在恶意租赁的情况下抵押权贬值？ ……………………… 121
306. 抵押物突遇恶意租赁，银行在请求法律援助时应该抓住什么关键点？ ……………………………………………………………… 122
307. 银行面对恶意租赁风险，需要提前做好哪些应对措施？ ………… 123
308. 关于买卖不破租赁原则的例外情况有哪些？ ……………………… 123
309. 抵押物被查封，如何去法院伸张权利？ …………………………… 124
310. 最高法院对首先查封给优先债权实现产生的负面影响采取了哪些措施？ ………………………………………………………… 124
311. 抵押物被拆迁，补偿款归谁所有？ ………………………………… 125
312. 房屋拆迁后抵押权会随之消失吗？ ………………………………… 125

313. 抵押物被拆迁，银行有哪些处理方法？ ………………………… 126
314. 抵押物延续登记，会产生什么风险？ ………………………… 126
315. 房产抵押登记的时限有什么规定？ …………………………… 126
316. 银行在延续登记时怎样防止抵押物悬空风险？ ……………… 127
317. 所抵押的土地未满足转让条件，在实现抵押权时存在法律障碍怎么办？ ……………………………………………………… 127
318. 银行如何确认委托第三方监管的质押货物已实现质权人的有效控制？ ………………………………………………………… 128
319. 不动产抵押权未办理抵押登记，就是"废纸一张"吗？ ……… 128
320. 所抵押的建筑物因工程款优先受偿权所导致难受偿风险怎么办？ ……………………………………………………………… 128
321. 抵押权优先权与税收优先权冲突，银行应如何处理？ ……… 129
322. 银行在债务人抵债前已经将房屋租赁怎么办？ ……………… 129
323. 为什么买卖不破租赁会引出抵押权与租赁权谁优先的问题？ … 129
324. 被废止的《物权法》第一百九十条的规定与《民法典》第四百零五条的规定有什么变化？ ………………………………… 130
325. 如何理解出租并转移占有？ …………………………………… 131
326. 金融机构在开展房屋抵押业务的过程中有哪些注意事项？ … 131
327. 抵押登记担保范围与抵押合同约定不一致导致抵押人不承认合同有效怎么办？ ………………………………………… 131
328. 主债权与担保范围不一致，应当如何理解担保范围？ ……… 132
329. 关于抵押合同约定的担保范围与抵押登记记载的主债权范围不一致问题的案例及法院裁判提供了哪些裁判规则？ …… 133
330. 同一财产向两个以上债权人抵押的，拍卖、变卖抵押财产所得的价款如何清偿？ …………………………………………… 133

第十四章 银行抵债资产收取、保管、处置的风险陷阱与化解的相关案例解析 ……………………………………………… 134

331. 法院错误执行的有关案例 ……………………………………… 134
332. 协议抵债后债务人迟迟不办理房产过户，串通案外人法院起诉，结果抵债物虽占有但被案外强制执行的有关案例 …… 135
333. 协议抵债的划拨土地上的房屋，土地未获批，抵债无效的相关案例 ………………………………………………………… 136

334. 债务人故意隐瞒订约前出租房屋已被抵押的事实,后贷款的银行遭受损失的有关案例 ············ 137

335. 恶意串通,搞股权双重转让,损害第三人利益,债务人意在逃避还款的有关案例 ············ 138

336. 为免除物之瑕疵担保责任,银行在转让协议中应列明的内容及案例解析 ············ 138

337. 最高人民法院有关居住权的典型案例 ············ 139

338. 有关地役权的相关案例 ············ 139

339. 地役权人的权力相关案例解析(1) ············ 139

340. 地役权人的权力相关案例解析(2) ············ 140

341. 《民法典》设立购买价款超级优先权的意义及相关案例 ············ 141

342. 同一财产向两个以上债权人抵押的,拍卖、变卖抵押财产所得的价款分配的有关案例 ············ 142

343. 拍卖刑事追赃房产,债权人对抵押给银行的房屋享有优先受偿的案例 ············ 143

344. 以物抵债协议达成后,债权人未实际受领抵债物,该债权人主张对抵债物排除强制执行不被支持的案例 ············ 143

345. 抵押物突遇恶意租赁的相关案例 ············ 144

346. 在延续登记时防止抵押物悬空的相关案例 ············ 145

347. 抵押物被征用,如何保证抵押权的实现的案例 ············ 147

348. 执行标的必须经拍卖、变卖,且当事双方同意时法院裁定以物抵债才有效的案例 ············ 147

349. 执行法院有权根据实际情况决定是否整体拍卖的案例 ············ 147

350. 关于抵押合同约定的担保范围与抵押登记记载的主权范围不一致问题的法院裁判规则 ············ 147

下篇 导致银行被动抵债后果的授信风险识别与防范

第十五章 抵押的基本知识和法律规定 ············ 151

351. 抵押的基本知识都包括哪些? ············ 151

352. 什么是抵押? ············ 151

353. 如何理解抵押的定义? ············ 151

354. 抵押权有哪些特征? ············ 151

355. 实现抵押权应当具备哪些条件？ …… 152
356. 《民法典》对担保行为有哪些基本规定？ …… 153
357. 《民法典》对担保物权消灭是怎么规定的？ …… 153
358. 担保期间，担保财产毁损、灭失或者被征收怎么办？ …… 153
359. 什么情况下，担保人不需要承担担保责任？ …… 154
360. 房屋物权何时设立和消灭？ …… 154
361. 《民法典》对抵押物的范围有什么样的规定？ …… 154
362. 建筑物及其他土地附着物的具体含义是什么？ …… 155
363. 建设用地使用权的具体含义是什么？ …… 155
364. 海域使用权的具体含义是什么？ …… 155
365. 生产设备、原材料、半成品、产品的具体含义是什么？ …… 156
366. 正在建造的建筑物、船舶、航空器的具体含义是什么？ …… 156
367. 交通运输工具的具体含义是什么？ …… 156
368. 法律、行政法规未禁止抵押的其他财产的具体含义是什么？ …… 157
369. 《民法典》规定可以抵押的财产有哪些特征？ …… 157
370. 抵押物从存在形态上可以分为几种？ …… 157
371. 抵押财产的不动产的具体内容是什么？ …… 158
372. 抵押的财产的动产的具体内容是什么？ …… 159
373. 抵押的财产的不动产权力的具体内容是什么？ …… 159
374. 什么是共同抵押？ …… 162
375. 共同抵押权有哪些特征？ …… 163
376. 共同抵押权有哪些作用？ …… 163
377. 什么是浮动抵押，《民法典》是如何规定的？ …… 164
378. 什么是最高额抵押？ …… 164
379. 最高额抵押的意义是什么？ …… 164
380. 最高额抵押具有哪些特点？ …… 165
381. 什么是财团抵押？ …… 165
382. 财团抵押权的概念是什么？ …… 165
383. 财团抵押权制度有哪些社会作用？ …… 166
384. 财团抵押权如何设立？ …… 166
385. 设定的动产抵押财产按照什么标准确定抵押发生？ …… 166
386. 最高额抵押权可以转让吗？ …… 167
387. 为什么说最高额抵押权是特殊的抵押？ …… 167

388. 《民法典》第四百二十一条规定中，当事人另有约定的除外
是什么意思？ 168
389. 最高额抵押担保的债权确定前可以变更债权确定的期间、
债权范围以及最高债权额吗？ 168
390. 抵押权人的债权在什么情形下确定？ 168
391. 《民法典》扩大担保范围都有哪些？ 168
392. 哪些财产不能抵押？ 169
393. 为什么土地所有权不能抵押？ 169
394. 国有企业、国有机构可以用土地使用权抵押吗？ 170
395. 哪些国有土地可以进行抵押？ 170
396. 哪些国有土地不得进行抵押？ 170
397. 为什么耕地、宅基地、自留地、自留山等集体所有的土地
使用权不得抵押？ 170
398. 农民拥有的宅基地是土地使用权还是土地所有权？ 171
399. 为什么房屋所有权与土地使用权必须同时抵押？ 171
400. 以公益为目的的事业单位、社会团体的公益设施是否可以抵押？ 172
401. 以公益为目的的事业单位、社会团体的社会公益设施以外
的财产能否设定抵押？ 172
402. 为什么所有权、使用权不明或者有争议的财产不得抵押？ 172
403. 什么情况下会出现所有权、使用权不明或存在争议财产？ 173
404. 为什么依法被查封、扣押、监管的财产不得抵押？ 173
405. 法律、行政法规规定不得抵押的其他财产是指什么？ 173
406. 民间资本建立的学校、医院等机构是否能做抵押？ 173
407. 抵押期间，抵押人可以转让抵押财产吗？ 174
408. 抵押人转让抵押物的行为足以使抵押财产价值减少怎么办？ 176
409. 抵押权人可以放弃抵押权或者抵押权的顺位吗？ 176
410. 债务人不能履行到期债务或者发生当事人约定的实现抵押权
的情形，抵押权人怎么办？ 176
411. 如何保证动产抵押权的法律效力？ 177
412. 担保物权的约定实现程序在《民法典担保制度司法解释》中
是如何规定的？ 178
413. 建筑物抵押与占用的土地抵押是什么关系？ 178
414. 乡（镇）、村企业的土地使用权可以单独抵押吗？以乡（镇）、

村企业的厂房等建筑物抵押的，其占用范围内的土地使用权同时抵押吗？ ……………………………………………… 179
415. 被法院扣押的抵押财产孳息抵押权人有权利收取吗？孳息怎么处理？ ……………………………………………… 179
416. 为什么订立抵押合同应当采取书面的形式？ ………… 179
417. 抵押合同一般应该包括哪些内容？ …………………… 180
418. 《民法典》第四百零一条对于保护债务人利益有什么作用？ … 180
419. 《民法典》第四百零一条对于保护债权人利益有什么作用？ … 180
420. 抵押权设立前，抵押财产已经出租并转移占有的，抵押权会受到影响吗？ ……………………………………… 181
421. 当事人以哪些财产抵押时应当办理抵押物登记？抵押合同何时开始生效？ ……………………………………… 181
422. 实务中已经支付合理价款并取得抵押财产的买受人与取得抵押权的买受人哪个享有优先权？ ………………… 181
423. 动产购买价款抵押担保优先权设立过程中需注意哪些事项？ … 182
424. 什么是留置权？ ……………………………………… 183
425. 留置权有哪些法律权利？ …………………………… 183
426. 同一动产上已经设立抵押权或者质权的，又被留置的，留置权与抵押权谁优先受偿？ ……………………………… 184
427. 什么情况下留置权人有权使用留置物？ …………… 184
428. 《民法典》对不动产物权的设立、变更、转让和消灭的登记是如何规定的？ …………………………………… 184
429. 不动产登记机关的职责是什么？ …………………… 185
430. 不动产登记机关不得有哪些行为？ ………………… 185
431. 不动产物权发生变动的效力自何时发生？ ………… 185
432. 不动产登记簿的作用是什么？ ……………………… 185
433. 什么是预告登记？其作用、时间是怎么规定的？ … 186
434. 当事人、登记机关在登记时因其行为不当发生错误，造成他人损害的，应该承担什么责任？ ………………… 186
435. 必须办理动产和权利担保登记的财产，其登记部门有哪些？ … 186
436. 什么是所有权保留？ ………………………………… 187
437. 所有权保留制度产生的背景是什么？ ……………… 187
438. 所有权保留条款的作用是什么？ …………………… 188

439. 不动产抵押登记是否重要？ 189
440. 动产抵押登记是否重要？ 189
441. 哪些不动产财产及正在建造的建筑物抵押需要办理抵押登记？ 190
442. 办理动产抵押登记。须向登记机关提交哪些资料？ 190
443. 《动产抵押登记书》应当载明哪些内容？ 190
444. 哪些情况下需要办理动产抵押变更登记？办理动产抵押变更登记时需要提交哪些文件？ 190
445. 抵押财产被人民法院依法扣押的，该抵押财产的天然孳息或者法定孳息怎么处理？ 191
446. 抵押财产折价或者拍卖、变卖后，其价款超过债权数额或者不足部分怎么处理？ 191
447. 同一财产向两个以上债权人抵押的，拍卖、变卖抵押财产所得的价款依照什么顺序清偿？ 191
448. 抵押的建设用地使用权地上有不属于抵押财产的建筑物，在行使抵押权时怎么办？ 192
449. 什么是抵押权存续期间？ 192
450. 抵押权有期限吗？ 192
451. 实现抵押权有哪些条件？ 192
452. 集体所有土地的使用权依法抵押的抵押权实现后可以改变土地所有权的性质和土地用途吗？ 193
453. 不动产抵押权包含的财产都有哪些？ 193
454. 不动产抵押合同有效的条件是什么？ 194
455. 依法取得农村土地承包权的使用人可以抵押土地经营权吗？ 194
456. 建设用地使用权人都有哪些权利？ 194
457. 建设用地使用权怎么设立？ 194
458. 怎么样取得建设用地使用权？ 194
459. 建设用地使用权人可以将建设用地使用权用于抵押吗？ 195
460. 建设用地使用权人抵押建设用地使用权需要采取什么形式？ 195
461. 地役权可以单独抵押吗？ 195
462. 土地使用权抵押的前提条件是什么？ 195
463. 土地使用权抵押评估的一般原则是什么？ 196
464. 土地使用权抵押合同是如何签订的？ 196
465. 土地抵押贷款地价评估方法有哪些？ 197

466. 土地抵押贷款需要注意哪些方面？ …………………………… 197
467. 个人可以抵押的财产有哪些？ ………………………………… 197
468. 如何界定个人借贷抵押物是否合法？ ………………………… 197
469. 银行对个人用房屋做抵押贷款要注意哪些事项？ …………… 198
470. 银行在办理个人房屋贷款时必须遵循哪些程序？ …………… 198
471. 动产抵押的财产都包括哪些？ ………………………………… 199
472. 以动产抵押的，抵押权何时生效？ …………………………… 199
473. 抵押权设立前，原租赁关系怎么办？ ………………………… 199
474. 抵押期间，抵押人转让的抵押财产所得价款如何处理？ …… 199
475. 抵押权可以与债权分离而单独转让或者作为其他债权
     的担保吗？ …………………………………………………… 200
476. 抵押人的行为足以使抵押财产价值减少的，抵押权人
     怎么办？ ……………………………………………………… 200
477. 抵押财产处置的价款与债权数额不符怎么办？ ……………… 201
478. 抵押权人实现动产抵押权的条件是什么？ …………………… 201
479. 哪些动产财产抵押必须登记才有效？ ………………………… 201
480. 以动产抵押的不同财产的抵押生效条件有哪些不同？ ……… 202

第十六章 质押的基本知识和法律规定 …………………………… 203
481. 什么是质押？什么是动产质押？ ……………………………… 203
482. 质权都有哪些分类？ …………………………………………… 203
483. 质权人有哪些权利？ …………………………………………… 204
484. 质权具有哪些特征？ …………………………………………… 204
485. 为什么不动产不能作为质权质押？ …………………………… 205
486. 质押与抵押有什么不同之处？ ………………………………… 205
487. 动产作为质押，需要满足哪些条件？ ………………………… 206
488. 以汇票、本票、支票、债券、存款单、仓单、提单出质
     的，质权设立的时间怎么规定的？ ………………………… 207
489. 可以出质的其他质物的质权设立时间是怎么规定的？ ……… 208
490. 汇票、本票、支票、债券、存款单、仓单、提单的兑现
     日期或者提货日期先于主债权到期的，质权人怎么处理？ … 208
491. 质权人在占有质物过程中有哪些义务？ ……………………… 208
492. 质押财产毁损或者价值明显减少，足以危害质权人权利的

情况下，质权人应如何处理？ ·················· 209
493. 质权人在质权存续期间随便转质造成损失的，应当承担
哪些责任？ ··· 209
494. 质权人放弃质权，其他担保人的担保责任还需要承担吗？ ········ 209
495. 质权人应当如何处理质押财产？ ························· 209
496. 质权人不及时行使质权时出质人应如何处理？ ·············· 210
497. 处置质押财产的"多退少补"原则是什么？ ················ 210
498. 出质人与质权人协议设立最高额质权的目的是什么？ ········ 210
499. 最高额质权与最高额抵押权有哪些相似之处？ ·············· 211
500. 最高额质权与最高额抵押权在性质上有什么区别？ ·········· 211
501. 出质人有哪些权利？ ······································ 211

第十七章　抵押欺诈的风险识别与防范 ·················· 212
502. 抵押欺诈一般发生在授信的什么阶段？ ···················· 212
503. 抵押物欺诈都有哪些类型？ ······························ 212
504. 抵押物根本不存在，为什么还能办理抵押？ ················ 212
505. 银行如何防范非法房产抵押的风险？ ······················ 213
506. 串通中介高估抵押物价值骗取银行贷款手段有哪些？ ········ 213
507. 什么是重复抵押？ ······································· 214
508. 什么是抵押欺诈？ ······································· 214
509. 抵押房产租赁时哪种情况属于欺诈行为？ ·················· 214
510. 使用假房产证进行诈骗主要有哪些手段？ ·················· 214
511. 银行怎样对抵押欺诈进行风险识别与防范？ ················ 214
512. 抵押资料需要核实哪些内容？ ···························· 215
513. 法律是怎样对抵押欺诈行为的认定和处罚的？ ·············· 215

第十八章　抵押条件、手续的风险识别与防范 ············ 217
514. 抵押贷款审批时经常会出现哪些问题？ ···················· 217
515. 各银行规定的抵押率有什么作用？ ························ 217
516. 抵押的补充条款可能影响银行利益怎么办？ ················ 217
517. 发现抵押顺位对银行不利应如何处理？ ···················· 218
518. 授信期限大于抵押期限可能带来什么风险？ ················ 218
519. 发现抵押物保险单过期怎么办？ ·························· 218

520. 房产和土地未同时办理抵押怎么办? ………………………… 218
521. 银行在抵押手续方面存在哪些问题? ……………………… 219
522. 抵押物未获得相关审批文件是否有政策性风险? …………… 219
523. 抵押物名称不符会影响抵押效果吗? ………………………… 220
524. 土地未缴纳出让金对银行的抵押会产生什么负面影响? …… 220
525. 为什么抵押登记内容有误,可能会对银行造成损失? ……… 221
526. 抵押物面积有误会给银行的法律诉讼产生什么负面影响? … 221
527. 抵押登记未落实银行应当怎样补救? ………………………… 221
528. 银行为什么要制定严格的抵押程序? ………………………… 221
529. 为解决不动产登记信息和金融信息封闭隔离问题,国家有关部门采取了什么措施? …………………………………… 222

第十九章　抵押物损毁的风险识别与防范 223

530. 抵押物损毁都有哪些情况? …………………………………… 223
531. 抵押物状态会发生哪些变化?原因是什么? ………………… 223
532. 抵押物出现损坏、灭失等情形,银行应该如何处理? ……… 224
533. 抵押物被抵押人擅自处置应如何处理? ……………………… 224
534. 抵押物价值出现大幅度变化,银行应如何处理? …………… 225
535. 抵押人的行为导致抵押财产价值减少,银行应如何处理? … 226

第二十章　抵押必须警惕的法律风险 227

536. 什么情况下抵押物会被司法部门查封? ……………………… 227
537. 抵押物被另案人诉讼抵押人的法院查封,对优先受偿有什么影响? ………………………………………………… 227
538. 抵押人恶意串通第三人造成抵押物先行查封会对银行抵押权实现产生哪些负面影响? ………………………… 227
539. 为解决抵押物优先受偿权与法院执行权的冲突问题,地方法院做了哪些工作? ………………………………… 228
540. 在抵押人破产情况下抵押权人的优先权受偿会受到什么影响? ……………………………………………………… 229
541. 抵押物被先行查封,银行作为抵押权人应该如何防范? …… 230
542. 抵押物被受理刑事案件的法院查封,银行的优先权还能保证吗? ………………………………………………… 231

543. 抵押人不知道抵押的是赃物，抵押后应如何处理？ …………… 232
544. 最高额抵押物被法院查封、扣押后对最高额抵押权有什么
     影响？ ……………………………………………………………… 232
545. 如何防范抵押物被先行查封的风险？ ………………………… 233
546. 什么是抵押物范围限制的法律风险？ ………………………… 233
547. 什么是抵押手续不完备的法律风险？ ………………………… 234
548. 什么是抵押物不足值的法律风险？ …………………………… 234
549. 在抵押设立方式上动产抵押与不动产抵押以及动产质押的
     区别？ ……………………………………………………………… 235
550. 未登记动产抵押权有哪些法律风险？ ………………………… 236
551. 为什么未登记的动产抵押不得对抗质押或者已经登记的
     动产抵押权？ ……………………………………………………… 236
552. 登记的动产抵押登记有哪些例外风险？ ……………………… 237
553. 最高额抵押担保的法律风险有哪些？ ………………………… 238
554. 最高额抵押担保转让是否有效？ ……………………………… 239
555. 如何确定最高额抵押担保的债权？ …………………………… 239
556. 如何防范最高额抵押物被查封？ ……………………………… 240
557. 抵押物被拆迁，如何保证抵押权的实现？ …………………… 241
558. 拆除设有抵押权的房屋有哪些规定？ ………………………… 242
559. 所抵押的土地未满足转让条件，在实现抵押权时存在
     法律障碍应如何处理？ …………………………………………… 242
560. 所抵押的建筑物因工程款优先受偿权所导致难以受偿
     怎么办？ …………………………………………………………… 242
561. 银行面对因借款人欠税导致的税收优先权与抵押权冲
     突怎么办？ ………………………………………………………… 243

第二十一章　质押的风险识别与防范 …………………… 244

562. 质押的风险分成哪几类？ ……………………………………… 244
563. 存货质押欺诈风险具体有哪些？ ……………………………… 244
564. 如何从出质人资信方面的考察来防范质押风险？ …………… 244
565. 如何通过掌握质押物的整体状况来进行风险防范？ ………… 245
566. 如何加强对监管企业的监管，保证质押物的安全？ ………… 246
567. 如何设立安全普戒线，保证在极端情况下质押的价值？ …… 247

568. 银行如何监督管理企业建立标准化的监管措施？ … 247
569. 质押人是怎样高估价格来骗取银行贷款的？ … 247
570. 银行在质押时发生重复质押的原因是什么？ … 248
571. 银行如何对仓储重复质押风险进行防范？ … 249
572. 我国目前有期货市场标准仓单登记查询系统吗？ … 249
573. 解决质押各类欺诈行为最根本的措施是什么？ … 250
574. 存货质押操作风险都有哪些类型？ … 251
575. 银行应该怎样审核监管方资质？ … 251
576. 银行对物流监管企业有哪些要求？ … 251
577. 银行发现存货的权属不明确应该如何处理？ … 252
578. 质押的存货不符合银行要求会有什么风险？ … 252
579. 为什么质押价格要按购买价和市场价孰低的原则确定？ … 253
580. 如何防止存货保险单存在问题？ … 253
581. 应收账款质押欺诈风险都有哪些类型？ … 253
582. 什么是应收账款的债权虚假风险？ … 254
583. 什么是应收账款的价值虚假风险？ … 254
584. 什么是应收账款的时效性风险？ … 254
585. 什么是应收账款来源已抵押的风险？ … 254
586. 银行如何防范应收账款质押欺诈风险？ … 254
587. 应收账款质押有哪些法律风险？ … 256
588. 银行如何防范应收账款质押的法律风险？ … 257
589. 银行在应收账款质押方面存在哪些操作风险？ … 258
590. 应收账款质押合同条款规定不完善存在哪些风险？ … 258
591. 应收账款质押在手续、授后管理等方面存在哪些风险？ … 258
592. 应收账款质押人恶意逃债的行为有哪些？ … 258
593. 管理上的失误造成法律地位不牢固的风险有哪些？ … 258
594. 如何防止应收账款重复质押或登记失效？ … 258
595. 如何防范应收账款基础合同的效力引发的风险？ … 259
596. 如何防范应收账款债务人行使抵销权的风险？ … 259
597. 如何防范应收账款的时效性风险？ … 259
598. 银行应该怎样做好应收账款质押贷款的法律风险防范？ … 260
599. 股权（股票）质押应该具备什么条件？ … 261
600. 银行不能接受哪几种上市公司的股票作为质物？ … 261

第二十二章　导致银行被动抵债后果的授信风险识别与防范案例解析 ·················· 262

601. 抵押人放弃抵押权或抵押权顺位的相关案例 ·················· 262
602. 《民法典》保护债务人利益的相关案例 ·················· 262
603. 关于以抵押物的价格，在标的物交付后十日内办理抵押登记的抵押权人优先于抵押物买受人的其他担保物权人受偿案例 ·················· 262
604. 确认流质条款是否有效的相关案例 ·················· 263
605. 质权人放弃质权的相关案例 ·················· 264
606. 男子伪造土地和房屋证明书获刑的相关案例 ·················· 264
607. 不法分子重复抵押骗取巨额贷款的相关案例 ·················· 264
608. 重复抵押骗取钱财的相关案例 ·················· 265
609. 抵押欺诈者用虚假抵押资料骗取银行贷款的相关案例 ·················· 266
610. 专业骗贷团伙骗取银行贷款的相关案例 ·················· 266
611. 抵押欺诈者蒙骗银行核保人员骗取银行贷款的相关案例 ·················· 267
612. 抵押欺诈的相关案例 ·················· 267
613. 抵押欺诈者隐瞒抵押物被查封诈骗他人钱财的相关案例 ·················· 268
614. 原授信抵押期限未覆盖新授信期限的相关案例 ·················· 269
615. 委托贷款协议中存在不利银行条款的案例 ·················· 269
616. 银行为第二权利顺序人，暂缓发放贷款的案例 ·················· 270
617. 抵押物未获得相关审批文件，抵押存在政策性风险的相关案例 ·················· 270
618. 贷款没有相关批文，抵押存在政策性风险的相关案例 ·················· 270
619. 发现抵押物名称与批复不一致，暂缓放款的相关案例 ·················· 270
620. 抵押房屋未缴纳土地出让金的相关案例 ·················· 271
621. 房屋他项权证附记登记的债务人名称错误的相关案例 ·················· 271
622. 可抵押土地面积确定的相关案例 ·················· 271
623. 他项权证件是由客户自行领取，暂缓放款的相关案例 ·················· 271
624. 已经登记的不动产、动产抵押物，再次抵押的相关案例 ·················· 272
625. 抵押物被抵押人恶意隐秘、位移的相关案例 ·················· 273
626. 抵押物被征用，如何保证抵押权实现的相关案例 ·················· 273
627. 出质人对质押物不享有所有权的相关案例 ·················· 273

后记 ·················· 275

上篇

银行抵债资产收取、保管与处置的基本要务

上篇导图

本书上篇共八章，对银行在抵债资产收取、保管与处置过程中的流程和注意事项做了全面细致的解答。

银行抵债资产收取、保管与处置的基本要务		
	被动抵债是所有银行必须面对的难题	1~31题
	抵债资产的收取	32~84题
	抵债资产的保管	85~110题
	抵债资产的处置	111~141题
	抵债资产处置的渠道	142~159题
	抵债资产的出租与管理	160~166题
	抵债资产的财务处理	167~195题
	银行抵债资产收取、保管与处置的相关案例解析	196~200题

上篇　银行抵债资产收取、保管与处置的基本要务

第一章　被动抵债是所有银行必须面对的难题

▶▶▶ 1.《民法典》的实施对银行抵债资产和抵押产生什么影响？

《中华人民共和国民法典》（以下简称《民法典》）于2021年1月1日起施行。《民法典》共有七个分编：第一编总则、第二编物权、第三编合同、第四编人格权、第五编家庭婚姻、第六编继承、第七编侵权责任构成。其中，第二编和第三编的内容与银行抵债资产和抵押经济活动密切相关。在废止的《中华人民共和国担保法》《中华人民共和国合同法》《中华人民共和国物权法》中相关法律条款大部分纳入《民法典》中，有些新增法条，有些原文被如数吸收，有些做了部分修改，有些法条被废止。因此，认真学习《民法典》，领会其中的法律精神，可以更好地处理银行抵债和抵押的相关工作。

《民法典》第一千二百六十条规定，本法自2021年1月1日起施行。《中华人民共和国婚姻法》《中华人民共和国继承法》《中华人民共和国民法通则》《中华人民共和国收养法》《中华人民共和国担保法》《中华人民共和国合同法》《中华人民共和国物权法》《中华人民共和国侵权责任法》《中华人民共和国民法总则》同时废止。

▶▶▶ 2. 为什么说被动抵债是银行必须面对的难题？

银行存在不良资产是一个长期存在的问题。不论银行经营得多好都不可能没有不良资产，区别只是在于不良资产的多少。当银行的客户不能用现金偿还贷款的时候，银行就会运用多种手段来解决不良贷款。现实中一些办法和手段会产生一定的效果，但是，在穷尽所有办法和手段后还会有一些贷款无法收回（或者贷款风险等级上迁）的贷款，那么以物抵债就必然会发生。以物抵债是银行被动接受的，而且以物抵债会面临很多问题，所以，被动抵债就是所有银行必须面对的难题。

▶▶▶ 3. 银行不良资产处置有哪些常规手段？

银行不良资产处置的五大常规手段。

（1）现金回收。这是银行最希望的回收方式。所有银行都想争取以现金

方式来回收不良贷款。但是,贷款变成不良资产之后,以现金方式回收是十分困难的,因为,此时贷款客户已经没有能力用现金来偿还贷款了。

(2)常规催收。常规催收包括电话催收、短信催收、微信催收、信函催收、上门催收等多种方式。

常规催收对那些不是恶意逃债的债务人效果明显,能起到提醒的作用。遇到的难题是恶意逃债的债务人千方百计躲避银行的催收。

(3)减免本金、利息。按照财政部的有关规定,2014年前银行可以减免贷款客户的表外利息,2015年之后又放开可以减免本金和利息。在客户无力偿还全部本金和利息的情况下,经过与客户谈判,给予客户一定程度的减免,使其能够偿还剩余本金和利息。实践证明,这一手段有积极的回收作用。

(4)以物抵债。企业用各类资产偿还债务(包括债转股)。

客户没有现金偿还债务,只能用各类资产偿还债务,包括土地、房产、机器、设备、股权等。通过法院裁定和协议两种方式以物抵债。

(5)呆账核销——银行内部债务处理。银行对一些暂时或者难以回收的贷款,在内部进行账务处理,将其移除表外。核销后的原则是:账销案存,权在力催。

▶▶▶ 4. 什么是以物抵债?什么是抵债资产?

2005年5月27日财政部印发的《银行抵债资产管理办法》(财金〔2005〕53号,以下简称《抵债管理办法》)第三条规定:本办法所称以物抵债是指银行的债权到期,但债务人无法用货币资金偿还债务,或债权虽未到期,但债务人已出现严重经营问题或其他足以严重影响债务人按时足额用货币资金偿还债务,或当债务人完全丧失清偿能力时,担保人也无力以货币资金代为偿还债务,经银行与债务人、担保人或第三人协商同意,或经人民法院、仲裁机构依法裁决,债务人、担保人或第三人以实物资产或财产权利作价抵偿银行债权的行为。

《抵债管理办法》第三条规定,抵债资产是指银行依法行使债权或担保物权而受偿于债务人、担保人或第三人的实物资产或财产权利。

▶▶▶ 5. 什么是不良贷款核销?核销以后原有的不良贷款是否不再需要清收?

不良贷款核销也叫呆账核销。不良贷款核销是银行根据审慎会计原则,以计提的贷款损失准备冲减认定的贷款损失的账务处理过程。贷款核销后必须坚持账销案存，权在力催的管理原则，即核销后的贷款虽不再在银行资产负债表上进行会计确认和计量，但商业银行与借款人之间借贷关系仍然存续（法律、法规规定债权与债务关系完全终结的除外）。根据《金融企业呆账核销管理办法（2017年版）》（财金〔2017〕90号）第四条的规定，金融企业核销呆账应当遵循"符合认定条件，提供有效证据、账销案存、权在力催"的基本原则。对于核销后的呆账，金融企业要继续尽职追偿，尽最大可能实现回收价值最大化。

呆账核销必须遵循严格认定条件，提供确凿证据，严肃追究责任，逐级上报、审核和审批，对外保密，账销案存的原则。不能提供确凿证据证明的呆账，不得核销。贷款核销只是银行账面上的处理，并未免除借款人应向银行承担的还款义务，并不表明银行放弃债权，银行应继续积极催收和追偿，最大限度地保护银行资产少受损失，切实维护银行的合法权益。因此，商业银行应按规定对贷款核销过程和结果进行详细记录，建立和健全贷款核销档案，包括核销申报材料、逐户建立的台账、相关责任人名单等，作为银行信贷档案的重要组成部分。在贷款没有最终收回之前，应当一直作为未结交易档案指定专人妥善保管，不得随意丢失或自行销毁。贷款收回之后，银行再按照档案管理办法的有关规定进行处理。

▶▶▶ 6. 我国金融企业（主要指银行）呆账核销经过了怎样的过程？

呆账是我国金融企业的专用概念，虽然在发展过程中贷款的分类方法和名称有所变化，但呆账核销这个概念被延续下来，没有改变。因此，现在很多人有疑惑，为什么核销的是损失类贷款，却叫呆账核销呢？

我国银行业的商业化时间不长，改革开放之初实行专业银行制度。我国的呆账核销制度最开始建立在20世纪80年代。1988年财政部颁发了《关于国家专业银行建立呆账准备金的暂行规定》，根据该规定我国银行业开始计提呆账准备金，呆账核销制度也逐步建立起来。

2001年我国加入世贸组织（WTO）之后逐渐与国际接轨，为了防范金融行业经营风险，增强金融企业抵御风险能力，财政部在《关于国家专业银行建立呆账准备金的暂行规定》的基础上于同年出台了《金融企业呆账准备提取及呆账核销管理办法》。随后的几年里，财政部又陆续发布了《金融企业呆账核销管理办法》2008年修订版、2013年修订版、2015年修订版和2017年修订版。

▶▶▶ 7. 金融企业呆账核销以后为什么还要继续追偿？

金融企业（主要是银行）呆账核销是指银行经过内部审核确认后，将无法收回或者长期难以收回的贷款或投资从账面上冲销，其造成的损失用呆账准备金抵补，从而使账面反映的资产和收入更加真实。

随着呆账核销的相关政策的不断出台及法律法规的不断完善，我国的核销制度也不断发展。发展至今，我国呆账核销制度已具有以下四个特点。

（1）独立性。即，呆账核销是金融企业内部的事务，严格禁止其他机构和个人参与金融企业呆账核销运作，尤其是债务人。根据《金融企业呆账核销管理办法》（2017年修订版）第十三条规定，除法律法规和本办法规定外，其他机构和个人（包括债务人）不得参与金融企业呆账核销运作。

（2）保密性。即，要求内部人员对外严格保密。金融企业实际核销呆账金额按国家规定披露。《金融企业呆账核销管理办法》（2017年修订版）第十七条、第二十一条、第二十三条着重强调了内部运作以及道德风险的规避与防范问题，其中就包括内部人员的保密义务。

（3）追索性。即，账销案存和权在力催。虽然银行内部核销了呆账，但是，还要继续追索。我国《金融企业呆账核销管理办法》（2017年修订版）第十四条规定，对已核销的资产，除依据法律法规和本办法规定的权利义务已终结的情形外，金融企业仍然享有已核销债务或股权等合法权益，要按照"账销案存、权在力催"的原则，比照表内债务和股权的管理方式，建立保全和尽职追偿制度，实现对核销前与核销后管理的有效衔接，通过加强管理，最大限度减少损失，充分维护银行权益。

（4）穷尽性。即，要求金融企业在核销后要穷尽一切手段，尽职追索。《金融企业呆账核销管理办法》（2017年修订版）第十五条规定，对于已核销的资产，除依据法律法规和本办法规定的权利义务已终结的情形外，金融企业要履行清收职责，继续尽职追索，全面查找各项关联财产线索，发现有效财产后，要及时进行资产保全；对可恢复的中止或终结裁定的，在获取财产线索证据后，及时向法院提请恢复执行。同时，金融企业要对已核销资产做好台账记录、立卷归档、专人管理，加强追索维护权益。

由此可见，金融企业即使对符合规定的不良资产进行核销处理后，还要继续追偿，尽最大可能回收贷款，减少银行的损失。

▶▶▶ 8. 我国银行业在贷款分类上发生过怎样的变化？

我国在专业银行制度下，银行业贷款分类最早采用四级分类法，即：正常、逾期、呆滞和呆账,其中,后三类为不良贷款,俗称"一逾两呆"。2001年,我国加入 WTO 后,我国银行业逐渐采用国际通用的五级分类法,即:正常、关注、次级、可疑和损失五类,其中,后三类为不良贷款。

虽然我国银行业在贷款分类上有所变化,但是呆账这个叫法却是沿用至今。在实务中,银行呆账基本上是损失类贷款,但损失类贷款却并不一定都是银行呆账。所以,呆账核销的贷款与损失类贷款并不完全重合。

▶▶▶ 9. 银行实施以物抵债有哪些重要作用?

以物抵债又叫以资抵债。银行无论怎么控制,最终总有一部分债权转换成抵债资产。因此,抵债资产问题是所有银行必须面对的问题。实施抵债资产是银行五大常规手段之一,具有重要的作用。

(1) 银行贷款一般都有抵押物,抵押物作为第二还款来源,对贷款的保证是十分重要的。如果债务人无力现金还款,可以采取通过法院主张处置抵押物来还款;也可以直接与债务人协商以物抵债。

(2) 在没有设定抵押物的情况下,债务人无力还款。如果债务人有资产,且愿意用资产抵偿债务。在这种情况下,为了减少损失,银行只能选择以物抵债。

因此,银行虽然是在不得已的情况下收取抵债资产,但是抵债资产在未来的市场上如果可以出售,就可以回收一部分现金,以弥补银行的损失。在市场情况转好,或者资本运作成功的情况下,完全有可能超出原贷款的金额,从而获得更大的收益。

▶▶▶ 10. 银行收取抵债资产过程中会遇到哪些难题?

银行在收取抵债资产过程中遇到的难题主要在五个方面。

(1) 收取时纳税成本较高。《抵债管理办法》第四条规定,取得抵债资产支付的相关税费是指银行收取抵债资产过程中所缴纳的契税、车船使用税、印花税、房产税等税金,以及所支出的过户费、土地出让金、土地转让费、水利建设基金、交易管理费、资产评估费等直接费用。

收取时纳税具体情况(不限于)如下:

①银行缴纳的税费。在税收领域,收取抵债资产时银行作为视同销售的买入方,以公允价值为基数,须缴纳5%的契税和0.05%的印花税。②债务人缴纳的税费,银行被迫承担。债务人作为视同销售的卖出方,需要缴纳增值税、土地增值税、印花税和企业(个人)所得税,其中增值税为增值额的

10%，土地增值税根据计算方法的不同，税金为总价款的 5% 或者增值额的 30%~60%。其中，印花税是抵债资产公允价值的 0.05%，企业所得税并入全部收入汇总征收，个人所得税为增值额的 20%。如果债权人和债务人的税费均由抵债资产承担，即由收取行支付的情况下，按照税率较低的档次核定征收的方式缴税，总的税款负担至少为抵债资产公允价值的 20%（这里要特别提醒的是：债务人没有钱才不得不以资抵债，那么，以上的费用谁出呢？银行要收取，只能银行出，这部分钱只能抵消抵债的金额）。

（2）运营管理难。抵债资产收取后，有的需要保管，有的需要定期维护和保养（如汽车等机械），有的需要派人看管或者出租（仓房、厂房、住宅等），还有的需要上保险等，这些统称为运营管理，还会产生费用。

（3）处置难。收取的抵债资产品类繁多，五花八门，处置起来费时费力，还需要具备很多专业知识。因此，处置难是银行面对的现实问题。

（4）符合监管要求难。《商业银行法》第四十二条第二款规定："商业银行因行使抵押权、质权而取得的不动产或者股权，应当自取得之日起 2 年内予以处分。"《抵债管理办法》第十八条规定："抵债资产收取后应尽快处置变现。以抵债协议书生效日，或法院、仲裁机构裁决抵债的终结裁决书生效日，为抵债资产取得日，不动产和股权应自取得日起 2 年内予以处置；除股权外的其他权利应在其有效期内尽快处置，最长不得超过自取得日起的 2 年；动产应自取得日起 1 年内予以处置。"抵债资产处置要达到以上要求很难做到。

（5）容易发生道德风险。在收取、运营、处置各阶段都可能产生道德风险。

▶▶▶ 11. 银行收取抵债资产后不及时处置会对银行的经营效益产生哪些不利影响？

（1）银行收取抵债资产的处置有时限要求。《商业银行法》第四十二条第一款规定：商业银行因行使抵押权、质权而取得的不动产或者股权，应当自取得之日起 2 年内予以处分。

财政部《抵债管理办法》第十八条规定，抵债资产收取后应尽快处置变现。以抵债协议书生效日，或法院、仲裁机构裁决抵债的终结裁决书生效日，为抵债资产取得日，不动产和股权应自取得日起 2 年内予以处置；除股权外的其他权利应在其有效期内尽快处置，最长不得超过自取得日起的 2 年；动产应自取得日起 1 年内予以处置。

（2）超过时限拨备计提压力增大，影响净利润的实现。根据以上规定，超过时限将直接影响拨备计提，进而影响净利润的实现。对商业银行来讲，收取后的抵债资产至少划分为关注类，2年内未处置的抵债资产至少应下调级至次级类。关注类和次级类，分别应按2%和25%的比率计提减值准备，同时拨备计提压力会逐年增大，影响当年净利润的实现。

(3) 超过时限加权风险资产权重提高，影响资本充足率指标。资本充足率的计算公式：

资本充足率＝资本净额/加权风险资产

在资本净额既定的情况下，资产余额按照风险权重计入加权风险资产的额度越高，对资本充足率的指标越不利。根据《商业银行资本管理办法（试行）》及《商业银行资本监管配套政策》权重法的相关要求，抵债资产入账后2年内，按照100%的权重计入加权风险资产，而超过2年后按照1250%的权重计入加权风险资产。长期不处置的抵债资产将耗费银行宝贵的资本资源。

因此，银行收取抵债资产后不及时处置会对银行的经营效益产生十分不利的影响。

▶▶▶ 12. 银行在收取抵债资产过程中需要缴纳哪些费用？

(1) 增值税（营改增）。以物抵债是以收回实物资产或财产权利的方式收回债权，也包含未缴纳增值税的利息收入。金融企业收回抵债资产包含的未税利息收入应在收回抵债资产时确认，计算缴纳增值税。在抵债协议或法院裁决书中一般有明确抵债金额和利息划分，如无明确此项时，按照税法原则，须以抵债资产公允价值作为抵债金额。在抵债环节增值税处理分为以下三种情况。①抵债资产金额确定，但抵债金额未能明确抵债的本金与利息，按照常规金融企业先冲本金。大于本金小于等于利息部分，需区分已税利息和未税利息，计算应纳增值税。②抵债资产金额和抵债本金与利息金额均确定时，按抵债的利息部分计入利息收入。抵债的已税利息收入因在计提时已缴纳增值税，在抵债收回时属于应收利息款收回，不缴纳增值税。抵债的未税利息收入应在抵债收回时计入利息收入缴纳增值税。③抵债资产金额不确定，当抵债资产公允价值小于等于金融企业应收本金与利息之和时，按①的原则处理。

(2) 所得税。①抵债资产折价金额高于债权金额。金融保险企业收回的以物抵债非货币财产，经评估后的折价金额若高于债权的金额，退还给原债务人的部分，不作为应税收入；不退还给原债务人的部分，应计入应税收入，按规定计算缴纳企业所得税。②抵债资产折价金额低于债权金额。金融企业对依法取得的抵债资产，按评估确认的市场公允价值入账后，扣除抵债资接收费用，小于贷款本息的差额，经追偿后仍无法收回的债权，可以作为呆账在企业所得税前扣除。

（3）印花税。根据税法规定，因借款方无力偿还借款而将抵押财产转移给贷款方，应就双方书立的产权转移书据，按产权转移书据计税贴花，就所载金额缴纳印花税。

（4）契税。金融机构获得土地、房屋等抵债资产的所有权时，应缴纳契税。

▶▶▶ 13. 抵债资产取得环节需缴纳税费应如何计算？

（1）契税：按成交价格的 3%~5% 缴纳。

（2）印花税：0.05%。

（3）土地出让金：如原产权人欠缴，则由抵债接收方承担，但应抵扣抵债的金额。

（4）增值税进项税：按照税法规定如能从税务机关或者销售方拿到增值税专用发票，可以用于抵扣进项税，如不能拿到发票，则不能抵扣。若抵债资产为自建房则需全额纳税。其中增值税为增值额的 10%，土地增值税根据计算方法的不同，税金为总价款的 5% 或者增值额的 30%~60%；企业所得税并入全部收入汇总征收，个人所得税为增值额的 20%。

（5）评估费：各地收费不统一，例如某省以分段计价，标的物评估价值在 100 万元以下的按照 0.8% 计征；100 万~1000 万元，按 0.35% 计征；1000 万~5000 万元，按 0.12% 计征；5000 万~1 亿元，按 0.075% 计征；1 亿元以上，每 1 亿元收取 1 万元。

（6）公证费：分段计价 0.3%，各地收费不统一。

以上税费应由债务人缴纳，但债务人因为没有钱才会采取以资抵债，所以债务人无法缴纳以上部分税费，银行只能被迫承担，这部分钱只能抵消抵债的金额。

▶▶▶ 14. 抵债资产保管环节产生的税费如何计算？

（1）房产税：房屋出租的，房屋租金收入的 12%；未出租的，抵债房产原值一次性减除 10%~30% 后的余值缴纳 1.2%。

（2）车船税：基于排气量，每车每年收 180~4500 元不等。

（3）仓储费、保管费：如有，动产抵押时会涉及，根据实际情况支付。

（4）保险费：不同标的物保费费率不等。

▶▶▶ 15. 银行在处置抵债资产过程中需要缴纳哪些费用？

（1）增值税。处置抵债资产税收处理上属于销售行为，当处置的抵债资产属于增值税应税货物时按照《中华人民共和国增值税暂行条例》的规定缴纳增值税。在处置抵债资产时，增值税税收处理分为以下两种情况。

①按转让取得收入计算缴纳增值税。转让抵债的专利权、商标权等权利资产的所有权，使用权属营业税转让无形资产税目时（不含土地使用权），以转让取得收入为计税价格计算缴纳增值税。

②按处置取得收入减除作价余额计算缴纳增值税。金融企业处置抵债的不动产、土地使用权时，以全部收入减去抵债时该项不动产或土地使用权作价后的余额为营业额。这是在抵债资产处置中特别需要注意的税收政策。

（2）印花税。金融企业转让抵债财产所有权、版权、商标专用权、专利权、专有技术使用权签订的书据，应按产权转移书据缴纳印花税。

（3）土地增值税。金融企业处置抵债取得的国有土地使用权、地上的建筑物及其附着物时，应按《中华人民共和国土地增值税暂行条例》规定计算缴纳土地增值税。由于土地增值税计算复杂，各地在实务工作中会按处置收入的一定比例征收，因此数额不等。

（4）所得税。金融企业处置抵债资产取得的收入应计入所得税收入，同时按照抵债资产取得环节确定的计税成本结转。若抵债资产按计税成本计提的折旧或摊销额已在税前扣除过，在处置时按抵债时计税成本减去已在税前扣除的折旧或摊销后的余额所得税前扣除。

若抵债资产处置时为损失，则按《企业财产损失所得税前扣除管理办法》的规定进行税务处理。

▶▶▶ 16. 抵债资产处置环节产生的税费如何计算？

（1）增值税。

不动产：2016年4月30日前取得的，选择简易计税方法按5%计征；2016年5月1日之后取得的，按照9%计征。动产：一般货物为13%；特殊货物为9%。

（2）土地增值税：按照增值税与扣除项目金额的比率，实行四级累进税率：30%、40%、50%、60%。

（3）印花税：0.03%。

（4）城市维护建设税：7%。

（5）教育非附加与地方教育费附加：5%。

（6）企业所得税：25%。

17. 银行收取和处置抵债资产需要进行内部申报和审批吗？

银行收取和处置抵债资产需要进行严格明确的内部申报和审批。《抵债管理办法》第六条规定，银行应建立健全抵债资产收取和处置的内部申报审批制度，明确申报流程、部门职责、审批权限，并对申报方案的内容、要件和所需材料做出规定。

18. 《民法典》有关法规的变化对银行抵押担保业务有哪些影响？

2021年1月1日起施行的《民法典》体现了时代特点、反映了人民意愿，且直接影响到金融机构的市场交易行为，与银行经营过程中的风险防控措施密切相关。其中，物权编、合同编针对抵押担保的新变化，对银行信贷业务中抵押权的行使、抵押品的管理、法律风险的防范等方面有着重大的影响。主要体现在四大变化上：（1）统一动产抵押的设立规则。（2）抵押不破租赁规则的适用发生调整。（3）抵押财产的转让规则发生变化。（4）购买价金担保权超优先规则。对这些变化银行工作人员应认真学习，掌握要领，贯彻于工作之中。

19. 《民法典》是否对动产抵押设立了统一规则？

根据《民法典》第四百零三条的规定，以动产抵押的，抵押权自抵押合同生效时设立；未经登记，不得对抗善意第三人。《民法典》第四百零四条明确了前述规定的例外情形，"以动产抵押的，不得对抗正常经营活动中已经支付合理价款并取得抵押财产的买受人。"

《民法典》第四百零三条统一了动产抵押的设立规则。虽然该条款并未将抵押登记作为动产抵押权生效的前提，但是银行在实际业务中应当充分认识到抵押登记的重要性，在抵押合同中明确关于抵押人的抵押登记的义务，避免出现未经登记的动产抵押不能对抗善意第三人而导致银行债权无法实现的情况。同时，由于前述例外条款中"正常经营活动"未有明确解释，且实践中难以判断，在一定程度上削弱了银行作为抵押权人享有的担保效力，动产抵押增信效力相比现在有所降低。

因此，日常信贷业务中应谨慎选择以动产抵押作为单一担保措施，对于接受动产抵押的,应加强对抵押物的管理,密切关注并掌握经营活动及抵押物转让变动情况,并附加其他增信措施来保障债权的实现。

20.《民法典》对抵押不破租赁规则的适用做出了哪些规定?

根据《民法典》第四百零五条的规定,抵押权设立前,抵押财产已经出租并转移占有的,原租赁关系不受该抵押权的影响。

《民法典》第四百零五条明确"抵押不破租赁"需要满足的两个条件:即"已经出租"和"抵押财产已转移占有"。虽然《民法典》完善了"抵押不破租赁"的适用规则,但是银行作为抵押权人,"租赁权"有可能成为银行实现抵押权的"拦路虎"。因此,在业务中银行须加强贷前调查,判断抵押权设立前是否存在实际出租的情况,掌握证据,避免后续出现抵押人与承租人合谋欺骗银行的情况,影响银行行使抵押权。同时,在借款(抵押)合同中约定"合同签订后未经贷款人(抵押权人)同意,不可对抵押财产进行出租"的条款,并设定严格的违约责任(相关案例见第196题)。

21.《民法典》对抵押财产的转让规则做出了哪些规定?

《民法典》第四百零六条:"抵押期间,抵押人可以转让抵押财产。当事人另有约定的,按照其约定。抵押财产转让的,抵押权不受影响。抵押人转让抵押财产的,应当及时通知抵押权人。抵押权人能够证明抵押财产转让可能损害抵押权的,可以请求抵押人将转让所得的价款向抵押权人提前清偿债务或者提存。转让的价款超过债权数额的部分归抵押人所有,不足部分由债务人清偿。"

《民法典》第四百零六条允许抵押权人与抵押人之间就抵押权转让规则进行约定,明确规定抵押人转让财产仅有通知义务,抵押权人只有证明转让行为有损害债权的可能性,才能要求提前清偿,因此抵押物的贷后管理将面临较大的挑战。在业务实践中,银行在抵押合同中明确约定,抵押期间抵押物的转让须征得银行书面同意,以保障银行债权安全。同时,即便抵押合同已就抵押物转让予以限制,银行仍应加强贷后管理,确保抵押人不擅自处分抵押财产。

22.《民法典》对购买价金担保权超优先规则是如何规定的?

《民法典》第四百一十六条:"动产抵押担保的主债权是抵押物的价款,标的物交付后十日内办理抵押登记的,该抵押权人优先于抵押物买受人的其他担保物权人受偿，但是留置权人除外。"

《民法典》第四百一十六条赋予抵押物出卖人享有"购买价金担保权"优先于其他抵押权人受偿的权利，被称之为"超级优先权"。基于上述规定，银行接受动产担保的风险加大，相关动产买受人获得动产后的10日内，针对应付给出卖人价款设置抵押权并登记，此时即使银行抵押权登记时间早于前述抵押权，但仍将劣后于前述抵押权。因此在业务实践中，银行在设定抵押时应审慎核查标的物的交付时间、购买价款的支付情况以及抵押人与出卖人就抵押物买卖做出的特殊约定，待可能存在的购买价金担保权登记宽限期经过后，再考虑是否接受其作为担保标的物。同时，建议在担保合同中设置禁止设立购买价金担保权的条款，以及相应的违约责任（相关案例见第197题）。

▶▶▶ 23. 在新冠疫情期间，国家对收取抵债资产实施了哪些税收优惠政策？

为支持银行业金融机构、金融资产管理公司处置不良债权，有效防范金融风险，财政部、税务总局2022年9月30日发布《关于银行业金融机构、金融资产管理公司不良债权以物抵债有关税收政策》的公告（财政部 税务总局公告2022年第31号）。有关税收政策公告如下。

（1）银行业金融机构、金融资产管理公司中的增值税一般纳税人处置抵债不动产，可选择以取得的全部价款和价外费用扣除取得该抵债不动产时的作价为销售额，适用9%税率计算缴纳增值税。

按照上述规定从全部价款和价外费用中扣除抵债不动产的作价，应当取得人民法院、仲裁机构生效的法律文书。

选择上述办法计算销售额的银行业金融机构、金融资产管理公司处置抵债不动产时，抵债不动产作价的部分不得向购买方开具增值税专用发票。

（2）对银行业金融机构、金融资产管理公司接收、处置抵债资产过程中涉及的合同、产权转移书据和营业账簿免征印花税，对合同或产权转移书据其他各方当事人应缴纳的印花税照章征收。

（3）对银行业金融机构、金融资产管理公司接收抵债资产免征契税。

（4）各地可根据《中华人民共和国房产税暂行条例》《中华人民共和国城镇土地使用税暂行条例》授权和本地实际，对银行业金融机构、金融资产管理公司持有的抵债不动产减免房产税、城镇土地使用税。

（5）本公告所称抵债不动产、抵债资产，是指经人民法院判决裁定或仲裁机构仲裁的抵债不动产、抵债资产。其中，金融资产管理公司的抵债不动产、抵债资产，限于其承接银行业金融机构不良债权涉及的抵债不动产、抵债资产。

（6）本公告所称银行业金融机构，是指在中华人民共和国境内设立的商业银行、农村合作银行、农村信用社、村镇银行、农村资金互助社以及政策性银行。

（7）本公告执行期限为2022年8月1日至2023年7月31日。本公告发布之前已征收入库的按照上述规定应予减免的税款，可抵减纳税人以后月份应缴纳的税款或办理税款退库。已向处置不动产的购买方全额开具增值税专用发票的，将上述增值税专用发票追回后方可适用本公告（1）的规定。

24. 银行以物抵债应坚持什么原则？

根据《抵债管理办法》第五条的规定，以物抵债应坚持严格控制、合理定价、妥善保管、及时处置的原则。

（1）严格控制原则。银行在追偿债权时，应坚持货币资金受偿为第一选择。在债务人、担保人无货币资金偿还债务时，要优先采取由法院直接拍卖、变卖债务人、担保人或第三人非货币资产方式回收债权。当确实无法实现现金回收，且没有更好的保全手段时，可以考虑实施以物抵债。

（2）合理定价原则。银行在收取抵债资产时，须经有资质的评估机构对抵债资产进行评估，并在考虑资产市场情况、快速变现情况、扣除资产欠交税费情况、法院或仲裁机构的最后一次拍卖底价等因素后，合理确定收取价格。

（3）妥善保管原则。抵债资产收取后，要设定专人进行保管，并做好日常检查和维护，确保资产安全、完整，不发生丢失、毁损现象。

（4）及时处置原则。对抵债资产要采取各种方式快速处置，减少无效资产占用，尽快实现抵债资产向货币资产的转化。

25. 银行抵债资产管理部门的职能有哪些？

银行的资产保全部门（对于未设资产保全部的银行，即具有抵债资产经营管理相应职能的部门），是全行抵债资产的归口经营管理部门，负责抵债资产收取、保管及处置工作。具体包括以下七个方面。

（1）抵债资产的保管、经营、处置和信息管理。

（2）审核其他业务经营部门以物抵债项目的申报材料。

（3）本部门经营管理的不良债权以物抵债项目的申报。

（4）抵债资产的风险分类初分、申报工作。

（5）对下级行抵债资产经营管理工作的指导、检查和监督。

（6）抵债资产入账价值、资产准备金及相关损益的申报工作。

（7）抵债资产减值准备计提的测试和申报工作。

▶▶▶ 26. 银行相关部门在抵债资产管理中有哪些职责？

银行内部除直接管理抵债资产的部门外，还有一些部门也参与了抵债资产的管理工作。

（1）合规部门或承担合规工作的职能部门，负责对抵债资产规章制度执行情况进行监督检查。

（2）纪检监察部门根据职责权限，负责抵债资产违规行为的责任认定和责任追究工作。

（3）银行总行风险管理部负责抵债资产风险管理政策及规章制度的制定工作。各分行风险管理部负责权限范围内抵债资产风险管理政策、规章制度和内控制度执行情况的监督检查；负责组织实施权限范围内的抵债资产风险分类审批工作。

（4）银行风险监控部负责抵债资产风险管理政策、规章制度和内控制度执行情况的监督检查；负责组织实施抵债资产风险分类审批工作。

（5）银行核算部门负责抵债资产会计核算工作。

（6）银行计划财务部门负责抵债资产财务制度、政策的制定，负责抵债资产转为自用资产、购建指标、相关费用的审批工作。

（7）银行法律事务部门负责与抵债资产相关的法律工作。

▶▶▶ 27. 面对以物抵债银行有哪些困境？

以物抵债是商业银行处置不良贷款的重要方式和手段，特别是在近年来银行不良资产规模持续上升、较多地区资产价格低迷的背景下，以物抵债被迫成为银行快速实现降低不良资产的重要途径，因此，各行以物抵债余额呈逐年上升趋势。受税费过高、"倒找差价"、管理负担重等多种因素影响，以物抵债在商业银行实践运用中受到较多制约，银行主动实施以物抵债的意愿并不强烈，被动接受法院裁定抵债的情形居多。研究和解决实践中面临的重点突出问题，对于更好地开展以物抵债操作、提高不良贷款清收处置效率具有重要意义。

商业银行以物抵债实践中面临的突出困境包括以下四个方面。

（1）抵债资产价格高于债权数额时需支付差价。以物抵债首先要确定抵债资产的价格，诉讼执行中法院大多以最后一次拍卖的底价或变卖价作为抵债价格，如果该价格超过银行债权数额，法院在做出抵债裁定前往往要求银行以现金方式支付超出部分的金额，即先支付资产价差后，才能抵入并办理过户。财政部《银行抵债资产管理办法》（财金〔2005〕53号）第二十四条规定："抵债金额超过债权本息总额的，不得先行向对方支付补价，如法院判决、仲裁或协议规定须支付补价的，待抵债资产处置变现后，将变现所得价款扣除抵债资产在保管和处置过程中发生的各项支出，加上抵债资产在保管和处置过程中的收入后，将实际超出债权本息的部分退给对方。"该项规定使银行难以按法院要求在资产抵入前先支付差价，先支付差价的做法也可能使银行已经遭受的损失进一步扩大。

（2）不接受以物抵债可能丧失优先受偿权。当出现上述"倒找差价"的情形时，银行通常不会接受以物抵债，此时会有两种结果，一是抵押资产退回被执行人，银行优先受偿权还在，但实现困难，甚至可能遥遥无期；二是如有其他普通债权人接受抵债，法院将以银行不接受抵债为由，裁定将抵押物抵债给普通债权人，银行优先受偿权即面临丧失（抵押物消失了），所以，以上两种情况的结果都使银行的优先受偿权丧失。

（3）协议抵债的合法有效性具有不确定性。除法院裁定以物抵债外，债权债务双方还可以协议抵债。协议抵债主要基于双方协商，协议的效力可能因以下原因具有不确定性：①恶意串通。这种情况时有发生，债权人与债务人之间私下达成的抵债协议若有损国家、集体或第三人权益，在诉讼中可能以恶意串通为由被认定为无效。②流押、流质。如果双方在债务履行期届满之前签订以物抵债协议，根据《民法典》中有关禁止流押、流质契约的规定，很可能被认定为流押、流质而无效。③作价不公。协议抵债中抵债物的价格由抵债双方协商确定，银行和债务人此时的相互地位因情况不同而强弱不一，如果抵债物的作价与其实际价值相差悬殊，抵债协议的有效性可能会因抵债物作价缺乏公允性受到质疑，从而被双方或其他债权人以显失公平、乘人之危等理由申请撤销。基于这些情形，加之实践中部分当事人利用协议抵债转移财产、规避执行等恶意逃废债务的行为时有发生，人民法院对协议抵债有效性的司法审查日趋严格。鉴于此，协议抵债在商业银行实践操作中的实际运用总体较少。

（4）抵债税费高企，增加银行处置支出。银行抵债资产绝大部分为房地产，根据房地产税收管理有关规定，房地产在资产抵入和处置卖出两个环节银行均需缴纳多项税费。以企业房地产为例，资产出让方需缴纳增值税及附加税、企业所得税、印花税、土地增值税等，资产受让方需缴纳印花税和契税，房屋过户还需缴纳交易费、产权转移登记费等费用。有些税费抵债人无能力承担，只能银行代缴。

此外，资产抵入前存在的未缴税款、罚款可能也需要银行代缴。粗略估算，银行如果实施房地产以物抵债，将负担相当于资产价值30%~40%的税费支出，如此高额的税费大大增加了银行处置抵债资产的成本，降低了实际受偿金额。有的银行为节省税费，采取抵入时不办理过户、待资产处置后直接过户给买受人的处理方式，实践中容易引发纠纷和争议，甚至丧失物权。

▶▶▶ 28. 银行如何依法合规实施协议抵债？

协议抵债具有不经过司法程序而使处置程序更为高效便捷的特点，因此，为提高处置效率，在适当条件下商业银行可以采用协议方式实施以物抵债。为避免抵债协议被认定无效或被撤销，应重点关注以下四个环节。

一是做好尽职调查。资产抵入前应详细调查抵债资产的权属及使用状况，重点关注抵债资产的共有状况、是否有在先权利负担、查封以及影响将来处置抵债资产的其他情形，对于存在其他在先权利负担的资产应审慎接受抵债。

二是合理作价。双方应平等协商，公允作价抵债资产。可参照同时期同类型资产的公开市场交易价格，合理确定抵债资产价格，平等保护银行和债务人的合法权益。

三是文件准确，防范风险。要完善以物抵债协议文件，签署以物抵债协议应在债务清偿期届满后，避免债务未届清偿期之前的抵债行为，以防范可能发生的风险。

四是转移及时，手续齐备。要及时办理抵债资产物权转移手续。通过以物抵债协议、以物抵债调解书等取得的抵债资产，应及时办理过户、登记等物权转移手续，取得物权上的对抗效力，防范其他债权人执行冲突风险，同时为后期处置抵债资产做好必要准备。

对因特殊原因不能及时办理过户手续的抵债资产，要加大资产管理力度，必要时可以向法院申请诉前财产保全，防范风险。

▶▶▶ 29. 银行在抵债资产管理中主要存在哪些风险？

银行在抵债资产管理中的风险主要包括价值风险、处置风险、评估风险、道德风险,此外还有制度风险、灭失风险、市场风险、操作风险等。针对如此多的风险,银行应该采取积极措施来规避风险的发生。抵债资产管理四类主要风险的具体内容介绍如下。

(1) 价值风险。近几年,我国银行机构所收取的抵债资产的种类非常繁杂,涉及社会生活的各个方面。按性质可以分为房产、交通工具、土地、权利凭证以及待处理的其他类资产;按状态可以分为自用、占用、出租、处置中、闲置、有账无物等。这些抵债资产中,存在很多瑕疵,有的证件不齐全、完税状况较差、使用功能狭窄、贬值速度快等,这些因素导致抵债资产的变现价值很低。

(2) 处置风险。处置风险表现在两个方面,一是处置费用高,二是处置难。税费问题一直是制约银行处置抵债资产的一个重要原因,同时也是抵债资产变现率低的一个重要因素。从开始收取到最后的处理完毕,需要缴纳的有评估费、执行费、过户费、增值税、保全费等多项税费。处置难更是普遍问题。抵债资产市场本来接受度低,特别是在市场低迷时,更是无人问津。

(3) 评估风险。当前我国中介市场体制发展尚不健全,个别评估机构为追求利益,而高估抵债资产的价值,使抵债资产的评估水分过大,评估价值远高于实际价值。从而造成了实际回收的抵债资产价值不足,回收之后迅速贬值。特别是珠宝、首饰、艺术品等奢侈品,权威的鉴定机构也很少,且鉴定费用较高,于是很多银行选择了免去评估,一旦出现问题,损失往往会更大。

(4) 道德风险。在收回贷款的过程中,债务人公司停产或者倒闭,无力偿还现金,能够抵债的资产又很少。但是,为了逃避贷款责任追究,很多金融机构的信贷工作人员明知道抵债资产的变现率低,还是接收了这些抵债资产,目的是防止账面损失。尤其是在内部考核的压力下,一些银行为追求不良贷款率的下降和短期利益,将抵债资产作为掩盖不良资产的"避风港",人为放大短期效益。除此之外,有些银行在抵债资产回收的过程中,出现道德风险,让腐败滋生。

▶▶▶ 30. 银行工作人员在抵债债资产收取、保管和处置过程中出现的问题应当如何处罚?

根据财政部关于《银行抵债资产管理办法》第三十条规定,银行应当对抵债资产收取、保管和处置情况进行检查,发现问题及时纠正。在收取、保管、处置抵债资产过程中,有下列情况之一者,应视情节轻重进行处理;涉嫌违法犯罪的,应当移交司法机关,依法追究法律责任:

(1) 截留抵债资产经营处置收入的。

(2) 擅自动用抵债资产的。

(3) 未经批准收取、处置抵债资产的。

(4) 恶意串通抵债人或中介机构，在收取抵债资产过程中故意高估抵债资产价格，或在处理抵债资产过程中故意低估价格，造成银行资产损失的。

(5) 玩忽职守，怠于行使职权而造成抵债资产毁损、灭失的。

(6) 擅自将抵债资产转为自用资产的。

(7) 其他在抵债资产的收取、保管、处置过程中，违反本办法有关规定的行为。

对于违规行为各银行都有明确的条例和具体处罚规定；违法的行为应当移交司法机关，依法追究其法律责任。

▶▶▶ 31. 财政主管部门对银行抵债资产收取、保管和处置情况的监督检查责任有哪些？

根据财政部关于《银行抵债资产管理办法》第三十一条规定，财政主管部门应当加强对当地银行抵债资产收取、保管和处置情况的监督检查，对不符合本办法规定的，应当及时进行制止和纠正，并按照有关规定进行处理和处罚。

财政部驻各地财政监察专员办事处负责对当地中央管理的金融企业分支机构抵债资产收取、保管和处置的监督管理。

第二章　抵债资产的收取

▶▶▶ 32. 在什么情况下银行可以以物抵债？

银行的债权到期，出现以下四种情况时，《银行抵债资产管理办法》第三条规定，经银行与债务人、担保人或第三人协商同意，或经人民法院、仲裁机构依法裁决，债务人、担保人或第三人以实物资产或财产权利作价抵偿银行债权。

（1）债务人无法用货币资金偿还债务。

（2）债权虽未到期，但债务人已出现严重经营问题，如市场突变、上下游企业出现问题，导致企业生产受到严重影响甚至停产。

（3）其他足以严重影响债务人按时足额用货币资金偿还债务：重大法律诉讼、法人出现问题、自然灾害、企业违法经营被查。

（4）当债务人完全丧失清偿能力时，担保人也无力以货币资金代为偿还债务（出现债务人同样的问题）。

▶▶▶ 33. 债务人什么情况下只能以物抵债？

根据《银行抵债资产管理办法》第八条规定：债务人出现下列情况之一，无力以货币资金偿还银行债权，或当债务人完全丧失清偿能力时，担保人也无力以货币资金代为偿还债务，或担保人根本无货币支付义务的，银行可根据债务人或担保人以物抵债协议或人民法院、仲裁机构的裁决，实施以物抵债：

（1）生产经营已中止或建设项目处于停、缓建状态。

（2）生产经营陷入困境，财务状况日益恶化，处于关、停、并、转状态。

（3）已宣告破产，银行有破产分配受偿权的。

（4）对债务人的强制执行程序无法执行到现金资产，且执行实物资产或财产权利按司法惯例降价处置仍无法成交的。

（5）债务人及担保人出现只有通过以物抵债才能最大限度保全银行债权的其他情况。

▶▶▶ 34. 银行收取抵债资产的形式都有哪些？

以物抵债主要通过两种方式：协议抵债和法院、仲裁机构裁决抵债。

（1）协议抵债。经银行与债务人、担保人或第三人协商同意，债务人、担保人或第三人以其拥有所有权或处置权的资产作价，偿还银行债权。

（2）法院、仲裁机构裁决抵债。通过诉讼或仲裁程序，由终结的裁决文书确定将债务人、担保人或第三人拥有所有权或处置权的资产，抵偿银行债权。

诉讼程序和仲裁程序中的和解，参照协议抵债处理。

▶▶▶ 35．可抵债的资产有哪些种类？

可抵债的资产有六类：房屋建筑物、土地使用权、交通工具、机器设备、权利资产、其他资产。

▶▶▶ 36．不可抵债的资产有哪些种类？

根据《银行抵债资产管理办法》第十条规定，下列财产一般不得用于抵偿债务：

（1）法律规定的禁止流通物。

（2）抵债资产欠缴和应缴的各种税收和费用已经接近、等于或者高于该资产价值的。

（3）权属不明或有争议的资产。

（4）伪劣、变质、残损或储存、保管期限很短的资产。

（5）资产已抵押或质押给第三人，且抵押或质押价值没有剩余的。

（6）依法被查封、扣押、监管或者依法被以其他形式限制转让的资产（银行有优先受偿权的资产除外）。

（7）公益性质的生活设施、教育设施、医疗卫生设施等。

（8）法律禁止转让和转让成本高的集体所有土地使用权。

（9）已确定要被征用的土地使用权。

（10）其他无法变现的资产。

▶▶▶ 37．什么是法律规定的禁止流通物？

法律规定的禁止流通物包括以下五类。

（1）专属于国家所有的财产。如矿藏、水流等。这类财产不得买卖、出租、抵押或者以其他方式非法转让。公民和法人如需要利用国家专有财产，必须根据法律规定，取得采矿权、使用权等，才能合法占有、使用这类财产。

（2）虽非国家专有但禁止转让物。在中国，土地、森林、山岭、草原、荒地、滩涂、水面等自然资源，不得买卖、抵押或以其他形式非法转让。非专属国家所有的财产可以依法交公民或法人经营管理或承包经营。

（3）武器、弹药等。为了维护公共安全和稳定社会秩序，中国法律禁止武器、弹药等流通。

（4）淫秽书画、鸦片等。为了防止危害人们身心健康需要，法律规定禁止淫秽书画、鸦片等流通。

（5）国家禁止流通的文物：①具有历史、艺术、科学价值的古文化遗址、古墓葬、古建筑、石窟寺和石刻、壁画；②与重大历史事件、革命运动或者著名人物有关的以及具有重要纪念意义、教育意义或者史料价值的近代现代重要史迹、实物、代表性建筑；③历史上各时代珍贵的艺术品、工艺美术品；④历史上各时代重要的文献资料以及具有历史、艺术、科学价值的手稿和图书资料等；⑤反映历史上各时代、各民族社会制度、社会生产、社会生活的代表性实物。

▶▶▶ 38. 什么情况下抵债资产没有价值？

有些抵债资产在原物权所有者手中已经欠缴和应缴的各种税收和费用，在抵债的时点这些税收和费用的总和已经接近、等于或者高于该资产价值，那么这种抵债资产不能收取，因为这种资产已经没有价值，甚至是负值。例如，汽车的罚款已经超过变现的价值。

▶▶▶ 39. 什么是权属不明或有争议的资产？

有些抵债资产在抵债的时点权属不明，无法确认所有权属于谁。有的资产权属有争议，这类资产不能抵债。例如，房屋建筑物作为遗产，多个继承人有争议，不能作为抵债资产。

▶▶▶ 40. 为什么伪劣、变质、残损或储存、保管期限短的资产不能作为抵债资产收取？

有些抵债资产不可能长时间的保存，如饮料（矿泉水、可乐、雪碧等）、医疗易耗品、酒类中的啤酒等抵债之后会很快变质，失去使用价值。因此，不能作为抵债资产收取。

▶▶ 41. 为什么资产已抵押或质押给第三人，且抵押或质押价值没有剩余的不能作为抵债资产？

（1）资产已抵押或质押给第三人。在理论上说这类资产是可以抵债的，但是，其中可能会存在很多隐患，比如存在纠纷、资产的损毁、资产的转移，甚至债务人有意设下的陷阱等，所以，规定不能作为抵债资产。

（2）资产以抵押或质押价值没有剩余的，在这种情况下，就没有抵债的价值和必要了。

▶▶ 42. 依法被查封、扣押、监管或者依法被以其他形式限制转让的资产（银行有优先受偿权的资产除外）为什么不能作为抵债资产？

这些资产包括两种情况。第一种情况，即已经被依法查封、扣押、监管的资产。这些资产已经被依法被查封、扣押、监管，就是说肯定有其他债权人在主张权力，那么，这些资产就存在很大的不确定性，或者其中一部分价值要给付第三人，甚至全部的价值要给付第三人，也就是抵债资产的价值很少或者全部没有，这样的资产做抵债资产没有任何意义。因此，不能作为抵债资产收取。第二种情况，即依法被以其他形式限制转让的资产（银行有优先受偿权的资产除外），比如被留置，由于留置权人有优先权，所以资产被限制转让，不可能再做抵债资产。

▶▶ 43. 生活设施、教育设施、医疗卫生设施是否可以作为抵债资产？

根据《民法典》第三百九十九条的规定，学校、幼儿园、医疗机构等以公益为目的成立的非营利法人的教育设施、医疗卫生设施和其他公益设施不得抵押。

私人性质的教育、医疗卫生设施是否可以作为抵债资产取决于登记的性质。私立医院如果登记为营利法人，可以将其医院做抵押，如果还不了银行贷款，银行可以依法作为抵债资产收取。

▶▶ 44. 法律禁止转让和转让成本高的集体所有土地使用权为什么不能作为抵债资产？

这里有两层含义。一是法律禁止转让集体所有土地使用权的情况。《土地管理法》第63条规定，农民集体所有的土地使用权不得出让、转让或出租用

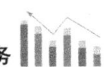

于非农业建设；但是，符合土地利用总体规划并依法取得建设用地的企业，因破产、兼并等情形致使土地使用权依法发生转移的除外。《土地管理法》第43条规定："任何单位和个人进行建设，需要使用土地的，必须依法申请使用国有土地。"可见，农村土地可以出租用于农业建设，不能出租用于非农业建设，农村土地出租是有条件限制的。

二是转让成本高的集体所有土地使用权的情况。集体土地使用权在某些特殊情况下可以转让（抵债），即符合土地利用总体规划并依法取得建设用地的企业因破产、兼并等情形导致土地使用权依法发生转移的。

▶▶▶ 45. 集体所有土地使用权转让包括哪些成本？

集体所有土地使用权的转让成本主要是土地使用税。土地使用税是以国有土地或集体土地为征税对象，对拥有土地使用权的单位和个人征收的一种税。其土地使用税的应纳税额，通过纳税人实际占用的土地面积乘以该土地所在地段的适用税额计算得出。

（1）土地使用税税率。土地使用税采用定额税率，即采用有幅度的差别纳税，按大、中、小城市和县城、建制镇、工矿区分别规定每平方米城镇土地使用税年应纳税额。其具体标准如下：

大城市（50万人以上），每平方米税额为1.5～30元；中等城市（20万～50万人），每平方米税额为1.2～24元；小城市（20万人以下），每平方米税额0.9～18元；县城、建制镇和工矿区，每平方米税额0.6～12元。

土地使用税税额为幅度税额，拉开档次，而且每个幅度税额的差距规定为20倍。这样，各地政府在划分本辖区不同地段的等级，确定适用税额时，有选择余地，便于具体操作。

（2）土地使用税的计税依据。土地使用税以纳税人实际占用的土地面积为计税依据，土地面积计量标准为每平方米，即根据纳税人实际占用的土地面积，按照规定的税额计算应纳税额，缴纳土地使用税。

实际占用土地面积的确定办法：有各级政府确定的单位组织测定土地面积的，以测定的面积为准；没有组织测量，但纳税人持有政府核发的土地使用证书的，以证书确认的土地面积为准；还没有核发土地使用证书的，由纳税人申报土地面积，据此报税，待核发土地使用证以后再做调整。

另外，对在土地使用税征税范围内单独建造的地下建筑用地，按规定征收土地使用税。地下建筑用地暂按应征税款的50%征收土地使用税。

（3）土地使用税应纳税额的计算。土地使用税的应纳税额，可以通过纳税人实际占用的土地面积乘以该土地所在地段的适用税额计算得出。

其计算公式为：

全年应纳税额＝实际占用应税土地面积（平方米）×适用税额

如甲企业设在某城市使用土地面积为2万平方米，经当地的税务机关核定，该土地为应税土地，每平方米年税额为5元。计算甲企业全年应缴纳的土地使用税税额。

甲企业全年应缴纳的土地使用税＝2万平方米×5元＝10万元。

按照税法规定，土地使用税实行按年计算、分期缴纳的征收方法。土地使用税在土地所在地缴纳，由土地所在地的税务机关征收，其收入纳入地方财政预算管理。

土地使用税纳税义务的时间。根据房屋交付、房屋权属转移、变更登记手续的时间等不同情况来确定。例如，购置新建商品房，自房屋交付使用次月起，缴纳土地使用税；以出让或转让方式有偿取得土地使用权的，应由受让方从合同约定支付土地时间的次月起缴纳土地使用税；合同未约定交付时间的，由受让方从合同签订的次月起缴纳土地使用税。

▶▶▶ 46. 划拨的土地使用权是否可以单独用于抵偿债务？

划拨的土地使用权原则上不能单独用于抵偿债务，如以该类土地上的房屋抵债的，房屋占用范围内的划拨土地使用权应当一并用于抵偿债务，但应首先取得获有审批权限的人民政府或土地行政管理部门的批准，并在确定抵债金额时扣除按照规定应补交的土地出让金及相关税费。

农民集体所有建设用地使用权流转，2006年8月《国务院关于加强土地调控有关问题的通知》，通知指出："农用地转为建设用地，必须符合土地利用总体规划、城市总体规划、村庄和集镇规划，纳入年度土地利用计划，并依法办理农用地转用审批手续。禁止通过'以租代征'等方式使用农民集体所有农用地进行非农业建设，擅自扩大建设用地规模。农民集体所有建设用地使用权流转，必须符合规划并严格限定在依法取得的建设用地范围内。未依法办理农用地转用审批，国家机关工作人员批准通过'以租代征'等方式占地建设的，属非法批地行为；单位和个人擅自通过'以租代征'等方式占地建设的，属非法占地行为，要依法追究有关人员的法律责任。"

▶▶▶ 47. 已确定要被征用的土地使用权是否可以抵债？

因为既然确定土地使用权将要征用，而且征用的补偿价格还没有确定，就无法知道到底能抵债多少,所以不能进行抵债。

▶▶▶ 48.《银行抵债资产管理办法》中,其他无法变现的资产有哪些?

其他无法变现的资产包括:国家机关的资产,以法定程序确认为违法、违章的建筑物、已经出租的采矿权,这些都是无法变现的资产,因此,不能作为抵债资产。

▶▶▶ 49. 划拨土地使用权为什么必须与地上建筑物一并抵债?

偿还债务是一种交易行为,划拨土地使用权是不可交易的。因此,划拨的土地使用权原则上不能单独用于抵偿债务,土地上必须有附着物,如以该类土地上的房屋建筑物抵债的,房屋建筑物占用范围内的划拨土地使用权应当一并用于抵偿债务,但应首先取得有审批权限的人民政府或国土资源部门的批准,并在确定抵债金额时扣除按照规定应补交的土地出让金及相关税费。

根据《民法典》的有关规定,土地使用权抵押时,其地上建筑物及其他附着物随之抵押。地上建筑物及其他附着物抵押时,其使用范围内的土地使用权也随之抵押,也就是说,土地使用权与地上建筑物及其他附着物必须同时抵押。

▶▶▶ 50. 银行应优先选择哪些资产抵债?

财政部关于《银行抵债资产管理办法》的通知第九条要求:在实施以物抵债时,要根据债务人、担保人或第三人受偿资产的实际情况,优先选择产权明晰、权证齐全、有独立使用功能、易于保管变现、变现价值高的资产进行抵债。

▶▶▶ 51. 实施抵债前银行为什么需要及时做好诉前保全?

在债权到期或出现风险时,及时对债务人、担保人的有效资产采取财产保全措施十分重要。因为,银行这时可能面对两种风险,一是债务人出于逃废银行债务的目的,可能转移资产,银行就要面对无任何资产回收的状况;二是被其他债权人抢先查封资产,银行丧失处置资产的主动权。因此,银行在债权到期或出现风险时,要及时对债务人、担保人的有效资产采取财产保全措施,防止其转移资产或其他债权人先于本银行采取保全措施,保证在实施以物抵债时对受偿资产有更多的选择。

52. 在办理以物抵债前银行要做哪些工作？

《银行抵债资产管理办法》第十二条对银行在办理以物抵债前要做哪些工作提出了具体要求，即银行办理以物抵债前，应当进行实地调查，并到有关主管部门核实，做好这些工作是及时、准确实施以物抵债的基础。

拟抵债资产的调查应采取实地调查和到相关部门核查相结合的方式，内容包括：

（1）资产的权属、权证、现状、抵（质）押情况。
（2）是否拖欠工程款、税款、土地出让金及其他费用。
（3）是否涉及法律纠纷；是否被司法机关查封、扣押、冻结、监管。
（4）是否属于限制、禁止流通物。
（5）是否属于伪劣、变质、过期商品等。

53. 抵债后为什么要及时设定收取责任人？

在办理以物抵债后，为了下步的管理和落实责任，必须要设定抵债资产收取责任人，具体负责以物抵债的申报、抵债资产的收取、登记和移交等工作。抵债资产收取责任人的变更，应由部门主管在分清责任后办理交接手续。

54. 怎样合理确定抵债金额？

抵债金额的确定主要分为两种情况。

（1）协议抵债的，要通过规定程序聘用具有合法资质的评估机构对资产进行评估，并要求评估机构以公开市场价值标准为准则，确定资产的市场价值，在可能的情况下应要求评估机构提供资产的快速变现价值。在扣除抵债资产欠缴各种税费的前提下，与债务人、担保人或第三人协商确定抵债金额。

（2）采取诉讼、仲裁等法律手段追偿债权的，如债务人和担保人确无现金偿还能力，要及时申请法院或仲裁机构对债务人、担保人或第三人的资产进行拍卖或变卖，以变现所得偿还债权，不足部分继续追索债务人或担保人。若拍卖流拍后，按照法律规定或司法惯例降价后继续拍卖。确需收取抵债资产的，应比照协议抵债确定抵债金额的原则，要求法院、仲裁机构以最后一次的拍卖保留价为基础，公平合理确定抵债金额。

对于法院、仲裁机构裁决的抵债金额显失公允的，应依法申请复议或申诉。

55. 怎样确定抵债资产公允价值？

根据收取的条件和情况，抵债资产公允价值可分别采取以下方式确定：

（1）收取时已经有确定的买受人，抵债资产公允价值应当根据公平交易中的销售协议价格确定。

（2）不存在销售协议但存在资产活跃市场的，应当按照该抵债资产的市场价格确定。抵债资产市场价格通常应当根据资产的买方出价确定。

（3）在不存在销售协议和资产活跃市场的情况下，应当以可获取的最佳信息为基础，结合抵债资产的状况，确定公允价值。

（4）符合预计未来现金流量现值计量条件的，应当以该资产预计未来现金流量的现值估计资产公允价值。

56. 收取抵债资产确定公允价值时，需要考虑哪些因素？

收取抵债资产确定公允价值时，涉及以下因素必须详细分析，量化涉及的因素影响公允价值的金额，并提供相关证据或文件材料。

（1）资产是否有清晰完整的产权，各项登记手续是否完备（达到直接在市场上销售程度）。

（2）同类资产最近期市场价值的波动情况。

（3）资产评估情况。包括最近一次评估时间；评估方法；评估人资质；最近一期抵债资产评估结果，以及快速变现价格；评估报告形成后出现的不利于抵债资产的因素；评估中的假设条件是否合理，如对商用房产预测的未来现金流量是否恰当，作为价格参照的其他房屋与该不动产的可比性等。

（4）资产在市场上待售的时间，同类资产的市场价格，意向买受人询价，拍卖机构的建议拍卖价，最近一次拍卖保留价格以及当地市场状况等。

（5）计划以何种方式处置资产，过去处置这类资产的能力和经验。

（6）资产将被迫出售或快速变现的因素。

（7）其他因素，包括房产的留置权问题，房产的出租问题，环境危害问题，税收及保险问题等。

57. 同一动产上已设立抵押权或者质权，该动产又被留置的以及抵押权与质权并存时，如何优先受偿？

出现以上情况分三种状况安排。

（1）同一动产上已设立抵押权或者质权，该动产又被留置的，留置权人优先受偿。

（2）同一动产法定登记的抵押权与质权并存时，抵押权人优先于质权人受偿。

（3）质权与未登记抵押权并存时，质权人优先于抵押权人受偿。

▶▶ 58. 抵债资产收取阶段可以向抵债人支付补价吗？

抵债资产收取阶段不可以向抵债人支付补价。根据《银行抵债资产管理办法》第二十四条规定：抵债金额超过债权本息总额的部分，不得先行向对方支付补价，如法院判决、仲裁或协议规定须支付补价的，待抵债资产处置变现后，将变现所得价款扣除抵债资产在保管、处置过程中发生的各项支出，加上抵债资产在保管、处置过程中的收入后，将实际超出债权本息的部分退给对方。

▶▶ 59. 抵债资产收取方案和处置方案必须要同时制定合并申报吗？

银行在抵债资产收取时收取方案和处置方案原则上要同时研究制订合并申报。因为，抵债资产收取时就要考虑如何处置，只有事前考虑处置才能最大限度地减少银行的损失。

处置方案中要对抵债资产的变现能力、变现方式、变现途径、变现时间、变现费用及预计损失等情况进行必要的分析。无可行处置方案的，原则上不得收取。对于无可行处置方案确需收取的，原则上要在收取后3个月内制定切实可行的处置方案。

▶▶ 60. 以物抵债方案包括哪些内容？

银行以物抵债要制定方案，这是财政部的要求，也是各家银行严格管理所必须做的。以物抵债方案内容包括以下十二个方面的内容。

（1）债务形成情况（性质、起止日、具体过程）和欠银行的债务本息余额、风险分类及损失准备计提结果情况。

（2）债务人及担保人目前的生产经营及财务状况。

（3）按有关规定进行的责任认定情况。

（4）已采取的债权清收措施及这些措施未达到预期效果。

（5）已采取的债权清收措施及这些措施未达到预期效果的原因。

（6）以物抵债的理由。

（7）抵债资产的名称、数量、位置、来源渠道、占管形式、各项权证办理情况、所有权权属、目前账面价值、欠缴税费及资产现状和瑕疵情况。

（8）评估机构情况及抵债资产的评估价值及所抵偿债务金额。

（9）抵债资产的计价依据及公允价值分析。

（10）收取抵债资产发生相关税费的合理性分析。

（11）抵债资产的变现能力和变现计划。

（12）对于收取手续不健全的物品或权利资产，在提出以物抵债方案中，除上述内容外，要着重分析债务人或担保人主要资产状况、负债情况、收取该项抵债资产的风险及利弊分析，以及可行的处置方案。

61. 银行采用协议方式，申报以物抵债须上报什么资料？

（1）债务人以物抵债申请或已经法律部门审查认可的双方意向性协议。

（2）有关法律性文件和证明，包括原借款和担保合同或协议，抵债资产权属证明或权证，抵（质）押登记证明等。

（3）经合法资质单位出具的抵债资产评估报告原件或复印件。

（4）抵债资产收取责任人的落实情况。

（5）责任认定材料。

（6）最近一期债权的风险分类认定材料。

（7）其他相关材料。

62. 银行采用法院或仲裁机构裁决方式，申报以物抵债须上报什么资料？

（1）法院、仲裁机构的判决、裁定书或裁定意向性文件、破产分配方案。

（2）有关法律性文件和证明，包括原借款和担保合同或协议，抵债资产权属证明或权证，抵（质）押登记证明等。

（3）经合法资质机构出具的抵债资产评估报告。

（4）抵债资产收取责任人落实情况。

（5）责任认定材料。

（6）最近一期债权的风险分类认定材料。

（7）其他相关材料。

63. 采用公允价值确定的抵债资产需要申报什么材料？

以公允价值确定的抵债资产需要申报材料主要包括以下内容（要与以资抵债方案及附件材料同时申报）。

（1）抵债资产公允价值确认申报书。

（2）资产公允价值定价依据材料，如买受人的购买意向协议书、符合资质要求的评估机构出具的询价函、评估报告中的快速变现价证明；同类资产向土地房产管理部门、工商管理部门等的询价材料。

（3）资产的瑕疵证明材料及瑕疵影响资产公允价值的说明。

（4）资产拖欠税费、工程款等证明材料；法律纠纷材料。

（5）其他影响抵债资产公允价值确定的依据材料。

64. 银行应按照哪些程序对抵债资产收取、处置方案进行报批？

（1）银行资产保全（或者特殊资产管理）部门对以物抵债方案及附件材料进行审核并提出初步意见后，按照审批权限逐级报批抵债资产收取、处置方案。

（2）抵债资产收取和处置方案合并申报的，审批程序和权限按照抵债资产收取审批的规定执行。

（3）抵债资产的收取审批权限按《××银行法人授权书》执行，超过授权部分报有权部门审批。

（4）采取协议抵债的，要在收到审批机构同意收取的批复后，与债务人、抵债人或其他当事人签订以物抵债协议。抵债协议文本要经过本级或上级法律部门审查。

协议内容包括：要明确抵债资产的基本情况、数量；商定的抵债资产价值、抵偿债权本息及税费金额；抵债资产价值与抵偿债权差额的处理方式；抵债资产交付时间、地点和方式；权证的移交时间、地点、方式；过户手续的办理及税费的负担；违约责任、解决争议的方式；协议的生效时间及生效条件等条款。

65. 收取抵债资产时有哪几种情况需要事先处理？

（1）对于收取的抵债资产存在承租人等优先购买权人的，应在签订抵债协议前取得优先购买权人放弃优先购买权的书面承诺；抵债金额应扣除剩余租赁期限的租金及相应的应由出租人承担的税费等。

承租人优先购买权的解释：根据《民法典》第七百二十六条规定，出租人出卖租赁房屋的，应当在出卖之前的合理期限内通知承租人，承租人享有以同等条件优先购买的权利；但是，房屋按份共有人行使优先购买权或者出租人将房屋出卖给近亲属的除外。

出租人履行通知义务后，承租人在 15 日内未明确表示购买的，视为承租人放弃优先购买权。

但是标的物既是抵押物又是租赁物，即抵押权和租赁权竞合时，抵押权人和承租人都想取得标的物所有权怎么办？按照相关法律规定，抵押权虽是物权，其权利内涵主要是抵押权人对抵押物处置价款享有优先受偿权（财产权）。《民法典》单独规定承租人的优先购买权，保护的不是债权性质的租赁权，而是保护承租人在特定时间节点获得租赁物所有权的机会（所有权）。因此，抵押权人的购买权和承租人的购买权法律地位是不同的，而法律明确规定承租人的购买权是优先的。所以，在同等条件下，对已经出租的抵押物的购买权承租人优先于抵押权人。

（2）法院、仲裁机构裁决抵债的，要及时取得生效裁决书。需要办理财产权属证明移交等手续的，应督促法院、仲裁机构向房产、土地、工商管理、交通等有关部门发送协助执行通知书。诉讼、仲裁程序中以和解方式抵债的，和解协议书生效后，应要求法院、仲裁机构对和解协议书的内容予以书面确认。

在业务实践中，还有注意以下两点：①签订以物抵债协议或裁决书生效后，要及时与抵债人办理抵债资产及相关权证的移交手续。对于需要过户的资产，原则上应尽快办理过户手续。如能够有效控制资产产权风险且能够快速变现的，可以暂时不办理过户手续，但必须落实有效的风险防范措施。②在取得抵债资产及其有关权属证明文件当日，收取责任人应填制《××××银行担保物、待处理抵债资产收妥通知书》一式四联，资产保管部门、会计部门、业务部门及抵债人各一联。

66. 以物抵债管理的四大原则是什么？

财政部关于《银行抵债资产管理办法》对以物抵债管理提出了四大原则。

（1）严格控制原则。银行债权应首先考虑以货币形式受偿，从严控制以物抵债。受偿方式以现金受偿为第一选择，债务人、担保人无货币资金偿还能力时，要优先选择以直接拍卖、变卖非货币资产的方式回收债权。当现金受偿确实不能实现时，可接受以物抵债。

（2）合理定价原则。抵债资产必须经过严格的资产评估来确定价值，评估程序应合法合规，要以市场价格为基础合理定价。

（3）妥善保管原则。对收取的抵债资产应妥善保管，确保抵债资产安全、完整和有效。

（4）及时处置原则。收取抵债资产后应及时进行处置，尽快实现抵债资产向货币资产的有效转化。

▶▶▶ 67. 协议抵债的适用范围是什么？

经银行与债务人、担保人或第三人协商同意，债务人、担保人或第三人以其拥有所有权或处置权的资产作价，偿还银行债权。抵债的范围有六类资产，即房屋建筑物、土地使用权、交通工具、机器设备、权利资产、其他资产。

▶▶▶ 68. 协议抵债的操作流程是什么？

（1）银行与债务人面商，债务人同意以物抵债。

（2）银行对债务人拟抵债的资产进行尽调。银行办理以物抵债前，应当进行实地调查，并到有关主管部门核实，了解资产的产权及实物状况，包括资产是否存在产权上的瑕疵，是否设定了抵押、质押等他项权利，是否拖欠工程款、税款、土地出让金及其他费用，是否涉及其他法律纠纷，是否被司法机关查封、冻结，是否属限制、禁止流通物等情况。

（3）协商价格。协议抵债的，原则上应在具有合法资质的评估机构进行评估确值的基础上，与债务人、担保人或第三人协商确定抵债金额。评估时，应要求评估机构以公开市场价值标准为原则，确定资产的市场价值，在可能的情况下应要求评估机构提供资产的快速变现价值。抵债资产欠缴的税费和取得抵债资产支付的相关税费应在确定抵债金额时予以扣除。

（4）签订抵债协议。

（5）办理资产权属转移手续。

▶▶▶ 69. 协议抵债的难点是什么？

（1）价格难以达成。一些债务人要求的抵债资产价格明显高于市场价格，要么存在抵押物被其他债权人轮候查封或其他用难以公允评估价值的物品抵债的情况，导致银行不能正常接收抵债资产。

（2）有时为了保护银行的利益，尽管价格明显不合理，也不得不接受。

（3）协议抵债会遇到很多问题，有些问题，不易发现或在协议中暗藏陷阱，给银行资产造成意想不到的损失。例如：①协议抵债房产未过户，虽占有，也不能排除被强制执行。②协议抵债的划拨土地上的房屋，土地未获批，虽占有，也无效。③债务人故意隐瞒房屋出租信息，虽占有，处置难度加大。④债务人将资产的未来收益（如房屋、厂房、仓库）的租金提前收取。⑤资产处于拆迁阶段，债务人已经将拆迁款收取。⑥债务人提供资产虚假信息

（根本就不存在或是以他人的财产提供抵押）而签署的协议。⑦抵债资产在价格、质量等方面存在争议。⑧恶意串通，损害第三人利益等。

▶▶▶ 70. 法院裁定以物抵债应当同时具备哪些条件？

（1）被执行人无支付金钱能力。强制以物抵债适用金钱给付案件的执行，如果被执行人有现金或存款可供执行，应当直接执行其现金或存款，这不仅便于执行，更符合金钱给付的生效法律文书的要求，能使申请执行人直接实现取得金钱的权利和目的。但是，被执行人没有现金或存款可供执行，其财产又无法通过变价程序换取价款清偿债务时，强制以物抵债也就有其必要性，成为不得不采用的执行措施，否则，案件无法再继续执行下去。

（2）被执行人的财产无法拍卖或变卖。被执行人虽无支付金钱的能力，但有财物可供执行，当其财物查封、扣押后，应当先进行拍卖或变卖，换取价款清偿债务。根据《最高人民法院关于适用〈中华人民共和国民事诉讼法〉若干问题的意见》第302条规定，拍卖或变卖是强制以物抵债的前置程序。拍卖或变卖能够以财物换取价款，以价款清偿金钱债权，又因金钱给付案件中的申请执行人按照生效法律文书的要求只要钱不要物，所以，被执行人财产被查封、扣押后，不能直接用于强制抵债，而应先拍卖或变卖，只有在无法拍卖或变卖，或者拍卖或变卖不成的，才可以采取强制抵债的措施。

（3）申请执行人同意。强制以物抵债中的强制是对被执行人而言的，被执行人不同意以物抵债，不影响法院强制执行，但对申请执行人不存在强制问题。在金钱给付案件的执行过程中，申请执行人的权利是取得金钱并非财物，当法院将金钱给付变更为财物交付时，实际上改变了生效法律文书确定的执行内容，因此，必须经申请执行人同意，否则不能强迫申请执行人接受被执行人的财物。如果申请执行人拒绝接收，被执行人又无其他财产可供执行的，只能将财物退回被执行人，案件做中止执行处理。

（4）抵债物价值已经有关部门评估。在前面三个条件均已具备的情况下，那么抵债物以多少价款抵债呢？这是一个很重要的问题，价款过高不利于申请执行人，价款过低不利于被执行人，而执行法院不具有专业估价职能和水平。因此，在以物抵债前，抵债物的价款要先经有关资产评估部门评估，然后予以抵债。

▶▶▶ 71. 法院裁定以物抵债需要遵循哪些规定？

根据《最高人民法院关于人民法院执行工作若干问题的规定（试行）》

第 59 条规定，人民法院应当作出裁定以物抵债。强制以物抵债的裁定一经送达即发生法律效力，裁定生效后将抵债物交付给申请执行人。抵债物价值一般不得超出被执行人的债务，但有时因客观原因也有超出的可能，对超出部分，申请执行人应当交付现金，由执行法院退回被执行人；抵债物价值不足清偿债务的，应当继续执行不足部分。抵债物依法应当办理产权、证照过户手续的，执行法院应当出具相关的文书，以便申请执行人办理过户手续。

强制以物抵债的法律后果表现为两个方面：一是抵债物由被执行人所有转移为申请执行人所有，被执行人丧失该物的所有权，申请执行人取得该物的所有权；二是被抵的债权债务消灭，在已抵的财物的价值范围内，被执行人的债务视为已经清偿，申请执行人的债权视为已经受偿。但是，尚未受抵的债权仍然存在，执行法院应当继续执行。

▶▶▶ 72. 法院拍卖抵押物动产要经过几次拍卖？

关于动产拍卖的规定：一拍：按照评估价进行。二拍：如果一拍流拍，可以降价 20%~30% 进行二拍。其起拍价为评估价的 70%~80%（各地标准不一）。

▶▶▶ 73. 不动产或者其他财产权拍卖的规定是什么？

一拍：按照评估价进行。二拍：如果一拍流拍，可以降价 20%~30% 进行二拍。其起拍价为评估价的 70%~80%（各地标准不一）。三拍：按照以上进行。

变卖：如果三拍还是流拍，按照三拍的保留价进行变卖。

▶▶▶ 74. 法院拍卖抵押物资产流拍应如何处理？

根据《法院对查封财产进行变价处理的规定》，动产两次流拍，可以将其作价交申请执行人或者其他执行债权人抵债。申请执行人或者其他执行债权人拒绝接受或者依法不能交付其抵债。法院应当解除查封、扣押并将该动产退还被执行人。

对于第二次拍卖仍流拍的不动产或者其他财产权，法院可以将其作价交申请执行人或者其他执行债权人抵债。拒绝或依法不能交付其抵债的，应在 60 日内进行第三次拍卖。第三次流拍且申请执行人或者其他执行债权人拒绝接受或依法不能接受该不动产或者其他财产权抵债的，法院应当至第三次拍卖终结之日起 7 日内发出变卖公告。自公告之日起 60 日内没有买受人愿意以第三次拍卖的保留价买受该财产,且申请执行人、其他执行债权人仍不表示接受该财产抵债的,应当解除查封、冻结、将该财产退还被执行人,但对该财产可以采取其他执行措施的除外。

▶▶ 75. 拍卖与变卖有什么区别?

(1) 程序不同。拍卖必须先期公告,并通知有关人员到场,变卖则无此规定。

(2) 期限不同。拍卖对物品的公告和拍卖的时间,均有明确的期限规定;而变卖则不受时间的限制。

(3) 确定标的物价值的方法不同。拍卖时须对拍卖标的物进行估价,确定底价,然后通过竞价,确定拍卖标的价值;变卖则无此程序。

(4) 形式不同。拍卖采取公开的形式,以竞争的方式当场成交,而变卖则可直接交商业部门收购或代为出售。

(5) 标的范围不同。拍卖的财产既适用于动产又适用于不动产;既适用于一般的财产,也适用于特殊价值的财产。对不动产的变卖和具有特殊价值财产的变卖,大多数国家对其均有一定的限制。因此,在强制拍卖中,拍卖的范围比变卖更广,其地位也比变卖更重要。

(6) 在民事诉讼程序中,强制执行的范围不同。凡拍卖的物品,在拍卖之前须对其查封、扣押,一方面禁止债务人或所有人随意处分,另一方面也便于实施拍卖。换言之,凡没有被查封、扣押的财产,不能拍卖。而变卖的范围更广一些,它不仅包括查封、扣押的财产,也包括未经查封、扣押的被执行人的财产。

▶▶ 76. 抵押物流拍,且银行不接受抵押物,法院是否需要解除查封措施?

动产两次流拍,可以将其作价交申请执行人或者其他执行债权人抵债。申请执行人或者其他执行债权人拒绝接受或者依法不能交付其抵债。法院应当解除查封、扣押,并将该动产退还被执行人。实务中分为两种情况:

(1) 不动产抵押物三拍流拍后,申请执行人不同意以物抵债的,法院应当解除对抵押物的查封,并将该财产退还被执行人。

(2) 不动产抵押物三拍流拍后,申请执行人不同意以物抵债的,如解除查封影响申请执行人债权权益的实现,则应继续查封抵押物,不予解封(相关案例见第198题)。

▶▶▶ 77. 法院将流拍抵押物裁定给银行,银行应如何处理?

法院将流拍抵押物裁定给银行,银行不接受,法院解除抵押。银行可以两种措施自救。

(1)银行可申请重新启动评估拍卖程序。根据《最高人民法院关于人民法院民事执行中拍卖、变卖财产的规定》第二十八条规定,涉案财产经拍卖、变卖后,申请执行人、其他债权人仍不表示接受该财产抵债的,应当解除查封、冻结,将该财产退还被执行人,但对该财产可以采取其他执行措施的除外。该条中所指的"其他执行措施",可包括强制管理和重新启动拍卖程序。因此,人民法院可以准许启动第二轮拍卖。

(2)银行申请恢复执行。在银行面对以上的情况下,又没有其他财产线索的,人民法院可能终结本次执行。之后银行应在终本后,积极准备材料,去法院申请恢复执行,争取法院能予以立案。同时,在立案后,争取法院将抵押物再次查封,并在时机成熟时再次启动拍卖程序。但是有一个问题需要注意,如抵押物的查封法院是首封法院,一旦该法院认定不动产抵押物三次流拍后,不同意以物抵债的,应对抵押物进行解封,则该抵押物很可能被其他债权人所在地的法院查封。那么,银行就会丧失对抵押物首封权,丧失对抵押物处置的主导权,而只享有对抵押物拍卖、变卖或作价所得价款的优先受偿权,这就加大了抵押物的处置难度,也就增加了银行的资金成本,也不利于尽快回现。对资产管理公司也同样如此。因此,银行应该了解这种情况,权衡利弊,正确应对。

▶▶▶ 78. 法院将债权人不同意以物抵债的不动产抵押物解除查封并退还被执行人后,债权人是否还享有抵押权?

根据《民法典》第三百九十三条规定,有下列情形之一的,担保物权消灭:(1)主债权消灭;(2)担保物权实现;(3)债权人放弃担保物权;(4)法律规定担保物权消灭的其他情形。

同时,抵押权作为一种担保物权,属于物权,根据物权法定原则,抵押权的设立、变更、内容、消灭等均由法律明确规定。然而,债权人不同意以物抵债,并不意味着放弃抵押权,也不意味着抵押权实现,更不是主债权消灭,那么既然主债权未消灭,抵押权也未实现,债权人也并未放弃抵押权,抵押权就仍有效存续,债权人仍对该抵押物拍卖、变卖或作价所得价款享有优先受偿权。由此可知,即使法院将债权人不同意以物抵债的不动产抵押物解除查封并退还被执行人，该抵押权仍有效存续，债权人对该抵押物在抵押人担保范围内对其拍卖、变卖或作价所得价款仍享有优先受偿权。

79. 法院、仲裁机构裁定抵债是以什么价格为准？

根据《银行抵债资产管理办法》第十四条规定，确需收取抵债资产时，应比照协议抵债金额的确定原则，要求法院、仲裁机构以最后一次的拍卖保留价为基础，公平合理地确定抵债金额。

即以第三次拍卖的保留价（即变卖价格）为基础确定抵债资产的价格。

80. 法院裁定以物抵债，但债务人隐瞒房产处于拆迁阶段，债务人已经收取补偿款的事实，债权人应如何处理？

根据《民法典》第三百九十条的规定，担保期间，担保财产毁损、灭失或者被征收等，担保物权人可以就获得的保险金、赔偿金或者补偿金等优先受偿。被担保债权的履行期限未届满的，也可以提存该保险金、赔偿金或者补偿金等。

根据《民法典》第四百一十条的规定，债务人不履行到期债务或者发生当事人约定的实现抵押权的情形，抵押权人可以与抵押人协议以抵押财产折价或者以拍卖、变卖该抵押财产所得的价款优先受偿。协议损害其他债权人利益的，其他债权人可以请求人民法院撤销该协议。

抵押权人与抵押人未就抵押权实现方式达成协议的，抵押权人可以请求人民法院拍卖、变卖抵押财产。

抵押财产折价或者变卖的，应当参照市场价格。

根据以上规定，银行（包括其他债权人）可以要求被查封房产的权利人将拆迁补偿款交至法院暂存，也可以要求拆迁人将拆迁款交至法院，已经发放的拆迁人可以向被拆迁人追偿补偿款。如果拆迁人和被拆迁人拒绝履行法院确定的义务，可以拒不执行判决、裁定罪，追究其刑事责任。

81. 法院裁定房产抵债银行未及时过户，企业再次抵押，银行应如何处理？

法院裁定以物抵债属于强制执行等事实行为所引起的物权变动，应该自该事实行为完成之日起就产生不动产物权变动的后果，并不以履行过户登记为要件。因此，法院应该裁定企业的再次抵押无效，房产的抵押权人应该向抵押人追索债权。

▶▶▶ **82. 法院已下达以物抵债裁定书后，债务人拒不提供房产证，银行将如何处理？**

法院已经下达裁定书，债务人拒不提供房产证，可以申请法院强制执行。

▶▶▶ **83. 法院调解以物抵债，但银行还未更名，其他法院查封是否有效？**

法院调解以物抵债属于强制执行等事实行为所引起的物权变动，应该自该事实行为完成之日起就产生不动产物权变动的后果，并不以履行过户登记为要件。因此，其他法院的查封是无效的。

▶▶▶ **84. 执行程序中以物抵债，法院能否直接裁定过户给案外人？**

执行程序中以物抵债，物权已经变更了，因此，法院不能直接裁定过户给案外人。

第三章　抵债资产的保管

▶▶▶ 85. 抵债资产保管原则都有哪些？

以物抵债应坚持严格控制、合理定价、妥善保管、及时处置的原则。

▶▶▶ 86. 严格控制原则的具体含义是什么？

银行在追偿债权时，应坚持货币资金受偿为第一选择。在债务人、担保人无货币资金偿还债务时，要优先采取由法院直接拍卖、变卖债务人、担保人或第三人非货币资产方式回收债权。当确实无法实现现金回收，且没有更好地保全手段时，可以考虑实施以物抵债。

▶▶▶ 87. 合理定价原则的具体含义是什么？

银行在收取抵债资产时，须经有资质的评估机构对抵债资产进行评估，并在考虑资产市场情况、快速变现情况、扣除资产欠交税费情况、法院或仲裁机构的最后一次拍卖底价等因素后，合理确定收取价格。

▶▶▶ 88. 妥善保管原则的具体含义是什么？

抵债资产收取后，要设定专人进行保管，并做好日常检查和维护，确保资产安全、完整，不发生丢失、毁损现象。

▶▶▶ 89. 及时处置原则的具体含义是什么？

对抵债资产要采取各种方式快速处置，减少无效资产占用，尽快实现抵债资产向货币资产的转化。

银行要按照有利于抵债资产经营管理和保管的原则，确定抵债资产经营管理主责任人，指定保管责任人，并明确各自职责。

▶▶▶ 90. 银行在接收抵债资产后应当如何进行保管？

银行在接收抵债资产后，要按照有利于经营管理和保管的原则，确定抵债资产经营管理主责任人，指定保管责任人。

如有的银行规定，在取得抵债资产 10 个工作日内，要办理完移交手续。实行分级管理。属于总行本级项目的，将抵债资产移交总行资产保全部；属于各一级分行所辖机构收取项目，由一级分行资产保全部门实行集中管理和直接经营。

其中暂不具备处置条件的，可委托经办行进行妥善保管，并落实抵债资产保管责任人。

抵债资产的移出、移入行做好资产移交的登记工作。

▶▶▶ 91. 抵债资产经营管理主责任人的工作职责是什么？

抵债资产经营管理主责任人的工作职责是负责组织抵债资产移交接收、方案报批、实施等工作。

▶▶▶ 92. 抵债资产经营保管责任人的工作职责是什么？

保管责任人具体负责抵债资产的检查、登记、信息维护、日常维护。保管责任人应及时向经营管理主责任人反映抵债资产价值的变化情况。

▶▶▶ 93. 抵债资产经营保管责任人变更需要哪些程序？

保管责任人的变更，应由抵债资产经营管理主责任人或部门主管在分清保管责任后办理交接手续。

▶▶▶ 94. 银行在办理抵债资产接收后应采取哪些保管方式？

银行在办理抵债资产接收后应根据抵债资产的类别（包括不动产、动产和权利等）、特点等决定采取上收保管、就地保管、委托保管等方式。

▶▶▶ 95. 什么是就地保管？

就地保管就是收取经办行根据抵债资产的类别、权限将一些抵债资产留在收取经办行进行保管。

▶▶▶ 96. 什么是上收保管？

上收保管是指银行根据抵债资产的类别、权限将一些抵债资产从收取经办行上收到上一级银行来保管。

97. 什么是委托保管？

委托保管就是对一些资产委托专门机构进行保管。

对专业性较强，不具备保管能力的抵债资产，可委托该类资产专业保管机构进行保管。对收取的异地抵债资产，可委托该资产所在地银行分支机构进行保管。

凡委托保管的抵债资产，委托行和保管行、单位应签订书面委托保管协议，明确保管期间的权利和义务及委托保管行为发生和终止后的交接事项。

98. 权利类资产及抵债资产的权利凭证等重要物品和单证原件如何进行保管？

权利类资产及抵债资产的权利凭证等重要物品和单证原件按照规定由会计部门负责入库保管。银行资产保全部门（或者类似部门）已设立了专门档案库房和专职档案管理员的，也可由资产保全部门负责入库保管。

99. 抵债资产已对外出租的如何进行保管？

抵债资产已对外出租的，应由承租方负责保管抵债资产。与承租方签订的租赁协议中应对承租方的保管、维护义务进行明确约定，并对承租方保管义务的履行情况进行监督。

100. 如何对抵债资产进行日常管理？

对抵债资产进行日常管理主要是要定期检查、账实核对抵债资产。

银行资产保全部门按季组织对抵债资产进行检查。由经营管理主责任人、保管责任人与会计部门对抵债资产进行账实核对，及时掌握其实物形态、价值形态的变化情况，填写《银行担保物、待处理抵债资产核对登记簿》。检查中若发现账实有不符的，由资产保全部门负责查明原因，及时向分管行长及上级资产保全部门报告并据实处理。

保管责任人要根据抵债资产的性质、特点、状况进行日常维护。对因自然灾害、意外事故、人为因素等原因造成抵债资产毁损，要积极采取有效措施，避免损失进一步扩大，保管责任人应及时向经营主责任人汇报。对抵债资产已投保的，应及时向保险公司索赔。对造成资产损失存在主观责任的人员，应依照有关规定承担赔偿责任。

对于按照规定必须办理保险的以及存在较大风险隐患的抵债资产，要及时办理财产保险。抵债资产办理保险，参照固定资产办理保险的有关规定执行。

101. 抵债资产在保管期间可以对其进行新的资金投入吗？

抵债资产在保管期间，除按照法律规定、协议约定或资产日常维护需要支付税、费外，原则上不能对抵债资产进行新的资金投入。凡资产存在较大瑕疵，只有投入资金才能具备处置条件的，或增加投入后能够提高资产变现价值的，在进行投入产出分析并报总行审批同意后方可进行适当投入。

102. 抵债资产可以出租吗？

抵债资产原则上不得对外出租。

103. 抵债资产收取前已经出租了如何处理？

对于收取前已由抵债人对外出租的资产，能够解除租赁合同的，应要求抵债人与承租人解除租赁关系。如不能解除租赁关系，要在收取抵债资产后与承租人签订新的租赁合同，新的租赁期限不得超过原租赁合同的剩余期限，并尽量缩短租赁期限。租赁期满后，原则上不得续租。在规定时间内，对因客观原因无法处置的抵债资产，在租赁不影响处置的前提下，经一级分行有权审批机构批准后可以在短时间内出租。

104. 抵债资产在特殊情况下出租的如何进行管理？

在规定时间内，对因客观原因无法处置的抵债资产，在租赁不影响处置的前提下，经一级分行有权审批机构批准后可以在短时间内出租。出租的期限不得超过规定的抵债资产处置时限。

出租抵债资产，要按国家有关规定，与承租人签订书面租赁合同，办理登记备案手续，并加强对出租抵债资产的管理。租金收入不得截留、挪用，按照规定列入当期损益科目。

105. 如何对抵债资产进行信息管理？

抵债资产收取、保管、处置过程中的各类信息要及时录入相关管理信息系统，录入有关要求参考管理信息系统操作手册执行。

106. 如何对抵债资产进行档案管理？

抵债资产业务中形成的资料以资产项目为单位及时整理归档，并按照收取、保管、处置等业务操作顺序操作。抵债资产档案的收集、整理、立卷归档、移交、保管和使用按照《××银行档案管理办法》的有关规定执行。

▶▶▶ 107. 如何对关联交易进行管理？

抵债资产收取和处置如果涉及与关联方的关联交易，应事先按关联交易的管理规定履行备案或审批程序，在完成收取或处置工作后，应进行关联交易的信息披露工作。

▶▶▶ 108. 如何对抵债资产工作进行监督和检查？

上级银行要每年组织对所辖行抵债资产业务进行监督检查，检查内容包括抵债资产收取、保管、处置、账务处理以及档案管理等。检查发现的问题，应及时整改。

▶▶▶ 109. 抵债资产管理监督和检查的内容是什么？

在抵债资产管理过程中，有下列情形之一的，应依照《××银行工作人员违规行为处理办法》的有关条款，视情节轻重进行处理。触犯刑法的，移交司法机关追究其刑事责任。

（1）收取阶段的责任情形有：①申报行（部门）对拟收取资产调查申报不实的；②未按规定权限和程序审批收取抵债资产的；③恶意串通抵债人或中介机构，在收取过程中故意高估资产价值，造成损失的；④抵债资产收取后，未及时入账或账外核算的；⑤抵债资产收取环节因相关责任人主观原因造成抵债资产损失的。

（2）保管阶段的责任情形有：①未按权限程序审批动用、自用、出租抵债资产的；②以部门或个人名义开立账户，截留、挪用抵债资产租金收入的；③玩忽职守，怠于行使职权而造成抵债资产毁损、灭失的；④抵债资产保管环节因相关责任人主观原因造成抵债资产发生盘亏的。

（3）处置阶段的责任情形有：①未按规定权限和程序审批处置抵债资产的；②以部门或个人名义开立账户，截留、挪用抵债资产处置收入的；③恶意串通竞买人或中介机构，编造虚假情况，在处置过程中故意低估价值，造成损失的；④对拍卖资金监管不力造成损失的；⑤泄露尚未处置资产保留底价的；⑥抵债资产处置环节相关责任人因主观原因造成抵债资产发生损失的；⑦从事资产保全业务人员、抵债资产项目审批人员及各级银行担任领导职务人员，参与抵债资产的购买的；⑧违反抵债资产原则上不得自用的规定，未经有权部门审批，擅自转为自用的。

（4）档案资料管理承担责任的有：对抵债资产档案资料管理不善造成毁损、遗失的。

（5）其他应当承担责任的情形。

▶▶▶ 110. 抵债资产管理出现违规情形，如何进行责任追究？

抵债资产管理出现违规情形的，由纪检监察部进行责任认定和责任追究，但责任认定和追究不应作为抵债资产收取、处置和减值准备计提的前提。

第四章　抵债资产的处置

▶▶▶ 111. 抵债资产处置的原则是什么？

抵债资产的处置坚持"统一管理、面向市场、把握时机、减少损失"的原则。

（1）统一管理：抵债资产的处置应该在一个银行内部进行统一的管理，主要体现在：①统一处置的政策。上下级行、各区域行不能各行其是，必须在统一的政策指导下进行。②执行统一的授权方案，不能越权处置。③执行统一的财务方针，账务和财务处理要上下一致，各区域银行统一。

（2）面向市场：抵债资产的处置要面向市场，公开、公正、公平地进行，以公开拍卖为主，其他方式为辅。

（3）把握时机：抵债资产处置要在市场的价格、周期波动中，科学地把握时机，争取抵债物处置的最佳出售点。

（4）减少损失：抵债资产处置要选择损失小的处置方式、时点，尽量减少抵债物的价值损失。

▶▶▶ 112. 抵债资产的处置时限是多久？

根据《银行抵债资产管理办法》的有关规定，抵债资产收取后应尽快处置变现。以物抵债协议生效日或记载抵债内容的法律文书生效日，为抵债资产的取得日；有履行期限的，以履行期限届满日，为抵债资产取得日。

不动产和股权应自取得之日起 2 年内予以处置；动产应当自取得之日起 1 年内予以处置；除股权外的其他权利资产应当在其有效期内尽快处置，最长不得超过自取得日起的 2 年。

▶▶▶ 113. 抵债资产的处置方案包括哪些内容？

（1）抵债资产的名称、数量、位置、所有权权属、权证情况、目前账面余额、减值准备余额。

（2）抵债资产的取得时间、取得方式以及入账处理日期。

（3）抵债资产的经营、处置方式。

（4）抵债资产经营、处置价格及计价依据、同类资产的市场价格。

（5）抵债资产处置费用的合理性分析。

（6）抵债资产处置的预计损失（升值）额和损失（升值）率。

（7）抵债资产折损的原因分析，以及处置价格与收取时入账的公允价值差异原因分析。

（8）收取、保管及处置的损失责任认定情况。

▶▶▶ 114. 抵债资产的处置方案的附件包括哪些内容？

（1）抵债资产的入账凭证复印件。

（2）对拟处置的抵债资产经过评估的，还须报送资产评估报告复印件。

（3）收取时的以物抵债方案，审批机构同意收取的正式批复文件复印件。

（4）对以分期收款方式进行抵债资产处置的，须报送受让企业的资信调查报告和收款的担保措施。

（5）处置责任人的落实情况。

（6）其他相关材料。

▶▶▶ 115. 抵债资产出现两种处置方案应如何处理？

对于已经批准的抵债资产处置（收取）方案，在有效期内进行处置时，若新的处置方案优于原批准方案，或处置损失率超过原批准方案预计损失率10%（含）以内的，拟采取的新处置方案，不必重新报批，但应向原审批机构报备。若拟采取的新处置方案处置损失率超过原批准方案预计损失率10%以上的，必须按照授权规定重新申报审批。

▶▶▶ 116. 抵债资产处置方式变更的，应如何重新申报？

（1）申报调整处置价格或变更处置方式的请示文件。

（2）原处置方案的批复文件。

（3）调整处置价格或处置方式的原因和理由。

▶▶▶ 117. 实施的抵债资产处置价格低于对应抵债资产收取时入账价值的如何处理？

如果该项抵债资产处置价格低于对应抵债资产收取时入账价值的，须在抵债资产处置申报方案中说明处置价格低于入账价值的减值原因。

▶▶▶ 118. 抵债资产的处置超过审批权如何处理？

每个银行都有抵债资产处置的权限规定，各下级银行必须按照规定执行。

在权限内的处置项目按照规定进行，如果超过授权就要按照权限的规定报有权部门审批。

▶▶▶ 119. 抵债资产处置的基本方针是什么？

抵债资产处置应坚持公开透明的方式，避免暗箱操作，防范道德风险。

▶▶▶ 120. 抵债资产处置的主要方式是什么？

抵债资产处置原则上采用公开拍卖等市场化方式。不适于公开拍卖或采用其他方式能够实现回收价值最大化的，可以根据实际情况，采用协议处置、打包出售、招标处置、委托销售等方式处置变现。选聘中介机构时，要引入竞争机制，确保公平交易。

采取招标处置方式的，按照公开拍卖的审批权限和程序报批。招标必须按照公开、公正、公平原则选择竞标人，竞标人不得少于3个（含）。

▶▶▶ 121. 采用委托销售处置方式需要哪些报批程序？

委托销售处置方式是对单一的对象，不是公开的多个对象，因此要按照协议处置的审批权限和程序报批。

▶▶▶ 122. 什么是打包出售？

打包就是将某一银行某一地区的抵债资产集中起来，在市场上售出。打包出售的优点是快速、量大；缺点是价格折扣比较大，银行损失比较大。打包出售可以采取公开拍卖的方式，也可以采取协议出售的方式。

▶▶▶ 123. 什么是招标处置？

招标处置是借用工程招投标制度来进行抵债资产处置的一种方式。招投标制度是为合理分配招标、投标双方的权利、义务和责任建立的管理制度。采用招标处置抵债资产主要是通过这一制度选择好的、合格的处置抵债资产的机构，以达到更好地处置效果的目的。

▶▶▶ 124. 为什么在经济活动中采取招投标制度？

（1）实施招标投标制度可以提高经济效益和社会效益。招标投标是市场竞争的一种重要方式，最大优点就是能够充分体现公开、公平、公正的市场竞争原则。实施招投标制度，让众多投标人进行公平竞争，以最低或较低的价格获得最优的货物、工程或服务，从而达到提高经济效益和社会效益的目的。招投标制度对提高招标项目的质量、提高国有资金使用效率、推动投融资管理体制和各行业管理体制的改革起到明显的作用。

（2）实施招标投标制度可以提升企业竞争力。实施招标投标制度可以显著促进企业转变经营机制，提高企业的创新活力，积极引进先进技术和管理，提高企业生产、服务的质量和效率，不断提升企业市场信誉和竞争力。

（3）实施招标投标制度可以健全市场经济体系。实施招标投标制度可以有力维护和规范市场竞争秩序，保护当事人的合法权益，提高市场交易的公平、满意和可信度，促进社会和企业的法治、信用建设，促进政府转变职能，提高行政效率，建立健全现代市场经济体系。

（4）实施招标投标制度可以打击贪污腐败。实施招标投标制度有利于保护国家和社会公共利益，保障合理、有效使用国有资金和其他公共资金，防止其浪费和流失，构建从源头预防腐败交易的社会监督制约体系。在世界各国的公共采购制度建设初期，招标投标制度由于其程序的规范性和公开性，显著发挥了打击贪污腐败的效果。

招标处置抵债资产就是发挥工程招标的以上优点，更好地提高处置的效果，杜绝道德风险的发生。

▶▶▶ 125. 什么是协议处置？

协议处置就是银行直接与买受方就抵债资产的价格、交货地点、交货方式等进行协商，以达成交易的处置方式。协议处置有以下特点：一是银行与买受人协商一致、达成共识；二是不需通过拍卖等程序，达到节约时间和成本的效果。

协议处置是非公开方式的，因此，要严格按照银行抵债资产处置的规定进行，特别要防止道德风险的发生。

▶▶▶ 126. 什么是委托销售？

委托销售也叫委托代销，是指受货物所有人委托进行销售的一种行为，受托方是代理商。委托代销的特点是受托方只是一个代理商，委托方将商品发出后，所有权并未转移给受托方，商品所有权上的主要风险和报酬仍在委托方。只有在受托方将商品售出后，商品所有权的主要风险和报酬才转移出委托方。企业采用委托代销方式销售商品，应在受托方售出商品，并在取得受托方提供的代销清单时确认销售收入实现。

委托销售处置是非公开方式的,因此,要严格按照银行抵债资产处置的规定进行,特别要防止道德风险的发生。

127. 银行进行抵债资产拍卖要做什么准备?

银行要建立拍卖、评估机构备选库,将业绩优良、经验丰富、客户资源多、资信程度高的拍卖、评估机构纳入备选库内,定期对备选机构进行综合考评,实行优胜劣汰。针对不同项目的处置,由银行从备选库内择优选用拍卖、评估机构。

128. 抵债资产拍卖方式是如何确定的?

抵债资产拍卖原则上采用有保留价的拍卖方式。确定保留价时,要对资产评估价、同类资产市场价、意向买受人询价、拍卖机构建议拍卖价进行对比分析,并考虑当地市场状况、拍卖付款方式及快速变现等因素,按照贴近市场的原则合理确定拍卖保留价。

129. 为什么要对抵债资产拍卖保留底价进行保密?

经审批确定的处置方案中资产处置保留底价,属于商业机密,未处置前不准对外泄露。

对确定的保留底价,要与拍卖机构在委托协议中明确约定,避免竞买人与拍卖机构恶意串通,造成资产损失。

130. 拍卖保留价在实际拍卖时可以灵活处理吗?

在拍卖操作中,为防止泄密,拍卖保留价在拍卖会宣布开始时,书面提供给拍卖师。但是,这个起拍价是可以灵活处理的。起拍价可以高于也可以低于拍卖保留价。

对部分低值易耗品、日用消费品等资产,经审批后也可以采取无保留价方式拍卖。

不动产、机器设备、权利凭证等资产采取拍卖以外方式处置的,要确定保留价。

131. 拍卖付款的期限有哪些规定?

采用拍卖方式进行抵债资产处置的,原则上应要求买受人一次性付款,付款期限控制在一个月以内。成交金额较大的项目,如买受人一次性付款确有困难的,也可采用分期付款的方式。凡采用分期付款方式的,首付款比例不得低于成交金额的30%,最长付款期限原则上不得超过一年。买受人付清全部款项后才可办理权属变更及相关手续,移交资产权证。

132. 拍卖成交资金是如何监督管理的?

要加强拍卖成交资金的监督管理,在委托拍卖合同中要明确约定成交资金的结算方式、回收期限、账户管理、违约责任等权利义务关系,有效控制资金流向,避免截留或挪用。

133. 如何保证拍卖公开、公正、公平?

为了保证拍卖的公开、公正、公平,合同中要规定拍卖公司必须在当地主要报纸刊登广告,并约定广告版面、广告次数等,规定每项资产每次拍卖,必须确保有3家(含)以上竞买人交保证金方可组织拍卖。

134. 什么是拍卖的回避制度?

银行从事资产保全业务人员、抵债资产项目审批人员以及各级银行担任领导职务的人员,不得参与抵债资产的购买。对批准同意的抵债资产处置方案,经营管理主责任人负责组织实施,办理领出手续,填写《××银行担保物、待处理抵债资产领用、退回、变更保管通知书》一式三联,保管部门、资产保全部门、会计部门各执一联。

135. 抵债资产转为自用的需要报批哪些手续?

抵债资产原则上不得自用。确因需要转为自用的,按财务授权报有关部门审批获得购建指标后,再转为本行资产。计划财务部门在审批抵债资产转为固定资产时,应征求资产保全部门意见,并将审批结果抄送资产保全部门。

抵债资产转为自用的,由会计部门签章填写《××银行担保物、待处理抵债资产领用、退回、变更保管通知书》一式三联,资产使用部门、资产保全部门、会计部门各执一联。

136. 全额损失的抵债资产,应该履行什么审批程序?

银行在收取抵债资产后由于多种原因导致抵债资产全额损失的情况时有

发生。对于下列原因造成全额损失的抵债资产，应一律上报银行的总行审批处置。

（1）因毁损、报废、霉烂变质、超过保质期且无可回收价值的；政府机构没收、丢失、遭受自然灾害或其他意外事故、刑事犯罪等原因造成抵债资产全额损失的。

（2）由于收取无效，经采取其他途径仍无法弥补，造成抵债资产有账无实的。

（3）由于瑕疵严重、无法处置变现，或者其处置税费高于资产账面价值，预计可回收金额为负数的。

（4）其他情况造成抵债资产全额损失的。

▶▶▶ 137. 抵债资产处置费用应如何控制？

抵债资产处置要严格控制处置费用，除国家规定的相关税费支出外，不得列支其他费用。单项抵债资产拍卖佣金控制在成交金额的3%之内，拍卖金额大的资产，应适当下调拍卖费用。在与拍卖机构签订的合同中，明确规定如果资产未拍卖处置成功，不支付任何费用。

▶▶▶ 138. 暂时不能处置的异地抵债资产，发生费用时应如何处理？

对异地抵债资产，暂时不能处置的，原则上应委托资产所在地银行管理，并与受托行签订委托协议，明确双方的权利义务。受托行要加强对委托资产保管，维护资产所发生的费用，原则上应先征得委托行同意后垫付，委托行应及时向受托行支付垫付的费用。

▶▶▶ 139. 委托资产所在地银行如何处置抵债资产？

受托行应按委托行审批同意的处置方案加快抵债资产处置。受托行在收到变现资金7个工作日内划转委托行。异地委托处置的抵债资产，由委托行按照权限上报审批处置方案。

▶▶▶ 140. 抵债资产处置中买受人不能一次性付款应如何处理？

不论以何种方式处置抵债资产，买受人的付款原则上都应按照拍卖的付款期限执行。如果成交金额特别大的项目，买受人一次性付款确有困难的，采用分期付款超过一年的，应当按照审批的权限上报处理。

141. 抵债资产发生盘亏或毁损应如何报账？

抵债资产发生盘亏或毁损时，凡办理了保险的，应及时向保险公司索赔，向保管人收取的罚款和获得的保险公司赔款作为抵债资产处置收入，相关环节的核算比照抵债资产处置变现的有关内容办理。

第五章 抵债资产处置的渠道

142. 抵债资产处置有哪些渠道？

抵债资产处置有很多渠道，归纳起来至少有六个类别，十个渠道。包括：

第一类，利用银行的老客户资源处置抵债资产。

（1）在老客户的投资需求中寻找处置机会。

（2）在老客户的贷款用途中寻找处置机会。

第二类，利用资产重组和贷款优势组合盘活抵债资产。

（1）联合相关多家机构共同处置大型抵债资产（同一抵押物）。

（2）设计资产重组方案化解处置难题。

第三类，拍卖处置抵债资产。

（1）线下拍卖（传统拍卖方式）。

（2）线上拍卖（利用互联网拍卖）。

第四类，招标和委托中介机构处置抵债资产。

（1）招标处置抵债资产。

（2）委托资产管理公司等中介公司代理销售。

第五类，打包批量出售抵债资产。

第六类，利用专业机构处置机器设备、厂房、特殊资产。

银行可以利用这些渠道来处置抵债资产，根据不同类型的资产、不同的地区经济环境，以及不同的经济周期选择不同的渠道。目的只有一个，就是尽快处置，尽量减少损失，实现银行信贷资金的快速回收。

143. 如何利用银行的老客户资源处置抵债资产？

利用银行的老客户资源处置抵债资产就是在其投资需求和贷款用途中寻找处置机会。这种处置方式需要银行内部相关部门联动，才能实现处置目标。

（1）在老客户的投资需求中寻找处置机会。银行对老客户十分了解，在银行内部机构联动的条件下，发现其投资需求与抵债资产相关的资产项目契合度很高时联合与客户洽谈，促成协议处置，对客户而言可以达到既加快投资进程又节省投资费用的好处。

（2）在老客户的贷款用途中寻找处置机会。银行发放新的贷款，对其用途了解的十分清楚，当其贷款用途中购买相关物品与抵债资产相同或者相近时，可以协商客户利用抵债资产，同样会达到双赢的结果。

在运用此种方式处置抵债资产时必须严格按照协议抵债的程序和要求进行，防止违规操作。

▶▶▶ 144. 法拍与商拍（正常拍卖、非诉拍卖）的区别？

法拍就是最高院指定的，全国范围进行法院拍卖的平台。地方法院也有自己指定的拍卖平台。商拍（正常拍卖、非诉拍卖）就是法院以外的拍卖平台。两者的区别是法拍不收费，商拍收费。

最高院认可的正规法拍网络平台一共只有 7 个。分别是：阿里拍卖，京东拍卖，公拍网，中国拍卖行业协会网，北京产权交易所，人民法院诉讼资产网，工商银行融 E 购，所有的法拍房房源都在这 7 个平台，而且法拍房具有唯一性，任何房源只能在七个平台中的一个平台上拍，所以 7 个平台的房源不会有重复。

7 家法拍的市场份额差异较大，2022 年的市场份额大致为：第一是阿里拍卖，市场份额为 92.0%；第二是京东拍卖，市场份额为 3.0%；第三是中拍网，市场份额在 1.0% 左右。其他 4 家合计 4%。

各地法院除以上 7 家外，也有确定其他网站进行法拍的。

▶▶▶ 145. 银行采用互联网渠道方式处置抵债资产有哪些原则和步骤？

（1）银行内部要有一个选择机制，建立备选库，按照一定的标准将合格的网络平台纳入备选库中。在处置某一批资产时按照专业对口，合规高效的原则选择合作平台。

（2）互联网平台公开处置抵债资产的原则：公开、公正、公平。

（3）互联网平台处置抵债资产的步骤及要求：①开通网络，发布处置抵债资产信息。②多网络平台合作，加大资产推介和拍卖力度。③及时充分披露相关信息，保证竞价项目程序公开。④竞价公告时间。⑤修改录入错误、撤回处置资产。⑥交纳竞拍保证金。⑦确定竞价成功或竞价失败的条件和标准。⑧文件资料归档，支付竞买价款。⑨签署协议，办理相关手续。

▶▶▶ 146. 为什么说拍卖抵债资产是处置抵债资产的主流方式？

拍卖是指以公开竞价的形式，将特定物品或者财产权利转让给最高应价者的买卖方式。《拍卖法》规定，拍卖活动应当遵守有关法律、行政法规，遵循公开、公平、公正和诚实信用的原则。这是我国民事法律确定的民事活动基本原则在拍卖活动中的具体要求和体现。因此，国家将拍卖抵债资产作为处置抵债资产的主流方式。

▶▶▶ 147. 拍卖抵债资产时，如何遵守公开原则？

公开原则主要是指整个拍卖活动公开进行，遵守法律规定，接受舆论监督，成为一个自始至终具有很高透明度的商业过程。

（1）拍卖前的准备活动公开。①拍卖公告公开发布。拍卖机构应当把拍卖的相关信息，通过提前公开发布拍卖公告的形式向社会公众进行披露，包括拍卖时间、拍卖地点、拍卖标的、拍卖条件等，以便吸引竞买人参加拍卖活动。公开发布拍卖公告应当选择受众率高的传播媒体，从而使公告的公开性得到更充分的发挥。②拍卖标的公开展示。拍卖机构应当把拟进行拍卖的商品，通过预先公开展示的形式向社会公众进行介绍，包括商品来源、产地、性质、品种、成分、重量、质量、用途等，提供给广大买主包括潜在买主，使其鉴别品评。公开展示拍卖标的应当选择各方面条件理想的场所，从而使预展的公开性得到充分的发挥。

（2）拍卖中的实施活动公开。①拍卖会公开举办。拍卖机构应当在规定的时间和地点如约公开举办拍卖活动，并且不得以任何非正当的理由拒绝政府监管人员、媒体工作人员、普通公众等进场监督、观摩。②竞买人公开竞价。拍卖机构应当确保每项拍卖标的都处于公开竞价的状态，即由相关竞买人面对面地公开出价，展开竞争。而且，拍卖师应当在公开竞价过程中随机公开做出选择，使最高应价者公开成交；或者在无法成交时使其公开流标。

（3）拍卖后的收尾活动公开。①成交手续公开办理。拍卖活动的特殊性决定，每项拍卖标的成交（或流标）后，该标的自身的拍卖活动即进入收尾程序，而其他拍卖标的仍继续进行拍卖。因此，依据拍卖规则及国际惯例，凡有拍卖标的成交，应当公开办理如下成交手续：一是由拍卖机构与买受人当场签署拍卖成交确认书；二是由委托人与买受人在全场拍卖会结束后订立买卖合同。②拍卖标的公开交割。全场拍卖会结束后，委托人、买受人将各自的签约、结算等相关义务履行完毕，则由拍卖机构负责组织或协调拍卖当事人进行拍卖标的的交割。③其他事宜公开处理。是指对涉及未成交标的的一些相关事宜的处理。一是由拍卖机构向竞买人公开返还事先预收的拍卖保证金。二是由拍卖机构向委托人公开返还未能成交的拍卖标的。

财政部文件关于《银行抵债资产管理办法》中第十九条的规定：银行处置抵债资产应坚持公开透明的原则，避免暗箱操作，防范道德风险。

▶▶▶ 148. 拍卖抵债资产时，如何遵守公平原则？

（1）公平原则主要是指拍卖当事人应当根据公平、正义的观念确定各方面的权利和义务，各方当事人都不应侵害他人的合法权益，不得滥用自己的权利，各方当事人之间的法律关系平等，即当事人在拍卖活动中民事权利义务平等，民事法律关系平等，保证拍卖活动自始至终公平地进行。委托人有底价确认权、撤销交易权等。

（2）委托人之间相互平等。所有委托人各自依法取得委托人资格，在拍卖活动中待遇相同，不受歧视。例如：都有拍卖标的瑕疵告知义务；都有获得成交价金的权利。

（3）拍卖机构与竞买人相互平等。拍卖机构与竞买人建立买卖合同关系，双方依法享有和承担参与拍卖活动时各自的权利义务，拍卖机构不得以非公平的方式对待竞买人。例如：拍卖机构有举办拍卖会的权利和义务；而竞买人有出席拍卖会的权利和义务。

（4）竞买人之间相互平等。所有竞买人各自依法取得竞买人资格，在拍卖活动中待遇相同，不受歧视。包括：各自的竞买资格平等，无职业、财产等限制，也没有地位、级别等区别；竞买机会平等，拍卖标的对所有竞买人或在一定范围内对所有竞买人开放。

（5）拍卖机构与买受人相互平等。拍卖机构与买受人建立买卖合同关系，双方依法享有和承担参与拍卖活动时各自的权利、义务，拍卖机构不得以非公平的方式对待买受人。例如：拍卖机构有在出现最高应价时击槌表示成交的权利和义务；而买受人有在成交后签署拍卖成交确认书的权利和义务。

（6）买受人之间相互平等。所有买受人都有平等的签约权、结算权、提货权等，在拍卖活动中不受歧视，待遇相同。

▶▶▶ 149. 拍卖抵债资产时，应如何遵守公正原则？

公正原则主要是指拍卖当事人应当依据公正、正义的观念维护各方的合法权益，不得保护一方，损害他方，不得滥用自己的权利，各方当事人在拍卖活动中的行为公正，保证拍卖活动自始至终公正地进行。

（1）拍卖机构。

①拍卖机构不得在自己组织的拍卖活动中参与竞买，也不能委托他人代

为竞买，防止既当中介人，又当竞买人。

②拍卖机构不能从事自行拍卖活动，防止既当中介人又当委托人。

③在拍卖活动中，拍卖机构不能偏袒委托人、竞买人或买受人任意一方。

④在拍卖活动中，拍卖机构不能与其他拍卖当事人恶意串通。

（2）委托人。

①委托人不得参与竞买，也不能委托其他人代为竞买自己委托的拍卖标的。

②委托人不得相互之间或与其他拍卖当事人恶意串通。

（3）竞买人。

①竞买人应当公正地参加拍卖活动，并对自己的所有拍卖行为负责。

②竞买人不得相互之间或与其他拍卖当事人恶意串通。

（4）买受人。

①买受人应当对自己的所有买受行为负责，自觉履行拍卖成交后的义务。

②买受人不得相互之间或与其他拍卖当事人恶意串通。

150. 什么是诚实信用原则？

诚实信用原则是民事法律的基本原则，在拍卖活动中诚实信用原则主要是指拍卖当事人应当诚实守信用，以诚实、善意的方式行使权利，以自觉、守信的方式履行义务。同时根据拍卖规则履行通知、协助、保密等附随义务，在不损害他人利益和社会利益的前提下追求自己的利益。

（1）拍卖当事人具备诚信意识。

拍卖当事人在主观上必须具备诚实、守信、善意的心理状态，依据诚信的理念从事拍卖行为。

（2）拍卖当事人实施诚信行为。

拍卖当事人在实际操作中应当在拍卖活动中言行一致、表里如一，不欺骗他人、见利忘义、损人利己。

（3）拍卖当事人不规避法律和合同义务。

拍卖当事人必须依法从事一切拍卖活动，在拍卖合同订立、履行、变更、解除以及中止等各个阶段，都始终如一地贯彻诚实信用原则，恪守诺言，相互配合。

151. 为什么说抵债资产可以通过招标来进行处置？

招标是根据招标人的招标条件及所列举的商品，在规定期限内，由投标人向其报价、争取中标，从而形成买卖关系的一种行为。

招标处置抵债资产的特点是银行将特定的抵债物及其条件在一定范围内发出，要求投标人进行报价，按照价高者得的原则对抵债资产进行处置。特定的抵债物主要是指一些不适合拍卖的资产，如特殊设备、特殊厂房等。

▶▶▶ 152. 拍卖和招标的区别是什么？

虽然拍卖和招标都是竞买人或投标人各自提出条件选择对自己最有利的条件而与委托人或卖方订立契约，但两者有很大的区别。

（1）方式不同。在拍卖中，竞买人公开出价，相互知道其他竞买人的价格；而在投标中，由各应买人秘密提出条件，彼此均不知道对方的底细，所以有可能出现多人提出相同承诺条件的情况。

（2）程序不同。拍卖中各竞买人均有再次出价的机会，即别人的出价比自己高后，还可以再次出价；但投标人不能多次出价，只能有一次出价的机会。

（3）法律效果不同。从订立合同的角度看，拍卖人的叫价，只是为诸多竞买人提供一个信息，供竞买人参考。但招标人，除另有约定保留外，其表示均具有承诺的法律效力。

（4）形式不同。一般拍卖用口头语表示，而投标必须用书面形式表达。

（5）先后出价的法律约束力不同。在拍卖中，前一竞买人的应价在后一竞买人又有更高应价时，即失去约束力，不发生法律上的后果。但在招标中，在规定期限内投标的，能否中标不取决投标先后，即使前投标人提出比后投标人在某些方面更令招标者满意的方案，然而在全面衡量后，仍可选择后投标人中标。

▶▶▶ 153. 如何利用现有客户资源处置抵债资产？

（1）根据客户情况，有针对性营销抵债资产。

（2）商谈处置抵债资产价格。

（3）审批抵债资产变现价格。

（4）两种处置抵债资产方式，即协议抵债与法院（仲裁机构）裁决抵债。

▶▶▶ 154. 如何组织现有优质贷款客户重组盘活抵债资产？

利用现有优质贷款客户，通过贷款和资产重组来盘活抵债资产，需要注意以下五点。

（1）分析调研客户是否需要抵债资产，从而在优质贷款客户中找到合适的买家。

（2）确定需要抵债资产的客户是优质客户。

（3）落实买家的还款来源。

（4）如果抵债资产不止一家债权人，需协调好各方利益。

（5）与法院做好沟通、协商工作。

155. 抵债资产委托代销的工作程序是什么？

银行有些抵债资产需要处置可以委托资产管理公司作为中介公司代理销售。委托代销的工作程序如下：

（1）确定处置资产底价。

（2）签订代理销售协议。

（3）代理销售抵债资产应符合其适用范围。

156. 银行可以打包出售抵债资产吗？

打包出售不良资产是近年银行处置不良资产的重要手段，相当于第二次剥离。这种手段可以在处置抵债资产时采用。

157. 批量转让抵债资产有哪些操作流程？

（1）组建资产包。考虑的因素包括：高管层的要求、价格、审计、调整。

（2）卖方尽职调查。在尽职调查的基础上确定价格、70%以上的项目要看到物品、特别是抵债资产中重要的物品。

（3）根据尽职调查的结果确定价格。

（4）价格经过一定的审批程序得到批准，调整。

（5）买方应尽职调查，确定买方的价格。

（6）投标。各买方制定标书，在指定的地点、时间投标。

（7）开标。卖方应在中介机构、内部小组的共同参加时，当场开标，确定中标方。

（8）买卖双方按照价格交割。

158. 批量转让抵债资产有哪些优势及劣势？

批量转让的抵债资产主要是难以处置的抵债资产，如房地产、厂房、专用设备等。其优势是快速、批量、面广。劣势是价格低、损失大。

▶▷▷ 159. 如何利用专业机构处置机器设备、厂房、特殊资产？

银行抵债资产中有很多企业抵债的机械设备、厂房、特殊资产以及工厂的占地等难以处置的资产，需要专门的机构来处置这些资产。这类专业机构专门从事机械设备收购、修理、恢复功能、拆解厂房，销售旧设备业务，可以为银行解决以上难以处置的问题。

上篇　银行抵债资产收取、保管与处置的基本要务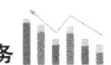

第六章　抵债资产的出租与管理

▶▶▶ 160. 抵债资产出租的依据是什么？

根据《银行抵债资产管理办法》第二十条规定：抵债资产收取后原则上不能对外出租。因受客观条件限制，在规定时间内确实无法处置的抵债资产，为避免资产闲置造成更大损失，在租赁关系的确立不影响资产处置的情况下，可在处置时限内暂时出租。

▶▶▶ 161. 什么情况下抵债资产可以出租？

抵债资产原则上不得对外出租。但是，在以下两种情况下可以短时间出租。

（1）对于收取前已由抵债人对外出租的，能够解除租赁合同的，应要求抵债人与承租人解除租赁关系。如不能解除租赁关系，要在收取抵债资产后与承租人签订新的租赁合同，新的租赁期限不得超过原租赁合同的剩余期限，并尽量缩短租赁期限。租赁期满后，原则上不得续租。

（2）在规定时间内，对因客观原因无法处置的抵债资产，在租赁不影响处置的前提下，经银行有权审批机构批准后可以在短时间内出租。出租的期限不得超过规定的抵债资产处置时限。

（3）限制条件：在租赁关系的确立不影响资产处置的情况下，可在处置时限内暂时出租。

▶▶▶ 162. 抵债资产出租必须满足哪三个条件？

（1）抵债资产的产权确定。抵债资产的产权确定是先决条件。有些抵债资产由于各种原因，收取时产权没有确定，这种房屋出租会产生纠纷和其他问题，所以如果出租必须是产权确定的房屋。

（2）抵债资产在规定的时间内无法处置。如果经过评估，确定某房屋在规定的时间内无法处置，闲置就是一种浪费，而且还要支付保管、维修的费用，在这种情况下出租即可以降低成本减少费用支出，因此，可以做出租处理。

（3）在租赁关系的确立不影响资产处置的情况下。租赁关系有时候会影响资产处置，例如，租户的使用过程会产生噪音、污染等影响周围环境的情况，在买卖不破租赁的原则下，处置后租户还会继续居住下去，处置就会受到影响；有些租户未经产权人同意出质租赁物，给资产处置带来风险。

>>> 163. 承租人出质租赁物应如何处理？

承租人出质租赁物属于无处分权的情形，出租人知道承租人出质租赁物的，可以行使撤销权，撤销出质的行为，并且要求出租人承担责任。

《民法典》第五百九十七条规定，因出卖人未取得处分权致使标的物所有权不能转移的，买受人可以解除合同并请求出卖人承担违约责任。法律、行政法规禁止或者限制转让的标的物，依照其规定。

《民法典》第一百五十七条规定，合同无效或者被撤销后，因该合同取得的财产，应当予以返还；不能返还或者没有必要返还的，应当折价补偿。有过错的一方应当赔偿对方的损失，双方都有过错的，应当各自承担相应的责任。

>>> 164. 租赁合同中承租人的义务有哪些？

（1）支付租金。承租人应当按照合同约定的期限支付租金。如果承租人无正当理由未支付租金或延期支付租金的，出租人可以要求承租人在合理期限内支付，逾期不支付的，出租人可以解除合同。

（2）按照约定的方法合理使用租赁物。承租人应按照约定的方法使用租赁物；无约定的或约定不明确的，可以由当事人事后达成补充协议来确定；不能达成协议的，按合同的有关条款或交易习惯确定；仍不能确定的，应根据租赁物的性质使用。承租人按照约定的方法或者按租赁物的性质使用致使租赁物受到损耗的，属于正常损耗，不承担损害赔偿责任。如果不按照约定的方法或者按租赁物的性质使用致使租赁物受到损耗的，实为承租人违约，承租人应当承担损失，直至解除合同。

（3）妥善保管租赁物。承租人应以善良管理人的注意义务妥善保管租赁物，未尽妥善保管义务，造成租赁物毁损灭失的，应当承担损害赔偿责任。

（4）不得擅自改善和增设他物。承租人经出租人同意，可以对租赁物进行改善和增设他物。如果承租人未经出租人同意擅自对租赁物进行以上行为的，出租人可以请求承租人恢复原状或赔偿损失。

（5）通知义务。在租赁关系存续期间，出现以下情形之一的，承租人应当及时通知出租人：①租赁物有修理的必要；②租赁物出现危情；③其他依诚实信用原则应该通知的事由。承租人怠于通知，致出租人不能及时救济而受到损害的，承租人应负赔偿责任。

（6）返还租赁物。租赁合同终止时，承租人应将租赁物返还出租人。逾期不返还，即构成违约，须给付违约金或逾期租金，并须负担逾期中的风险。经出租人同意对租赁物进行改善和增设他物的，承租人可以请求出租人偿还租赁物增值部分的费用。

165. 抵债资产出租要经过哪四个操作流程？

（1）抵债资产管理人向主责任人提出申请报告，并获得批准。

（2）与承租人签订书面租赁合同，办理登记备案手续。

（3）抵债资产管理人查看房客身份证，并索取复印件作为合同附件。

（4）房客查看抵债资产管理人提供的产权证明，抵债资产管理人身份证及两证的统一（即产权证的产权人与身份证相同），并索取复印件作为合同附件。

抵债资产出租后应加强对出租抵债资产的管理。

166. 抵债资产出租租金管理有哪些要求？

（1）租金收入不得截留。

（2）租金收入不得挪用。

（3）租金收入要按照规定列入当期损益科目。

第七章　抵债资产的财务处理

▶▶ 167. 银行取得抵债资产时如何确定抵债资产入账价值？

根据《银行抵债资产管理办法》第二十三条第一款规定：银行取得抵债资产时，按实际抵债部分的贷款本金和已确认的表内利息作为抵债资产入账价值。银行为取得抵债资产支付的抵债资产欠缴的税费、垫付的诉讼费用和取得抵债资产支付的相关税费计入抵债资产价值。银行按抵债资产入账价值依次冲减贷款本金和应收利息。

▶▶ 168. 银行在取得抵债资产过程中向债务人收取补价或者法院判决、仲裁或协议规定银行须支付补价的，如何进行账务处理？

根据《银行抵债资产管理办法》第二十三条第二款规定：银行在取得抵债资产过程中向债务人收取补价的，按照实际抵债部分的贷款本金和表内利息减去收取的补价，作为抵债资产入账价值；如法院判决、仲裁或协议规定银行须支付补价的，则按照实际抵债部分的贷款本金、表内利息加上预计应支付的补价作为抵债资产入账价值。

▶▶ 169. 抵债金额超过债权本息总额的部分，法院判决、仲裁或协议规定须支付补价怎么办？

根据《银行抵债资产管理办法》第二十四条规定：抵债金额超过债权本息总额的部分，不得先行向对方支付补价，如法院判决、仲裁或协议规定须支付补价的，待抵债资产处置变现后，将变现所得价款扣除抵债资产在保管、处置过程中发生的各项支出、加上抵债资产在保管、处置过程中的收入后，将实际超出债权本息的部分退给对方。

▶▶ 170. 抵债金额超过贷款本金和表内利息的部分，是否可以确认为利息收入？

根据《银行抵债资产管理办法》第二十五条规定，抵债金额超过贷款本金和表内利息的部分,在未实际收回现金时,暂不确认为利息收入,待抵债资产处置变现后,再将实际可冲抵的表外利息确认为利息收入。

171. 在什么情况下抵债金额不足冲减债权本息的部分才可以进行核销和冲减？

根据《银行抵债资产管理办法》第二十六条规定,除法律法规规定债权与债务关系已完全终结的情况外,抵债金额不足冲减债权本息的部分,应继续向债务人、担保人追偿,追偿未果的,按规定进行核销和冲减。

172. 抵债资产保管过程中发生的费用、租金收入、处置过程发生的费用应如何处理？

根据《银行抵债资产管理办法》第二十七条规定,抵债资产保管过程中发生的费用计入营业外支出；抵债资产未处置前取得的租金等收入计入营业外收入；处置过程中发生的费用,从处置收入中抵减。

173. 抵债资产处置损益如何计算？

根据《银行抵债资产管理办法》第二十八条规定,抵债资产处置时,抵债资产处置损益为实际取得的处置收入与抵债资产净值、变现税费以及可确认为利息收入的表外利息的差额,差额为正数时,计入营业外收入,差额为负数时,计入营业外支出。

公式表示为：

营业外收入（或营业外支出）＝实际取得的处置收入－（抵债资产账面余额－抵债资产减值准备）－变现税费－可确认为利息收入的表外利息

涉及补价的,抵债资产处置损益为实际取得的处置收入与抵债资产净值、变现税费、可确认为利息收入的表外利息、实际支付的补价超出（或少于）预计应支付补价部分的差额,差额为正数时,计入营业外收入,差额为负数时,计入营业外支出。

公式表示为：

营业外收入（或营业外支出）＝实际取得的处置收入－（抵债资产账面余额－抵债资产减值准备）－变现税费－可确认为利息收入的表外利息－（实际支付的补价－预计负债）

174. 抵债资产所抵偿债权的停息日应如何确定？

抵债资产取得日为所抵偿债权的停息日,经办行应按照以物抵债协议或裁定书的规定予以停息。取得抵债资产后，应及时进行账务处理，严禁违规账外核算。

175. 抵债资产以什么价值入账？

抵债资产以公允价值入账。银行取得抵债资产应支付的相关税费计入抵债资产入账价值。抵债资产入账价值不足以弥补抵偿的贷款债权本金的部分，作为贷款损失冲减相应的贷款损失准备金，准备金不足以冲减的部分，计入当期损益。

176. 什么是抵债资产的公允价值？

抵债资产的公允价值是指抵债资产在公平交易中，熟悉情况的交易双方之间自愿进行交易所达成的抵债资产购买、销售的金额。也就是收取抵债资产（法院裁定抵债或者协议抵债）时确定的价格。

177. 信贷资产转变为抵债资产涉及的贷款损失准备的调整如何进行账务处理？

（1）抵债资产入账价值高于对应贷款本金余额的情况下，抵债资产入账价值高于对应贷款本金余额的溢价部分，应顺次抵减对应贷款应收利息、催收利息，仍有余额的列入当期损益；如溢价部分不足以偿还全部应收利息、催收利息的，未偿还的应收利息、催收利息部分应予以核销。原贷款对应的全部贷款损失准备由总行调整转回。

（2）抵债资产入账价值低于对应贷款本金余额且高于贷款净值（贷款余额－贷款损失准备）情况下，抵债资产入账价值低于对应贷款本金余额的差额部分，视为贷款损失，须通过总行划转准备金予以核销；原贷款损失准备弥补以上贷款损失后的余额部分，须通过总行调整转回。对于未偿还的应收利息、催收利息部分应予以核销。

（3）抵债资产入账价值低于对应贷款本金余额且低于贷款净值（对应贷款余额－贷款损失准备）情况下，抵债资产入账价值与对应贷款本金余额之间的差额部分，视为贷款损失，需要通过总行划转准备金予以核销。对于未偿还的应收利息、催收利息部分应予以核销。

（4）以非现金资产抵偿一笔贷款中的部分贷款时，应以抵债资产入账价值与对应以物抵债的贷款本金进行比较。原贷款损失准备用于弥补抵债资产入账价值低于对应贷款本金余额的差额，按照上述三种规定处理。结余的贷款损失准备,以及未进行抵债的贷款本金及利息按照债务重组协议及银行信贷资产管理有关规定处理。

178. 抵债资产对应的贷款损失准备金数额如何确定?

关于收取抵债资产对应的贷款损失准备金数额的确定,应按照风险管理部门贷款损失准备确定的方法执行,并与其结果保持一致。

179. 贷款损失准备如何进行财务处置?

银行的各级分行(或者经办行)对抵债资产收取项目进行汇总,编制"××银行以物抵债调整贷款损失准备申请表",并于当月上报总行资产保全部;由资产保全部汇总编制"××银行以物抵债调整贷款损失准备汇总表",并出具"××银行以物抵债调整贷款损失准备通知书",送总行计划财务部、风险监控部和核算部门,完成相关的贷款损失准备的划拨及转回调整、账务处理及统计备案工作。

180. 非信贷类债权以物抵债时如何进行账务处理?

对于非信贷类债权以物抵债时,应在确定抵债资产入账价值的同时,冲减原债权余额和冲销对应债权资产的减值准备,差额部分计入当期损益。

181. 收取抵债资产过程中向债务人收取的补价如何进行财务处理?

收取抵债资产过程中有时出现抵债资产的公允价值达不到原债权的情况,这个时候就需要向债务人收取补价(这种情况很少发生,因为债务人没有现金归还贷款才不得已用资产抵债),收取到的补价款先作为贷款本息归还处理。

182. 抵债资产用人民币偿还外汇贷款时如何进行账务处理?

抵债资产用人民币偿还外汇贷款的,抵债资产以人民币入账,通过"经营性结售汇"科目过渡核算,抵债资产保有过程中发生的收入和费用以及"经营性结售汇"科目产生的期末调整及轧差余额计入相应损益科目。抵债资产处置变现为人民币资金偿还外汇贷款的,需及时组织材料向外汇管理机构申请购汇。如果变现的人民币资金可购汇金额小于抵债资产账面余额的,对实际购汇金额不足弥补外汇敞口的差额部分记入外币业务抵债资产处置损失，冲减外币"经营性结售汇"科目，同时对人民币"经营性结售汇"科目与相关抵债资产做转销处理，对计提的抵债资产减值准备金做转销处理。如果变现的人民币资金可购汇金额高于抵债资产账面余额，则实际购汇金额以抵债资产账面余额为准，结余的变现人民币资金计入当期损益。

▶▶▶ 183. 已核销的贷款本息收取抵债资产的如何进行账务处理？

已核销的贷款本息收取抵债资产，应先恢复对应债权的账务处理，再按照抵债资产收取的有关规定办理。

▶▶▶ 184. 抵债资产处置后，由于买受人与银行发生纠纷等原因而接收退回的抵债资产如何进行账务处理？

抵债资产处置后，买受人与银行发生纠纷，经法院判决资产出让行为无效而接收退回的抵债资产，按新收取抵债资产进行账务处理，并在以后会计期间按规定计提抵债资产减值准备。其入账价值与退回给买受人资金之间的差额部分按有关规定进行相关损益调整。

▶▶▶ 185. 法院或仲裁机构裁定取消以资抵债时应如何进行账务处理？

法院或仲裁机构裁定取消以资抵债，或经有权管理部门批准，抵债资产转回为原有债权的，应恢复原有债权及原债权损失准备的账面余额，同时冲销抵债资产及抵债资产减值准备的账面余额，差额部分计入当期损益。

▶▶▶ 186. 未按照规定时间处置抵债资产的应如何进行账务处理？

待处理抵债资产未按照规定时间处置的，需做表外登记。

▶▶▶ 187. 待处理抵债资产在未处置期间怎么计提折旧或摊销？

待处理抵债资产在未处置期间不计提折旧或摊销。

▶▶▶ 188. 在什么情况下才能进行抵债资产处置损益的账务处理？

抵债资产处置在确定抵债资产相关的权利和风险转移给买受人的情况下，方可进行冲减抵债资产科目余额、冲销抵债资产减值准备、确定抵债资产处置损益的会计处理。抵债资产处置损益为实际取得的处置收入与抵债资产净值、变现税费的差额。差额为正值时,计入营业外收入;差额为负值时,计入营业外支出。

在抵债资产相关的权利和风险未能实际转移给买受人的情况下,不得冲减抵债资产科目余额、冲销抵债资产减值准备、确定抵债资产处置损益的会计处理。

▶▶▶ 189. 抵债资产分拆处置及部分处置如何进行账务处理?

抵债资产分拆处置及部分处置的,在确定抵债资产相关的权利和风险转移给买受人的情况下,应将整体资产账面余额及对应的抵债资产减值准备余额按照分拆资产及部分处置资产的价值比例予以划分,并冲减分拆处置及部分处置抵债资产的账面余额、减值准备余额,确定处置损益。

采用分期收款方式处置抵债资产时,根据实质重于形式的原则,在与抵债资产相关的权益和风险转移的情况下,应作冲减抵债资产科目余额、冲销资产减值准备的账务处理;在与抵债资产相关的权益和风险并未发生转移的情况下,不得进行资产处置的账务处理。

▶▶▶ 190. 抵债资产收取、保管、处置环节发生的相关税费按照什么规定处理?

取得抵债资产支付的相关税费是指银行收取抵债资产过程中所缴纳的契税、车船使用税、印花税、房产税等税金,以及过户费、土地出让金、土地转让费、水利建设基金、交易管理费、资产评估费等直接费用。取得抵债资产应支付的相关税费、垫付诉讼费用和为取得抵债资产支付的欠缴税费应计入抵债资产入账价值。

抵债资产在保管期间发生的税费支出等直接费用计入其他营业支出;在保管期间取得租金等收入计入其他营业收入。

抵债资产处置税费是指律师费、销售环节直接涉及的印花税、销售佣金、其他流转税费、搬运费,为使资产达到销售状态补缴的土地出让金、评估费用、补办登记手续等直接增量费用。资产维护费用、所得税、融资费用不得作为处置税费扣除。抵债资产处置过程中发生的相关税费从处置收入中抵减。

▶▶▶ 191. 抵债资产经批准转为固定资产时如何进行账务处理?

抵债资产经批准转为固定资产时,会计部门根据有关部门提供的《××

银行担保物、待处理抵债资产领用、退回、变更保管通知书》和上级行有关批准文件，办理转账手续。

▶▶▶ 192. 抵债资产发生盘亏或毁损时如何进行账务处理？

抵债资产发生盘亏或毁损时，凡办理了保险的，应及时向保险公司索赔，向保管人收取的罚款和获得的保险公司赔款作为抵债资产处置收入，相关环节的核算比照抵债资产处置变现的有关内容办理。

▶▶▶ 193. 抵债资产收取、保管、处置过程中涉及的各类单据、凭证应如何处理？

抵债资产收取、保管、处置过程中涉及的单证传递、账簿登记核对、账务处理等事项，按照《企业会计准则》《××银行抵债资产会计核算规定》以及相关会计核算制度执行。

▶▶▶ 194. 待处理抵债资产如何进行账务处理？

待处理抵债资产应按季计提减值准备，按季开展风险分类审批工作，要及时对存量抵债资产进行减值测试、计提减值准备，具体按照《××银行抵债资产减值准备管理办法》及《××银行非信贷资产风险管理暂行办法》执行。

▶▶▶ 195. 银行如何调整计提减值准备？

根据《银行抵债资产管理办法》第二十五条规定：银行应当在每季度末对抵债资产逐项进行检查，对预计可收回金额低于其账面价值的，应当计提减值准备。如已计提减值准备的抵债资产价值得以恢复，应在已计提减值准备的范围内转回，增加当期损益。抵债资产处置时，应将已计提的抵债资产减值准备一并结转损益。

第八章　银行抵债资产收取、保管与处置的相关案例解析

▶▶▶ 196. 债务人使用虚假合同对抗银行抵押的相关案例

宁波的张某因抵押的房产要被拍卖,就动起了钻"买卖不破租赁"空子的歪脑筋,连续2次虚构租赁合同,想阻拦拍卖,没想被法院识破,房子保不住还被法院以拒不执行判决裁定罪,判处拘役6个月,缓刑8个月。

张某夫妇之前向银行借款,但没能按约定归还。2014年6月,宁波县法院判决张某夫妇偿还平安银行象山支行借款260万元及利息;银行对张某夫妇设定的抵押物享有优先受偿权。抵押物是一套房子,抵押登记办理时间是2013年3月5日。

判决生效后,张某夫妇均未履行生效判决确定的义务,银行申请强制执行。执行过程中,象山法院启动对抵押房产的评估拍卖。

这时,张某提交了一份他与案外人鲍某签订的租赁合同,显示房屋租赁期限为15年,租金72万元已一次性付清,落款时间为2012年10月1日。随后,张某下落不明,鲍某具体联系方式不明。

因出租合同签订时间早于抵押登记办理时间2013年3月5日,在无法查明租赁真实与否的情况下对抵押物进行拍卖,可能损害承租方和债权人双方利益。在征得债权人同意后,法院暂缓拍卖。

2016年2月,经多方努力,法院终于找到了张某。他坦白,鲍某是他亲戚。办理抵押登记时,案涉房屋并未出租。之所以与鲍某虚构签订房屋租赁合同,正是为了阻止法院拍卖房子。

鉴于张某的行为已经妨碍执行,法院对张某做出司法拘留15日的决定。

此后,宁波法院再次启动拍卖程序。让法官意外的是,波折又起。2016年4月,案外人戴某向法院提出租赁权异议。

戴某提交了一份落款时间为2012年12月20日,租期长达7年,14万余元租金已一次性付清的租赁合同。而且,戴某也正在使用这套房子。

经审查,法院发现张某与戴某签订的这份房屋租赁合同其他内容是真实的,但时间属于倒签,实际签署时间应为2015年6月,之所以倒签,还是想利用租赁权排除执行。

原来，张某曾向戴某借钱，没法按时归还，于是就想出了租赁合同这招，一来可以用房子租金来抵消借款，二来可以利用租赁权让房产免于被拍卖。

象山法院认为张某的上述行为涉嫌犯罪，遂将此案移送公安机关立案侦查。张某接到公安机关的电话后主动到案，并如实供述了犯罪事实。

2016年10月，公诉机关以张某涉嫌拒不执行判决裁定罪提起公诉。

象山法院审理后认为，张某对法院的判决有能力履行而拒不执行，并与案外人合谋多次通过倒签时间伪造租赁合同方式干扰执行工作进程，情节严重，其行为已构成拒不执行判决裁定罪，遂作出上述判决。

在实务中虚假租赁合同的法律效力的认定。

租赁物在租赁期间发生所有权变动的，不影响租赁合同的效力。在租赁活动中有一个基本的制度叫"买卖不破租赁"。买卖不破租赁是指当出租人在租赁合同有效期内将租赁物的所有权转让给第三人时，租赁合同对所有人有效。

适用买卖不破租赁是有附条件的：第一，租赁合同已成立并生效；第二，租赁物已交付承租人；第三，所有权发生变动是在租赁期间；第四，出租人或租赁物的所有人将租赁物的所有权让与了第三人。

具备上述条件，即使买受人不知道该租赁合同存在，租赁关系仍然能够对抗该买受人。

▶▶▶ 197. 购车过程中应用购买价金担保权的相关案例

赵某将其所有的一辆车以30万元的价格卖给王某，于1月1日交付。但王某并无能力支付车款，则为了保障张某债权实现，王某以购买的该辆车为赵某设定抵押担保，并签订抵押合同。1月5日，王某又向某银行借款15万元并将该辆车抵押给某银行且办理了登记。1月7日，王某再次将该辆车质押给吴某，借款10万元。1月9日，赵某同王某对该辆车办理抵押登记。

案例中王某在1月1日取得车辆后又相继设立了抵押担保且登记和质押担保且交付，即均设立了抵押权和质押权。1月9日才同主债权人办理抵押登记，如果按照动产抵押"先登记者优先"的原则，赵某的清偿顺序应在A银行和吴某之后。但根据《民法典》的规定，只要是在标的物交付后10日内办理抵押登记的，不论办理抵押登记的时间是先于还是后于其他担保物权人，均可优先受让。当然，不能优先于留置权人。这就是真正意义上的"超级优先权"。

王某虽然与A银行办理了抵押登记，又将车辆质押给了吴某，但是，根据《民法典》第四百一十六条的规定，赵某的购买价款超级优先权优先以物抵债（如果银行在王某还不了 15 万元，要求以物抵债的情况下），也优于吴某的质押权。

▶▶▶ 198. 抵押物流拍后，法院继续查封抵押物，不予解封的相关案例

梁伟英申请复议执行裁定案〔案号：(2014) 佛中法执复字第 74 号〕。

申请复议人梁伟英不服佛山市禅城区人民法院 (2014) 佛城法执异字第 21 号执行裁定，向本院申请复议，本院受理后，依法组成合议庭进行审查，现已审查终结。

事实依据：执行法院经审查查明，执行法院在执行交通银行股份有限公司佛山分公司与中山市千年电器燃具有限公司、陈国强、梁伟英金融借款合同纠纷的 (2012) 佛城法执字第 1577 号和第 1578 号案过程中，依法查封了被执行人陈国强、梁伟英的财产，其中包括本案的涉案房产佛山市顺德区容桂街道办事处红旗居委会竹山新村步云街号。2012 年 6 月 18 日，执行法院委托佛山市贵源土地房地产与资产评估有限公司对该房产的价值进行评估，评估机构于 2012 年 6 月 26 日出具了评估报告，该房产评估价为 2699.58 万元，有效期为一年。其后，执行法院对该房产进行拍卖，经过三次拍卖均未成交。2013 年 5 月 7 日执行法院征询申请执行人意见，申请执行人表示不同意以物抵债，并请求法院对涉案房产重新评估、拍卖。2013 年 5 月 8 日，执行法院发出《变卖财产公告》，决定变卖涉案房产。变卖公告期满后，仍无人应买。因涉案房产的价值评估报告有效期已经届满，执行法院 2013 年 8 月 6 日重新委托佛山市贵源土地房地产与资产评估有限公司出具估价报告，评估公司于 2013 年 8 月 19 日出具了新的估价报告，涉案房产价值 1821.4 万元。

法院认为：根据《最高人民法院关于人民法院民事执行中拍卖、变卖财产的规定》第二十八条的规定，涉案财产经拍卖、变卖后，申请执行人、其他债权人仍不表示接受该财产抵债的，应当解除查封、冻结，将该财产退还被执行人，但对该财产可以采取其他执行措施的除外。对于经过拍卖、变卖程序不成交且申请执行人、其他债权人不愿意以物抵债的情况，执行法院并非必须解除查封、冻结，将该财产退还被执行人，还要考虑是否对该财产可以采取其他执行措施。本案中被执行人仍对申请执行人负有巨额债务，如果解除涉案房产的查封，则影响申请执行人债权权益的实现。该条中所指的"其他执行措施"，可包括强制管理和重新启动拍卖程序。因此，人民法院可

以准许启动第二轮拍卖，法律、司法解释并没有禁止性规定，况且本案双方当事人均同意启动涉案财产的第二轮拍卖程序，故宜春中院启动第二轮拍卖程序并无不当。

▶▶▶ 199. 法院裁定以物抵债银行未及时过户，抵押物被其他法院查封的相关案例

案由：在王某申请执行刘某一案中，甲法院查封了刘某位于丙处的房产，在拍卖过程中，因无人应买而造成流拍。经刘某同意，甲法院裁定将该房产以物抵债给王某。在王某办理过户手续的过程中，乙法院又以刘某为另一案件的被执行人且丙处房产尚未办理过户手续仍属于刘某所有为由，将丙处房产查封。

那么，在这种情况下，乙法院能否对该房产进行查封？

正确的解答是：不动产物权变动的原因可以区分为法律行为和事实行为。对于买卖、赠予等法律行为所引起的物权变动，法律要求当事人必须履行过户登记手续后，不动产方能产生物权变动的后果。

而对于继承、自建、强制执行等事实行为所引起的物权变动，自该事实行为完成之日起就产生不动产物权变动的后果，并不以履行过户登记为要件。本案中，自甲法院的以物抵债裁定生效时起，丙处房产的所有权就从刘某变更为王某，只不过王某此时对该房产的所有权由于没有经过登记，尚不能进行法律上的处分。因此，乙法院不能查封属于案外人王某的房产。[①]

▶▶▶ 200. 抵押物将要成为抵债资产的重组收购案例

● 主要债权方为信达公司建行：

（1）星美传媒（集团）有限公司，建行北京分行，贷款本金 1.7 亿元，欠息 1241 万元，抵押物：上海香樟大厦。

（2）上海久盛投资有限公司，建行上海分行，4000 万元，欠息 255 万元，保证人：舒文通信、长丰通信及卓京公司，合计转让价格：2.1 亿元。

（3）信达公司两笔，合计 37600 万元（20000 万元、17600 万元）。

对香樟大厦债权总计约为 7.2 亿元（本金），按照拍卖清偿顺序，累计债权排序：

施工企业——浙江舜杰公司 5600 万元，累计 0.56 亿元；

---

① 资料来源：《人民司法》第 493 期。

香港柏丽集团 7800 万元，累计 1.34 亿元；

北京建行 17000 万元（第一抵押权人），累计 3.04 亿元；

信达公司 20000 万元，累计 5.04 亿元；

上海建行 4000 万元（首封人），累计 5.44 亿元；

信达公司 17600 万元，累计 7.20 亿元。

建行的债权对应的是香樟大厦的抵押。还是第一查封人。

• 解决的方案有两个：

第一方案，整体拍卖。按照受偿顺序进行受偿。但是，产生两个不利的问题，一是排名靠后的债权不能受偿，二是拍卖时间长，难以掌控。

第二方案，重组收购。就是寻找一个合适的买家，共同、一次性解决。也就是利用现有优质贷款客户，通过贷款和资产重组来盘活抵债资产。

• 第一个方案的利弊分析。

信达：如果整体拍卖，按正常程序，拍卖变现资产。当时预计可以拍卖 5 亿元左右。据此：

按资产受偿顺序，信达公司可以收回 20000 万元的贷款本金和利息，但 17600 万元贷款本金和利息将全额损失。

建设银行的北京、上海分行债权受偿情况：

按资产受偿顺序，北京分行可以回收 17000 万元贷款本金及 1241.85 万元利息，但上海分行 4000 万元本金及 255.73 万元利息将全部损失。

• 第二个方案：重组收购的利弊分析。

如果实施第一方案，信达公司将损失 1.76 亿元及利息。因此有积极性选择更好的方案。信达与建行联合组成工作组，设计了重组方案。经过艰苦的工作与上海银都集团达成了意向，由银都集团接手香樟大厦，建设银行牵头贷款重组工作。

所有香樟大厦的债权人达成协议，明确各自债权金额，然后由法院以变卖的形式，银都集团以全部债权本金合计金额 7.2 亿元购买香樟大厦，购楼资金由银都集团部分自筹，不足部分由信达公司协调建行贷款支持。

银都集团取得香樟大厦合法产权后再抵押给建行。

• 第二方案使各家银行的本金得到了全额回收，是最优解决方案。

这个方案的成功之处在于信达和建行协调了各位债权人一致行动，实现了重组收购。并且，建行营销了贷款，建行获得了整体的优质抵押物。各位债权人也获得了最大的贷款回收。

中篇

银行抵债资产收取、保管、处置的风险陷阱与化解方法

中篇导图

本书中篇共六章，深入分析了银行在抵债资产收取、保管与处置过程中可能遇到的风险和化解方法。

银行抵债资产收取、保管、处置的风险陷阱与化解方法		
	抵债资产收取阶段的风险陷阱与化解	201~226题
	抵债资产保管阶段的风险陷阱与化解	227~245题
	抵债资产处置阶段的风险陷阱与化解	246~262题
	以物抵债需要特别关注的要点	263~300题
	抵押物面临的若干重要法律问题	301~330题
	银行抵债资产收取、保管、处置的风险陷阱与化解的相关案例解析	331~350题

第九章 抵债资产收取阶段的风险陷阱与化解

▶▶ 201. 抵债资产收取过程中哪些阶段容易发生问题？

（1）法院裁决抵债中存在的问题。
（2）协议抵债过程中存在的问题。
（3）银行在抵债过程中存在的问题。
（4）债务人在抵债过程中的欺诈问题。

▶▶ 202. 为什么法院裁决的抵债资产普遍存在价值高估的问题？

银行的抵债资产很大一部分是通过法院裁定取得的。法院一般以最后一次变卖价格作为裁定价，但由于基础评估价格过高，即使通过两次20%以内的降价，裁定价仍高于市场价格。

▶▶ 203. 协议抵债过程中存在的主要问题？

（1）价格难以达成。一些债务人为达到逃废债务的目的，有意提高抵债的资产价格，使抵债资产价格明显高于市场价格，导致银行不能正常接收抵债资产。

（2）银行为了降低损失，被迫接收抵债资产。现实中尽管抵债资产价格存在不合理的现象，但银行为了降低损失，保护银行的利益，也会勉强接收抵债资产。

（3）债务人以逃废债为目的，弄虚作假，钻空子，加大银行接收抵债资产的风险。

▶▶ 204. 抵债协议中存在哪些风险陷阱（一）？

陷阱一：协议抵债后债务人迟迟不给（不配合）办理房产过户，串通案外人到法院起诉，导致抵债物虽占有但被强制执行。

有些银行在收取房产后为了减少麻烦，节省费用，就没有及时去办理过户。特别在计划很快就出售的情况下，更不急于去办理手续。债务人也是有意而为，不配合办理房产过户，同时串通案外人去法院起诉，导致抵债物虽占有但被强制执行。后果就是被债务人钻了空子（见第332题）。

205. 抵债协议中存在哪些风险陷阱（二）？

陷阱二：协议抵债的划拨土地上的房屋，土地未获批，抵债无效。

根据《民法典》的规定，房随地走，土地没有获得转让批准，房屋抵债（相当于买卖）无效（见第333题）。

206. 抵债协议中存在哪些风险陷阱（三）？

陷阱三：债务人故意隐瞒房屋出租信息，银行处置难度加大。

按照"买卖不破租赁"原则，银行不能终止租赁，有租户的情况下，将影响银行处置抵押物的效果。如果债务人与租户恶意串通，签订长期租约，而且租金已经收取，等于形式上占有房屋，实则资产"虚存"，银行短期内将无法对抵债资产进行处置。

207. 抵债协议中存在哪些风险陷阱（四）？

陷阱四：债务人故意隐瞒订约前出租房屋已被抵押的事实，后贷款的银行将遭受损失（见第334题）。

208. 抵债协议中存在哪些风险陷阱（五）？

陷阱五：债务人将资产的未来收益提前收取，以达到逃废银行债务的目的。应对的措施可以分成两种情况。

第一种情况是如果是在房屋抵押前或者法院查封房屋之前租赁房屋，并且已经缴纳数年房租的，且在协议过程中债务人主动告知，可以协商解决。例如，将收缴的房租退还银行，或者从抵债金额中减去房租的部分。如果债务人隐瞒事实，可以向法院提起诉讼，追回房租。对租赁房屋的租客，在使用到期前可以不再缴纳租金，房屋租赁合同到期后继续租赁该房屋的，应当将租金交给买受人。

第二种情况是如果在抵押之后或者法院查封之后才租赁房屋并缴纳租金的，房屋以物抵债后，不能对抗新的买受人，应当向买受人重新缴纳租金，已经向原房主缴纳的租金，可以要求原房主退还，不予退还的向法院提起诉讼，获得法院胜诉判决后，申请法院强制执行。

209. 抵债协议中存在哪些风险陷阱（六）？

陷阱六：资产处于拆迁阶段，债务人已经将拆迁款收取。

债务人在协议抵债时资产已经处于拆迁阶段（拆迁还没有具体实施），且已收取拆迁款。债务人对以上情况隐瞒，形成明显的欺诈。银行必须用法律手段保护银行的利益。

▶▶ 210. 以房抵债中哪几种类型属于欺诈性质的以房抵债？

实践中，除真实的以房抵债协议以外，以下三种类型都是带有欺诈性质的以房抵债。一是为规避国家政策而虚构的以房抵债协议（譬如为了规避国家限购政策，不具备购房资格的人通过以房抵债的方式达到购买房屋的目的）；二是为转移责任财产逃避债务而虚构以房抵债协议；三是通过以房抵债协议偿还非法债务。上述三种类型都是带有欺诈性质的以房抵债，其结果或者损害国家利益，或者侵害其他人的合法权益，而三种情形在未进行实质审理之前，难以进行辨认。实践中存在大量当事人通过以房抵债协议的方式来达到其他目的的现象，故而以房抵债协议在实务中比较复杂，银行应当仔细辨别。

▶▶ 211. 债务人提供虚假信息时，银行应如何应对？

债务人在协议抵债时提供资产的虚假信息，虚构资产，或者把不属于本人的资产谎称是自己的，或者以他人的财产提供抵押。这种情况银行应如何应对？

首先，银行工作人员需做好调查，认真核对相关资料，防止欺诈行为的发生。

其次，要协助法院加大对通过以房抵债协议进行虚假诉讼行为的打击力度。民事诉讼法第一百一十二条规定："当事人之间恶意串通，企图通过诉讼、调解等方式侵害他人合法权益的，人民法院应当驳回其请求，并根据情节轻重予以罚款、拘留；构成犯罪的，依法追究其刑事责任。"若在案件审理过程中，发现当事人存在恶意串通，以虚假以房抵债协议谋取其他利益的，应依据上述规定予以严格处罚。通过对虚假诉讼的严厉打击，形成震慑力，以减少虚假诉讼的产生。

▶▶ 212. 债务人恶意串通，损害第三人利益，逃避还款时，银行应如何处理？

债务人在协议抵债时恶意串通，损害第三人利益，逃避还款，引发所谓第三人的诉讼，导致涉诉房产纠纷，直接影响了银行对抵债资产的处置，甚至造成损失。

恶意串通定义。恶意串通，是指行为人与相对人相互勾结，为牟取私利而实施的损害合法权益的民事法律行为。恶意串通，损害国家、集体或第三人利益的，合同无效。

恶意串通包含两个层面：一是双方均有损害国家、集体或第三人利益的意图，即"恶意"。二是就此意图，双方存在"通谋"，这种通谋既可以表现为双方事先达成协议，也可以表现为一方做出某一意思表示，对方明知其目的非法，仍予以接受。

《民法典》中关于合同无效的有关规定。

第一百四十四条　无民事行为能力人实施的民事法律行为无效。

第一百四十六条　行为人与相对人以虚假的意思表示实施的民事法律行为无效。

以虚假的意思表示隐藏的民事法律行为的效力，依照有关法律规定处理。

第一百五十三条　违反法律、行政法规的强制性规定的民事法律行为无效。但是，该强制性规定不导致该民事法律行为无效的除外。

违背公序良俗的民事法律行为无效。

第一百五十四条　行为人与相对人恶意串通，损害他人合法权益的民事法律行为无效。

第五百零五条　当事人超越经营范围订立的合同的效力，应当依照《民法典》第一编第六章第三节和第二编的有关规定确定，不得仅以超越经营范围确认合同无效。

第五百零八条　《民典法》第二编对合同的效力没有规定的，适用《民法典》第一编第六章的有关规定。

>>> 213.《民法典》实施后，有关合同无效的规定有哪些变化？

由上可以看出，《民法典》实施后，《合同法》和《民法总则》失效。《合同法》第52条，合同无效的情形不再适用。《民法典》总则编是对《民法总则》的继承，《民法典》对合同效力的规定与《民法总则》相同。《民法典》合同编对合同效力基本没有规定。

银行工作人员对《合同法》很熟悉，从2021年开始《民法典》实施，《合同法》失效。《合同法》规定的合同无效的情形在《民法典》实施后有很大改变。

《合同法》第52条规定了合同无效的5种情形：（1）一方以欺诈、胁迫的手段订立合同，损害国家利益；（2）恶意串通，损害国家、集体或者第三人利益；（3）以合法形式掩盖非法目的；（4）损害社会公共利益；（5）违反法律、行政法规的强制性规定。

上述第（1）项，《民法典》施行后不再作为合同无效情形，而是合同可撤销情形；第（2）项，体现在《民法典》第一百五十四条，表述上略有调整；第（3）项，《民法典》施行后不再作为合同无效情形；第（4）、第（5）项，体现在《民法典》第一百五十三条，但表述上作了调整。

从各项制度的设立目的看，无论是欺诈、胁迫、重大误解还是显失公平，大多调整的仅涉及双方当事人之间的利益关系，而恶意串通，实际是双方共同损害他人的合法权益。双方串通的直接目的是通过损害他人来实现自己的利益，因此，法律对恶意串通的民事法律行为确定为无效。

214. 恶意串通损害第三人利益的主要行为有哪些？

（1）债务人与第三人通过低价转让等方式转移财产逃避债务。

此种行为最为常见，即将财产抵押、质押给第三人，或者低价出租，或转让价格正常但付款时间极不合理，其目的都是使债权人无法再强制执行该财产。

（2）代理人与第三人恶意串通损害被代理人的利益。需要注意一种特殊情形：常见的商业贿赂未必导致合同无效。例如：公司对外签订合同，相关操作人员（如采购经理）接受商业贿赂甚至有可能构成犯罪。此时收受贿赂的员工不是严格意义上的代理人，因为合同最后是由公司盖章签署的。因此，多数司法实务并不认为该情形属于"恶意串通，损害第三人利益"，很难认定合同无效。

（3）公司与第三人串通订立合同，损害公司股东（或部分股东）利益。

（4）股权的双重转让（见第 335 题）。

（5）一房两卖。《商品房买卖司法解释》第 10 条规定：买受人以出卖人与第三人恶意串通，另行订立商品房买卖合同并将房屋交付使用，导致其无法取得房屋为由，请求确认出卖人与第三人订立的商品房买卖合同无效的，应予支持。

215. 抵债资产在银行收取后为什么出现被法院强制执行风险？

收取的抵债资产未办理过户，存在产生纠纷和损失的风险。考虑到抵债资产收取处置的税费问题，多数抵债资产收取时没有过户到银行名下，无法对抗善意第三人，一旦被原抵押人盗卖，抵货资产将面临悬空的风险。

由于抵债物未过户登记，抵债物被法院强制执行用于偿还其他债权人债务，准物权落空。依据《民法典》第二百零九条第一款规定，不动产物权的设立、变更、转让和消灭，经依法登记，发生效力；未经登记，不发生效力，但法律另有规定的除外。不动产物权以登记为生效要件，占有不动产不产生物权变动的法律效果。同时，最高人民法院《关于人民法院办理执行异议和复议案件若干问题的规定》第二十八条规定："房屋买受人支付全款、实际占有房屋、在查封前与出卖人签订了合法的买卖合同、非因自身原因未办理过户登记的，提出执行异议，法院应当支持。"可见，以物抵债在阻却强制执行过程中也不优先于房屋真实买受人。因此，如果银行仅与债务人签订抵债协议，既未进行过户登记也未成为真实买受人，在法院诉讼保全和强制执行下，不享有优先受偿权，很难适用物权期待权保障自身权益，最终将导致抵债物权落空。

▶▶▶ 216. 动产作为抵债物的，抵债物如果未实际交付并转移至银行方保管，将存在什么法律风险？

不动产以物抵债能否实现，主要根据过户登记情况和法院生效裁定，动产则需要转移抵债物所有权。以动产作为抵债物的，抵债物如果未实际交付并转移至银行方保管，将存在法律风险。某农商银行就曾出现过动产抵债物被第三方查封的情况。该动产抵债人与农商银行签订抵债合同后，因暂未找到寄存该抵债物的仓库，农商银行便暂借抵债人现有仓库存放抵债物品。随后，该笔抵债物随抵债人其他相同类型物品一并被第三方债权人申请诉讼保全，被法院查封冻结。农商银行通过提供抵债协议、货品出库单、货品领取函等手续提出执行异议，并经多次沟通协调才获得法院支持，取消查封。因此，在接收动产抵债过程中，应高度重视抵债物的交付方式，避免由抵债人继续代管或抵债物不搬离原保管场所，导致无法对抗第三方而丧失抵债物所有权。

从此案例的教训得出银行在收取动产抵债物后应当及时转移占有。虽然法律规定动产的交付方式还包括简易交付、占有改定、指示交付三种方式，但动产占有的公示方式主要体现为现实的转移占有。为避免后续的法律纠纷，建议在签订动产抵债合同的当天就将抵债物运送至债权人所有或者租赁的存放点，不能继续留存在债务人处，以免混淆为债务人财产。

▶▶▶ 217. 银行收取抵债资产前要查清资产的哪些瑕疵？

银行在收取抵债资产前应该认真调查抵债资产的状况，以免抵债后会造成二次损失。

有的银行在接收抵债资产时尽职调查不够,没有认真了解资产的产权及实物状况,部分抵债资产存在较大瑕疵。主要包括:

(1) 是否设定了抵质押等他项权利。

(2) 是否拖欠工程款、税款、土地出让金及其他税费。

(3) 是否涉及其他法律纠纷。

(4) 是否被司法机关查封、冻结。

(5) 是否属于限制、禁止流通物等。

另外,接收的个别抵债资产存在产权不明争议、权证不齐全、不具有独立使用功能、不易于保管及变现等问题。个别抵债资产属于公益性质,或以划拨的土地使用权单独用于抵偿债务,以及接收的是即将被征用的土地使用权等,上述抵债资产,银行在接收前都应做好尽职调查。

▶▶▶ 218. 对法院组织的拍卖,银行应当注意哪些问题?

一是注意不动产与动产拍卖的区别。不动产拍卖不同于动产拍卖,在动产拍卖中,法院经过2次拍卖不成后便可裁定以物抵债;在不动产拍卖中,如果2次拍卖不成,只要银行不接受以物抵债,法院就应当在60日内进行第3次拍卖。如果三拍还是流拍,按照三拍的保留价进行变卖。

变卖自公告之日起60日内没有买受人愿意以第3次拍卖的保留价买受该财产,且申请执行人、其他执行债权人仍不表示接受该财产抵债的,应当解除查封、冻结,将该财产退还被执行人,但对该财产可以采取其他执行措施的除外。

二是合理判断是否接受抵债。对法院裁定以物抵债应进行必要的分析。当前,银行不良贷款清收形势严峻,在现金清收难以实现的情况下,与其耗费人力、物力陷于执行"马拉松",不如积极接受以物抵债,特别是对于被执行人有破产逃债迹象的,建议果断通过以物抵债止损,防止被执行人破产后,银行受偿率更低甚至为零。但作为申请执行人,法律赋予了债权人是否接受以物抵债的选择权,对严重有失公允的以物抵债,应当拒绝。

三是依据正确行使法律赋予的权利。《关于人民法院民事执行中拍卖、变卖财产的规定》第十四条规定(〔2004〕16号):"人民法院应当在拍卖五日前以书面或其他能够确认收悉的适当方式,通知当事人和已知担保物权人、优先购买权人或者其他优先权人于拍卖日到场。优先购买权人经通知未到场的,视为放弃优先购买权。"银行应提示法院通知已知的担保物权人、优先购买权人或者其他优先权人于拍卖日到场,防范资产抵入后他人向银行主张权利或拍卖被撤销。

四是积极解决三拍流拍问题。2014年11月19日,最高院执行局下发的《关于"转变执行作风,规范执行行为"专项活动中若干问题的解答》规定:"不动产经三次拍卖流拍,不能依法变卖或以物抵债的,执行法院可以根据市场价格变化,重新启动(评估)拍卖程序。"这是法律赋予债权人的救济权利。依据上述规定,在司法清收中遇到不动产三拍流拍后仍然无法处置的,银行应当在适合条件下,积极要求法院根据当地市场实际情况,重新启动评估以及拍卖流程,使评估价格更符合市场行情,以提高拍卖处置的成功率。

▶▶▶ 219.《民法典》中关于"流质条款无效"的规定有哪些?

银行在以物抵债时应该注意债务人利用以物抵债会涉嫌"流质条款无效"而不发生法律效力的法律规定进行欺诈。

流质条款本意之一是保护债务人的利益。所谓流质条款,是债权人、债务人在债务未届清偿期之前达成的一种转移抵押(质)物所有权的约定,即当债务人不能按期履行债务清偿义务时该抵押(质)物所有权直接转移给债权人所有。因其不符合市场中对物的价值公平衡量,会出现不利于债务人(也有不利于债权人)利益的情况,因此《民法典》第四百零一条规定,抵押权人在债务履行期限届满前,与抵押人约定债务人不履行到期债务时抵押财产归债权人所有的,只能依法就抵押财产变现优先受偿。《民法典》第四百二十八条规定,质权人在债务履行期限届满前,与出质人约定债务人不履行到期债务时质押财产归债权人所有的,只能依法就质押财产优先受偿。以上法规都作了类似的禁止性规定。这些规定是关于流质契约禁止的规定,表明了我国立法对流质契约的严格禁止态度。但是,有些债务人利用这一条款,先在债务未届清偿期之前达成转移抵押(质)物所有权的约定,而后再起诉法院要求抵债行为无效,从而达到逃废银行债务的目的。

▶▶▶ 220. 什么是流质契约?

流质契约,是指当事人在签订抵押合同时,或者债权清偿期届满前,约定在债务履行期届满抵押权人未受清偿时,抵押物的所有权转移为债权人所有的契约。流质契约又称为"流押契约""流抵契约""抵押物代偿条款"。流质契约的适用范围依各国立法不同而各异。依日本民法的规定,流质契约仅适用于质押法律关系中。根据我国《民法典》的规定，流质契约既适用于质押法律关系，也适用于抵押法律关系。

▶▶▶ 221. 禁止流质契约是否可以保护债务人的利益？

债务人一般在经济上处于弱势地位，其在签订抵押合同时，往往会因眼前一时的急需而不惜以价值较高的财产担保小额债权。债权人也会利用债务人这种不利处境而提出种种苛刻的条件，迫使其签订流质契约。如果允许流质契约有效，在债务人不能履行债务时，就会使债权人不经清算程序即取得抵押物的所有权，这实际上是一种暴利行为，严重损害了债务人的利益，也违反了民法的公平、等价有偿原则。正如学者们所指出的："债务人举债多处于急迫窘困境地，债权人可利用之迫使债务人以高价之物供作较小债权担保，图谋债务人不能清偿时不经任何程序而取得担保物的所有权，牟取非分利益。从保护处于弱势之债务人的角度，流质契约应予禁止。"因此，禁止流质契约是对债务人利益的保护。

▶▶▶ 222. 禁止流质契约是否可以保护债权人的利益？

实践中，并非所有的流质契约都不利于债务人，有些时候也可能损害债权人的利益。债权人如果在订立合同时对标的物的价值作错误的估计，或因市场行情的重大变化而使标的物的价值暴跌，或由于对债务人的信誉过分的信赖，而没有要求与债权数额相等的抵押物担保，一旦承认流押契约的效力，则债权人只能获得标的物的所有权，而债务人则可以拒绝为债务清偿。因此，禁止流质契约，从债权人的角度而言，也可以防止抵押权设定后，抵押物价值急剧下降，导致债权人的债权不能完全实现的风险，从而维护债权人的利益。

▶▶▶ 223. 禁止流质契约是否可以维持抵押权的价值权性？

抵押权是一种变价受偿权，以取得物的交换价值为目的，只有在债务履行期限届满，债权未受清偿时，才能以抵押物折价或以其变价款优先受偿。按照法律规定在抵押物折价或变价清偿债务时，要经过清算程序，对抵押物价值进行评估，以抵押物折价或变价款对债务进行清偿。对于超出债务数额的部分变价款，仍归抵押人所有，对不足清偿的部分由债务人继续履行。而根据流质契约条款，抵押权人与抵押人不经法定程序，即由债权人取得抵押物的所有权，这与担保权的价值权性有违，担保物未经折价或变价，就预先约定担保物转移至担保权人所有，与担保权的变价受偿性不符。造成抵押物价值转移实现结果与债权数额不符，损害债务人（也可能是债权人）的利益。因此，禁止流质契约是可以很好地维持抵押权的价值权性的。

▶▶▶ 224. 流质契约的法律禁止性规定有哪些？

（1）《民法典》第四百零一条规定：抵押权人在债务履行期限届满前，与抵押人约定债务人不履行到期债务时抵押财产归债权人所有的，只能依法就抵押财产优先受偿。

（2）《民法典》第四百二十八条规定：质权人在债务履行期限届满前，与出质人约定债务人不履行到期债务时质押财产归债权人所有的，只能依法就质押财产优先受偿。

以上关于流质契约禁止的规定，表明了我国立法对流质契约的严格禁止态度。准确理解该条规定的含义，对于我们正确处理抵押合同当事人的相互关系，实现当事人利益的平衡，保护市场交易秩序都具有重要意义。

▶▶▶ 225. 银行在不良资产快速增加的情况下过分依赖于接收抵债资产化解不良贷款有什么风险？

实务中部分银行过分依赖于接收抵债资产化解不良贷款风险，没有充分考虑抵债资产接收、保管和处置变现环节的高额税费问题。从目前的抵债资产情况看，仅接收环节的相关税费就占到了贷款本金的20%~25%，再考虑保管和处置变现环节的税费，接收抵债资产普遍会面临很大程度的贷款本息损失。因此，税费问题是银行接收抵债资产必须考虑的重要问题。

▶▶▶ 226. 抵债资产收取中会产生哪些风险？

抵债资产收取风险的主要表现形式有：（1）商业银行内部故意放弃现金回收而采取以物抵贷所形成的风险；（2）疏于对企业财产状况的调查仅凭企业提供的财产实施实物收贷所形成的风险；（3）选择抵债资产失当所形成的风险；（4）商业银行内部工作人员道德失当所形成的风险；（5）工作人员专业知识不足所形成的风险等。

第十章　抵债资产保管阶段的风险陷阱与化解

▶▶▶ 227. 抵债资产在保管阶段的风险有哪些？

（1）抵债资产被非法侵占。

（2）外力造成的物品损毁。

除此之外，还要注意银行自身原因造成的风险。

▶▶▶ 228. 抵债资产被非法侵占都有哪些情况？

（1）房屋被非法侵占。

（2）房屋以外的不动产被非法侵占。

（3）动产被非法侵占。

▶▶▶ 229. 哪些情况属于房产被非法侵占？

银行抵债资产中房屋占比较多，由于管理疏漏，被非法侵占的情况时有发生。主要有三种情况。

（1）原房主的家人或者亲属以各种理由拒不腾退房屋，造成非法侵占的事实。

（2）第三人撬门强行入住，非法侵占。

（3）小区物业以各种理由（比如房屋破损必须维修、房屋长期闲置对其他业主安全带来危险等），安排维修人员或者无关人员入住。

以上行为都是属于非法侵占他人房屋的违法犯罪行为。

▶▶▶ 230. 原房主的家人或者亲属以各种理由拒不腾退房屋，造成非法侵占的事实的应如何处理？

这是抵债过程中的遗留问题。抵债时银行没有解决好，原房主先是示弱，表示很快就搬出，或者当时搬出，而后抢住。面对这种情况首先可以与非法占有人协商，要求非法占有人进行搬迁；其次如果协商未果，可以向人民法院起诉，要求非法占有人返还原物并赔偿损失。如胜诉后占有人拒不执行法院判决，可以申请人民法院强制执行。

231. 第三人撬门强行入住，房屋被非法侵占，应如何处理？

这种情况属于非法侵占他人房屋。

首先可以与非法占有人协商，讲明利害关系，劝说当事人搬出；其次如果协商未果，可以报警，请警方驱赶。如果当事人坚决不搬，再向人民法院起诉，要求非法占有人搬离，申请人民法院强制执行，直至追究刑事责任。

232. 小区物业以各种理由安排无关人员入住怎么办？

小区物业无论以什么理由侵占银行的抵债房屋，都是违法行为。实务中，可以先考虑物业提出的各种问题，如果确实存在，银行应该加以解决。同时，要求物业让居住人员尽快搬离。如果物业不予配合，就要坚决报警，由警方出面解决问题。如果物业坚持错误行为，就要向人民法院起诉，用法律手段解决。

233. 房产被非法侵占的相关处理规定有哪些？

非法侵占他人房屋属于违法犯罪的行为，所以房屋被侵占后，银行可以向公安机关报案，或者向法院提起诉讼。

《中华人民共和国刑事诉讼法》

第一百一十条　任何单位和个人发现有犯罪事实或者犯罪嫌疑人，有权利也有义务向公安机关、人民检察院或者人民法院报案或者举报。

被害人对侵犯其人身、财产权利的犯罪事实或者犯罪嫌疑人，有权向公安机关、人民检察院或者人民法院报案或者控告。

公安机关、人民检察院或者人民法院对于报案、控告、举报，都应当接受。对于不属于自己管辖的，应当移送主管机关处理，并且通知报案人、控告人、举报人；对于不属于自己管辖而又必须采取紧急措施的，应当先采取紧急措施，然后移送主管机关。

《中华人民共和国治安管理处罚法》

第四十条　有下列行为之一的，处10日以上15日以下拘留，并处500元以上1000元以下罚款；情节较轻的，处5日以上10日以下拘留，并处200元以上500元以下罚款：

……

（三）非法限制他人人身自由、非法侵入他人住宅或者非法搜查他人身体的。

《中华人民共和国刑法》

第二百四十五条 （非法搜查罪、非法侵入住宅罪）非法搜查他人身体、住宅，或者非法侵入他人住宅的，处3年以下有期徒刑或者拘役。

▶▶▶ 234. 房屋被占用有哪几种情况？

银行在实务中应该了解房屋被占用的几种情况，以便在遇到此类问题时，有一个理论的高度来处理，拿出科学、合理的方案。

房屋被占用主要有以下两种情况。

（1）房屋被占用属于民事范围的占用。不返还租赁房屋或无理由占用的情况，属于民事范围的占用。如果房主持有该房屋的房产证，有权要求占用房屋的人搬走。如果对方态度恶劣、蛮横，始终不肯搬走，可以请警方强行将对方赶出家门。

（2）房屋被占用属于行政范围。房主不能够对房屋进行占用，可能的因素除了他人的占用，还有可能是行政征收与管理需要。对上述问题的处理办法不能完全参照民事法律法规，还要参照行政法规，遵循行政途径解决。

另外，还要注意房屋被占用起诉的诉讼时效问题，诉讼时效是指民事权利受到侵害的权利人在法定的时效期间内不行使权利，当时效期间届满时，人民法院对权利人的权利不再进行保护的制度。

《民法典》第四百六十二条规定，占有的不动产或者动产被侵占的，占有人有权请求返还原物；对妨害占有的行为，占有人有权请求排除妨害或者消除危险；因侵占或者妨害造成损害的，占有人有权依法请求损害赔偿。占有人返还原物的请求权，自侵占发生之日起一年内未行使的，该请求权消灭。

▶▶▶ 235. 抵债资产管理的基本要求有哪些？

《银行抵债资产管理办法》第十五条要求：银行要按照有利于抵债资产经营管理和保管的原则，确定抵债资产经营管理主责任人，指定保管责任人，并明确各自职责。

保管责任人具体负责抵债资产的检查、登记、信息维护、日常维护。保管责任人应及时向经营管理主责任人反映抵债资产价值的变化情况。保管责任人的变更，应由抵债资产经营管理主责任人或部门主管在分清保管责任后办理交接手续。

这些规定是保证抵债资产管理的基本要求。不严格遵循上述要求会造成抵债资产无人负责，缺乏管理的状况，给后续的工作带来很多隐患。

236. 为什么银行要对抵债资产进行定期检查、账实核对抵债资产？

按照财政部的要求，银行的资产保全部门应该按季组织对抵债资产进行检查。由经营管理主责任人、保管责任人与会计部门对抵债资产进行账实核对，及时掌握其实物形态、价值形态的变化情况，填写《××银行担保物、待处理抵债资产核对登记簿》。检查中若发现账实不符，应由资产保全部门负责查明原因，及时向分管行长及上级资产保全部门报告并据实处理。

保管责任人要根据抵债资产的性质、特点、状况进行日常维护。对因自然灾害、意外事故、人为因素等原因造成抵债资产毁损，积极采取有效措施，避免损失进一步扩大，保管责任人应及时向经营主责任人汇报。对抵债资产已投保的，应及时向保险公司索赔。对造成资产损失存在主观责任的人员，应依照有关规定承担赔偿责任。

237. 银行对抵债资产在收取直至处置期间，定期检查需要注意哪些方面？

银行在抵债资产的收取直至处置期间，银行应妥善保管抵债资产，对抵债资产要建立定期检查、账实核对制度。

（1）银行要根据抵债资产的性质和状况定期或不定期进行检查和维护，及时掌握抵债资产实物形态及价值形态的变化情况，及时发现影响抵债资产价值的风险隐患并采取有针对性的防范和补救措施。

（2）每个季度应至少组织一次对抵债资产的账实核对，并做好核对记录。核对应做到账簿一致和账实相符，若有不符的，应查明原因，及时报告并据实处理。

238. 抵债资产远离银行，容易产生什么风险？

（1）管理上会产生较高的费用。例如，往返的交通费用、住宿费用、饮食费用。

（2）抵债资产容易产生破损的风险。距离远难以细心照料，容易发生被外力意外冲击和自然灾害波及而破损的风险。

（3）抵债资产容易出现被侵占的风险，如房屋、厂房，在管理力度下降的情况下，容易被恶意侵占。被恶意侵占后银行不得不使用更多的精力和资源来解决，增加不必要的成本。

239. 抵债资产存放在第三方仓库会产生什么风险？

银行受客观条件的限制，有时不得已将收取的抵债资产暂时存放在第三方的仓库里，可能会产生自然灾害以及被偷盗等风险。

银行将抵债资产存放在第三方仓库有两种情况：一是与第三方仓库的仓储机构签订正式的租赁合同。这种情况下，如果出现火灾、水灾、盗窃等损失，由仓储机构负责，银行的损失会降低很多。二是没有与第三方仓库的仓储机构签订正式的租赁合同，属于临时借用，这时候出现任何风险，造成损失，全部由银行承担。

银行应避免第二种情况的发生，如抵债资产必须存放在第三方仓库，必须正规存放，并签订合同，防止发生不必要的损失。

240. 如果以机动车作为抵债资产会产生什么风险？

一是折旧损耗。机动车存在折旧损耗。机动车都有规定的报废年限，留存在银行的时间越久价值越低。

二是自然损毁。机动车属于机械物品，运行会有自然损耗，不运行自然损耗更大。

三是车辆交通事故风险。如果银行为了减少机械的自然损耗开动车辆上路，会产生交通事故风险。

241. 抵债资产中专业设备管理会产生什么风险？

银行在接收的抵债资产中偶尔会有一些专业设备，这些专业设备种类繁多，主要包括：（1）电作业类，含发电、送电、变电、配电等电气设备。（2）金属焊接、切割类。（3）起重机械（含电梯）类。（4）企业内机动车辆驾驶类。（5）登高架设类。（6）高级数控机床类。

银行接收这些专业设备可能不具备管理能力，对于专业性较强的抵债资产，银行可委托该类资产专业保管机构进行保管。同时，银行应抓紧时间尽快处置这些资产。

242. 抵债资产的自然贬值会产生什么风险？

抵债资产在收取之后至处置时刻会产生价值贬值风险。

在抵债资产存续期间，抵债资产本身随着保管时间的变化会产生实体性损耗、功能性损耗及经济性损耗，使抵债资产的价值随着保管时间延续而自然衰减,并最终导致抵债资产价值无法覆盖银行债权,甚至更低。一般来说,贬值的程度与时间呈正相关关系。因此,一般情况下银行的抵债资产,保管存续时间越长回收率越低。

▶▶ 243. 什么是资产的实体性贬值?

资产的实体性贬值也称有形损耗贬值。它是指资产,如设备由于运行中的磨损和暴露在自然环境中被侵蚀,造成设备实体形态的损耗,从而引起的贬值。其影响因素主要是使用、存放中的有形消耗。

▶▶ 244. 什么是资产的功能性贬值?

资产的功能性贬值是指新技术的推广和运用,使企业原有资产与社会上普遍推广和使用的资产相比较,技术明显落后、性能降低、其价值也相应减少。这种损耗称为资产的功能性损耗,也称功能性贬值。其影响因素主要是科技进步、工艺革新。

▶▶ 245. 什么是资产的经济性贬值?

经济性贬值是进行资产评估时需要考虑的重要因素之一。所谓经济性贬值,也称为外部损失,是指资产本身的外部影响造成的价值损失。其主要影响因素是市场变化。

第十一章 抵债资产处置阶段的风险陷阱与化解

▶▶▶ 246. 银行在抵债资产处置阶段会遇到哪些风险？

（1）银行抵债资产拍卖处置中的风险。

（2）银行抵债资产协议出售遇到的风险。

（3）银行内部在抵债资产处置时产生的道德风险。

▶▶▶ 247. 银行抵债资产拍卖处置中存在哪些风险？

从银行和资产管理公司（AMC）多年的处置实践来看，抵债资产拍卖处置的风险主要有三类，即拍卖处置的道德风险、管理风险和法律风险。

▶▶▶ 248. 银行在拍卖处置环节有哪些管理风险？

一是拍卖中介机构选择不当的风险。由于一直以来拍卖市场竞争异常激烈，有些拍卖中介机构为了得到银行的业务，会使用一些不正当手段，甚至提出"零佣金"等诱人的条件。有时为了达到成交的目的，受托拍卖机构甚至可能与买受人恶意串通，损害委托人的利益。如果拍卖中介机构选择不当，不仅会在操作经验、招商力度、客商资源上处于劣势，造成市场竞争不充分，还会导致流拍或低价成交，拍卖效果会大打折扣，无法达到处置回收最大化目标。

二是抵债资产评估定价的风险。拍卖虽然在竞价过程中具有市场价格发现功能，能有效地解决协议处置方式中定价依据不足的弊病，但仍存在着拍卖保留价（底价）确定及其保密风险问题。目前，我国评估市场无序竞争和管理不到位等问题并没有得到根本解决，评估机构对抵债资产评估价的确定上具有随意性，而且还存在一些收费与评估价挂钩的不合理规定，加上委托人对抵债资产评估价的审核不够严格，致使评估价与市场价之间存在背离的情况。

三是存在道德风险。在抵债资产有效市场需求不足，竞争不激烈的情况下，有可能存在银行工作人员与中介机构合谋，导致国有资产流失的风险。在拍卖处置实践中，由于评估价是确定拍卖保留价的重要依据，因此存在直接以评估价作为保留价的情况，从而使保留价的保密问题成为新的风险点。

据某专家对某银行在华东、华南地区近三年来182个抵债资产项目拍卖处置的调查情况看，有近50%的项目正好以保留价成交。调查分析表明，其中保留价的保密工作不到位，保留底价被泄密是导致这一结果的重要原因。

四是流拍后按一定比例下调保留价的做法具有一定的风险。根据《拍卖法》本次流拍后如再次进行拍卖，保留价将在上次拍卖的基础上按一定比例（通常为20%）下调。在报名竞买人较少，竞价不充分的情况下，竞买人有可能会利用该规定人为制造多次"流拍"假象，以期能以更低的变卖价格受让，或等再次拍卖时以更低保留价竞得。此外，还存在拍卖中介机构与竞买人相互勾结、竞买人之间恶意串标，轮流坐庄等外部风险。

▶▶▶ 249. 银行在拍卖处置环节有哪些法律风险？

一是银行作为委托人要承担拍卖标的物的瑕疵担保义务风险。由于抵债资产的情况相当复杂，有的不动产缺乏相应的权证甚至是违章建筑；有的是集体土地使用权，不得通过拍卖方式进行转让；有的抵债设备根据我国环保法律的有关规定不得再行转让；有的抵债设备是进口的，享受税收减免，但还没有过监，有的抵债物原产权人存在拖欠物业管理费、税金、土地出让金等隐蔽性瑕疵等。上述拍卖标的物上的瑕疵，委托人并不一定全部知悉或者不全部知悉，若拍卖处置前未尽相应的告知义务，拍卖成交后就可能出现交易纠纷，使委托人陷于被动，甚至有可能被起诉而额外增加处置费用。

二是银行作为委托人要承担拍卖标的物的权利瑕疵担保义务风险。即委托人负有保证第三人不得向买受人主张任何权利的义务，否则需要承担违约责任。对债权银行来说，大部分抵债资产是通过诉讼途径由法院裁定取得的，大多数情况下不存在对抵债资产的所有权或使用权上的风险，但仍有相当部分抵债资产是通过协议抵债方式取得，对部分抵债资产，债权银行就存在抵债资产权利瑕疵担保义务的风险。例如，若抵债资产未及时过户到委托人名下，委托拍卖时就有标的物已被法院查封甚至裁定抵债给第三人的风险。对法院裁定取得的抵债资产，也并非完全没有权利瑕疵风险。在标的物出现重复裁定的情况下，若其他法院抵债裁定在先，则拍卖成交后，标的物所有权有被撤销的风险。另外，抵债资产租赁在先，且委托拍卖时租赁期并未届满，根据我国法律的规定，原租赁人在同等条件下享有优先购买权。如果在拍卖该抵债资产时未告知承租人，则会导致拍卖结果对承租人无效。即使在拍卖时告知了承租人，若承租人未能优先竞得，根据"买卖不破租赁"原则，原租赁合同对新的所有权人仍然有效。在实践中，还有原抵债资产所有人（债务人）为阻挠债权银行或 AMC 成功处置抵债资产，恶意实施租赁行为，利用"买卖不破租赁"原则，在法院裁定前将该资产长期租赁给第三人，甚至恶意与第三人串通，倒签租赁协议进行"假租赁"。上述拍卖标的物权上的瑕疵，如不能在委托拍卖前进行充分揭示，就会给拍卖成交结果的有效性带来不确定性，容易引起拍卖纠纷甚至诉讼风险。

▶▶▶ 250. 为什么银行在抵债资产拍卖中会产生管理风险？

一是从外部环境看，我国拍卖市场起步较晚，但发展迅速，行业自律管理不严，拍卖市场存在恶性竞争和混乱无序的状态，这给委托人带来了巨大的管理风险压力。

二是从银行内部管理看，由于拍卖标的种类繁多，情况复杂，银行处置经办人员存在相关知识欠缺和拍卖处置管理经验不足的问题。委托拍卖管理制度不够健全，拍卖处置各环节存在漏洞和管理盲区。

三是有关部门对银行多年来的抵债资产拍卖处置实践缺乏总结研究，不能及时补充完善拍卖管理制度。

▶▶▶ 251. 为什么银行在抵债资产拍卖中会产生法律风险？

无论是抵债资产物上的瑕疵担保还是权力的瑕疵担保，其风险的大小，一方面取决于委托人工作的尽职程度。处置实践表明，委托人不尽职或尽职不够是产生法律风险的主要原因。另一方面，委托拍卖合同或拍卖须知等法律性文件对抵债资产隐性瑕疵责任承担约定欠缺或约定不明是导致法律风险的重要原因。

▶▶▶ 252. 怎样防范银行在抵债资产拍卖中的各类风险？

一要建制度。即建立和完善内控与监管制度，从制度上保证拍卖处置风险得到有效防范。从银行内部来说，要建立和完善内控制衡与管理及相应的违规处罚制度，并切实落实。从外部监管部门来说，也要建立统一有效的监督与管理及相应的责任追究制度。通过建立这些制度，筑起风险管理的防火墙。

二要抓落实。即加大内部监控和外部监管力度，落实各项制度，从而减少拍卖风险行为的发生。如请当地工商部门派员进行现场监拍，邀请当地财专办派员进行拍卖现场监督，内控监管部门也可全程参与拍卖过程，以提高拍卖处置活动的透明度和公开性，切实防范拍卖道德风险与管理风险。

三要抓教育，即加强相关人员的拍卖业务知识培训与职业道德教育，不断提高员工自身的思想觉悟，从思想源头上解决可能产生的各种道德风险。同时，通过业务素养的不断提高，来避免拍卖处置中因知识欠缺和经验不足而可能产生的相关风险。

▶▶▶ 253. 法院支持对涉案房产进行带租约拍卖的法律依据是什么？

《民法典》第四百零五条规定："抵押权设立前，抵押财产已经出租并转移占有的，原租赁关系不受该抵押权的影响。"《最高人民法院关于人民法院民事执行中拍卖、变卖财产的规定》第二十八条第二款规定："拍卖财产上原有的租赁权及其他用益物权，不因拍卖而消灭，但该权利继续存在于拍卖财产上，对在先的担保物权或者其他优先受偿权的实现有影响的，人民法院应当依法将其除去后进行拍卖。"

▶▶▶ 254. 银行拍卖抵债资产时遇到的法律风险具体是哪些？

一是过户中的风险。银行如果未及时办理过户将产生纠纷。在抵债资产的确权环节，法律规定需对所有权人进行变更的，一般应及时向有关部门申请办理抵债资产过户手续。但实际上，银行历史遗留抵债资产未过户的情形不在少数，没有过户就意味着公示与实际所有人不一致，因此将影响交易安全，从而危害银行资产安全。

二是税费约定不明的风险。银行如果在税费承担约定上不明确，可能产生纠纷。抵债资产拍卖中，银行与拍卖公司通常会事先对拍卖过程中及过户时的税费承担问题做出约定，并在拍卖公告、成交确认书中予以确认。即便如此仍会存在疏漏，导致出现协议不明、存有歧义等问题。

三是房屋承租人阻却风险。实务中房屋承租人阻却处置引发的纠纷及案例不在少数。银行在符合规定的前提下，合规出租是正常行为，但是，如果出现租期设定过长、对租赁物的保管维护约定不明等情况，可能会产生租赁关系阻却处置的风险。

▶▶▶ 255. 银行抵债资产协议出售遇到的哪些法律风险（以不动产出售为例）？

抵债资产的协议转让，是指商业银行通过签署抵债资产转让协议的方式将抵债资产转让于特定受让方的处置行为（相对应的是公开拍卖方式）。在协议的签署和履行过程中，银行应关注如下法律风险。

(1) 银行的瑕疵担保责任风险。
(2) 抵债资产的交付义务风险。
(3) 受让方受领迟延的责任风险。
(4) 资产的收益取得及风险承担风险。
(5) 行使优先购买权的风险风险。

▶▶▶ 256. 什么是银行的瑕疵担保责任风险？

"瑕疵"一般称"缺点",就买卖而言,指出卖人所交付的标的物、移转之权利不符合合同目的。瑕疵担保责任,又称担保责任,是指依法律规定,在交易活动中当事人一方移转财产(或权利)给另一方时,应担保该财产(或权利)无瑕疵,若移转的财产(或权利)有瑕疵,则应向对方当事人承担相当的责任。传统的瑕疵担保理论包括权利瑕疵和物之瑕疵,二者构成了完整的瑕疵担保责任制度。

《民法典》的相关规定如下:

第六百一十七条(质量瑕疵担保责任)出卖人交付的标的物不符合质量要求的,买受人可以依据本法第五百八十二条至第五百八十四条的规定请求承担违约责任。

第六百六十二条(赠予人瑕疵担保责任)赠予的财产有瑕疵的,赠予人不承担责任。附义务的赠予,赠予的财产有瑕疵的,赠予人在附义务的限度内承担与出卖人相同的责任。

赠予人故意不告知瑕疵或者保证无瑕疵,造成受赠人损失的,应当承担赔偿责任。

第七百二十三条(出租人权利瑕疵担保责任)因第三人主张权利,致使承租人不能对租赁物使用、收益的,承租人可以请求减少租金或者不支付租金。第三人主张权利的,承租人应当及时通知出租人。

第七百四十七条(租赁物质量瑕疵担保责任)租赁物不符合约定或者不符合使用目的的,出租人不承担责任。但是,承租人依赖出租人的技能确定租赁物或者出租人干预选择租赁物的除外。

根据以上《民法典》瑕疵担保制度的有关规定,转让抵债资产可能存在的瑕疵分为两种,即权利瑕疵和物的价值、品质瑕疵。前者指资产存在着各种权利限制,后者指对资产的描述存在错误,如房地产面积错误、土地使用性质错误或使用年限错误等。银行对权利瑕疵的对策是充分披露。由于抵债资产的特殊性,银行有时并未实际占有资产,甚至不是资产的所有权人或使用权人（房地产仍登记在抵债人的名下）。此情形下，充分披露就十分必要。为免除权利瑕疵担保责任，银行在拍卖、转让协议中应声明是以资产现状转让，对资产是否登记在其名下，是否由其占有进行明确说明，并尽可能详细地披露资产在交付、占有、使用、过户登记、税费等方面存在何种风险、瑕疵。为强化责任免除，转让方可要求受让方承诺：自愿接受并承担资产存在和可能存在的所有风险、瑕疵，以及因上述风险、瑕疵造成的一切后果和损失及不能获得预期利益的所有后果（见第336题）。银行对物的价值、品质瑕疵也应当如实披露，不做任何隐瞒，力争将物品描述清楚，将此类失误降到最低范围。

▶▶▶ 257. 什么是抵债资产的交付义务风险？

抵债资产权属状况复杂，银行很可能无法完成资产所有权的移转义务，为规避因此发生的违约责任，银行应就抵债资产的交付进行约定：如其不占有抵债资产，则向受让方移交权源文件、权属证书即视为完成交付；如其占有抵债资产所涉及的资产，则向受让方移交权源文件、权属证书以及房屋钥匙等即视为完成交付。

▶▶▶ 258. 什么是受让方受领延迟的责任风险？

为防止出现受让方因种种原因延迟受领或拒绝抵债资产的责任风险，银行应约定：在交付时不签字受领的，视为转让方已经交付完毕。受让方延迟受领的，由此导致的风险、责任由其独立全部承担。为保证该约定的操作性，还需进一步说明如何证明银行已交付（事实问题）以及受让方承担何种风险、责任（法律问题）。银行可以通过录音、录像或公证机关到场出具公证文书的方式留存证据，也可根据《提存公证规则》将文件、钥匙等交至公证机关并通知受让方，以完成交付义务。受让方延迟受领的，银行应要求受让方应承担因受让方行为导致银行额外支付的费用，以及自约定交付之日或协议确定的风险转移日后发生的相关文件或资产的毁损、灭失风险。为敦促受让方按约定受领，转让方也可以将受让方延迟受领约定为违约行为，要求其承担支付违约金的赔偿责任。

▶▶▶ 259. 什么是资产的收益取得及风险承担的风险？

资产的收益取得及风险承担的风险是指在某一基准日后，银行的抵债资产的所有收益和风险均移转给受让方承担。抵债资产具有因时而易的特性，为锁定资产价格和风险，银行有必要确定某一期日作为"基准日"。在基准日后，抵债资产的所有收益和风险均移转给受让方承担。为了规避风险，银行应做好以下两项工作。一是为避免纷争，银行应尽量列举可能存在的风险：(1) 如资产毁损、灭失、丧失权益；(2) 使用价值、资产价值减损、不能实际占有使用；(3) 承担欠缴欠付税费款项；(4) 被政府收回、规划调整、功能调整、置换土地等；(5) 可能产生新的与资产相关的各种费用等。二是为促使受让方履行付款义务，银行也要有限制条件，银行可将受让方支付所有合同价款作为收益转交的前提条件，即转让方有权保留基准日起至支付日止的资产收益，但约定该收益在支付日后方予以返还。如此，锁定风险和收益。还需提醒的是，银行可能尚未成为资产的名义所有人或使用权人，资产收益可能由抵债人首先受领，为避免银行在未获取收益的情形下向受让方垫付的风险，转让协议应约定银行仅在实际取得收益的范围内返还。

▶▶▶ 260. 行使优先购买权有哪些风险？

根据我国《民法典》第七百二十六条第1款的规定：出租人出卖租赁房屋的，应当在出卖之前的合理期限内通知承租人，承租人享有以同等条件优先购买的权利。但是，房屋按份共有人行使优先购买权或者出租人将房屋出卖给近亲属的除外。

本条规定增加了但书条款，即承租人的优先购买权不得对抗房屋共有权人行使优先购买权以及出租人将房屋出卖给近亲属两种情形。同时，《民法典》第七百二十六条第2款，确定了承租人行使优先购买权的时间条件。优先购买权，又称先买权，是特定的民事主体依照法律规定享有的优先于他人购买某项特定财产的权利。如抵债资产系向第三人出租的房产，为避免承租人主张优先购买权而影响抵债资产转让协议的效力，银行应在转让前要求承租人书面确认不愿受让或向其发出书面通知，为防止因承租人迟延回复造成交易无法进行，银行可在通知中对回复时间设定期限，并说明如承租人逾期不回复则视为其不行使该优先购买权。

▶▶▶ 261. 银行抵债资产协议出售遇到的银行内部的操作风险表现是什么？

(1) 抵债资产处置未按照规定程序审批，或者越权审批。
(2) 未按照规定将抵债资产处置款项及时入账。
(3) 资产出租的租金不及时入账，挪作他用的。

▶▶▶ 262. 银行如何采取措施防范银行内部在协议抵债中出现哪些问题？

银行应健全抵债资产的内部管理和考核制度，加强内部管控，从制度上阻断"一卖了之"的思想，并建立奖惩机制，责任到人，调动员工的积极性。同时，加强专业人员队伍建设，加强人员培训，提升员工的专业素养，适应不断发展的业务需求，增强银行风险识别和化解的能力，从自身层面防范风险。

中篇 银行抵债资产收取、保管、处置的风险陷阱与化解方法

第十二章 以物抵债需要特别关注的要点

▶▶▶ 263. 为什么要提居住权问题？什么是居住权？

我国《民法典》首次在法律上创设了"居住权"。居住权，是指居住权人对他人所有房屋的全部或者部分及其附属设施，所享有的占有、使用的权利。该权利来源于古罗马法，近代以来，欧洲国家的主要民法典，如《法国民法典》《奥地利民法典》《德国民法典》《瑞士民法典》《意大利民法典》等均明文规定了居住权。

我国《民法典》第三百六十六条规定，居住权人有权按照合同约定，对他人的住宅享有占有、使用的用益物权，以满足生活居住的需要。

▶▶▶ 264. 银行以物抵债为什么要关注居住权的问题？

银行在收取抵债资产的房屋资产时要特别关注居住权问题。因为，《民法典》首次提出居住权的法律条文，所以要特别引起重视。设立居住权的房屋被居住权人居住，且是长期居住，或无限期占用，当该房屋被以物抵债后，银行很难再处置，这会对银行的经营会产生十分不利的影响。

▶▶▶ 265. 为什么说居住权的设立是《民法典》的创新？

居住权的设立是《民法典》的创新。我国《民法典》增加了"居住权"这一新型的用益物权，并以物权编专章规定了居住权制度。设立居住权制度，是对党的十九大报告提出的"加快建立多主体供给、多渠道保障、租购并举的住房制度，让全体人民住有所居"政策的贯彻落实，是立法层面对"房子是用来住的，不是用来炒的"理念的回应，也是国家对养老问题、住房问题等现实问题的关照。《民法典》之所以专章规定居住权，归根结底是为了回应我国社会对居住权制度的需求，具有重要的社会意义和法治价值。

▶▶▶ 266. 居住权有哪些法律要素？

按照《民法典》第三百六十七条规定，设立居住权，当事人应当采用书面形式订立居住权合同。

《民法典》第三百六十八条规定，居住权无偿设立，但是当事人另有约定的除外。设立居住权的,应当向登记机构申请居住权登记。居住权自登记时设立。

《民法典》第三百六十九条规定,居住权不得转让、继承。设立居住权的住宅不得出租,但是当事人另有约定的除外。

《民法典》第三百七十条规定,居住权期限届满或者居住权人死亡的,居住权消灭。居住权消灭的,应当及时办理注销登记。

《民法典》第三百七十一条规定,以遗嘱方式设立居住权的,参照适用本章的有关规定。也就是遗嘱设立的居住权也有效(见第337题)。

▶▶▶ 267. 什么是地役权?什么是供役地?什么是需役地?

我国《民法典》第三百七十二条规定,地役权人有权按照合同约定,利用他人的不动产,以提高自己的不动产的效益。

前款所称他人的不动产为供役地,自己的不动产为需役地。

《民法典》第三百七十三条规定,设立地役权,当事人应当采用书面形式订立地役权合同。

▶▶▶ 268. 设定地役权对银行有哪些影响?

如果以物抵债的土地设立了地役权,成为供役地,那么,银行在处置这块地时会受到负面影响。相反,如果以物抵债的土地设立了地役权,成为需役地,那么,银行处置这块地会受到正面影响。

▶▶▶ 269. 如何避免设定地役权对银行的影响?

我国《民法典》设定地役权需要登记,因此,在实施以物抵债前必须查清是否设立了地役权。

《民法典》第三百七十四条规定,地役权自地役权合同生效时设立。当事人要求登记的,可以向登记机构申请地役权登记;未经登记,不得对抗善意第三人。

▶▶▶ 270. 地役权人有什么权力?

我国《民法典》第三百七十五条规定,供役地权利人应当按照合同约定,允许地役权人利用其不动产,不得妨害地役权人行使权利。

《民法典》第三百七十六条规定,地役权人应当按照合同约定的利用目的和方法利用供役地,尽量减少对供役地权利人物权的限制。

地役权人可以根据需要，在供役地上建设花园等，以增加自己楼盘的售卖价格和售卖进度。《民法典》第三百七十二条规定，地役权人有权按照合同约定，利用他人的不动产，以提高自己的不动产的效益（见第339、第340题）。

271. 银行为什么要审核抵债资产是否已经出租？

如果抵债资产已经出租一般情况下会影响抵债资产处置。另外，承租人可能会干扰抵债资产的实施。

272. 动产抵债，为什么留置权要优先银行以物抵债？

这是关于留置权与抵押权谁优先受偿的问题。动产抵债时如果该动产已经抵押给银行，同时该动产又被留置，这时候就出现了留置权与抵押权谁优先受偿的问题。

我国《民法典》第四百五十六条规定，同一动产上已经设立抵押权或者质权，该动产又被留置的，留置权人优先受偿。留置权人优先受偿，是因为留置权是法定的担保物权，而抵押权是当事人之间约定的结果，法定权利优先于约定的权利。

273. 什么是留置权？

《民法典》第十九章对留置权有专门的解释。

留置权，是指债权人因合法手段占有债务人的财物，在由此产生的债权未得到清偿以前留置该项财物并在超过一定期限仍未得到清偿时依法变卖留置财物，从价款中优先受偿的权利。留置权的效力主要体现为留置权人的占有权和优先受偿权。留置权人的占有权须受一定限制，即除了保管上的必要或经债务人同意外不得使用留置物，未经债务人同意不得将留置物出租或抵押。债权人就留置物优先交偿后，如留置物的价值超过应交偿范围，应将剩余部分的价款返还给债务人，留置物的价值不足以清偿时，债权人得请求补足。留置权人只能从留置财产中优先交偿根据本合同应得的款项，对于其他债务，不得利用本合同的财物行使留置权。

274. 留置权有什么效力？

留置权人具有以下五种效力：

（1）留置担保的范围包括主债权及利息、违约金、损害赔偿金、留置物保管费用和实现留置权的费用。

（2）留置财产为可分物的，留置财产的价值应相当于债务的金额。

（3）债务人逾期未履行债务的，留置权人可以与债务人协议以留置财产折价，也可以就拍卖、变卖留置财产所得的价款优先受偿。

（4）留置权人有权收取留置财产的孳息。所收取的孳息应当先充抵收取孳息的费用。

留置权人负有妥善保管留置财产的义务，因保管不善致使留置财产毁损、灭失的，应当承担赔偿责任。

（5）债务人与债权人应当在合同中约定，债权人留置财产后，债务人应当在不少于2个月的期限内履行债务。债权人与债务人在合同中未约定的，债权人留置债务人财产后，应当确定2个月以上的期限，通知债务人该期限内履行债务。

▶▶▶ 275. 什么是留置权的占有权？

置权以债权人占有债务人的财产为法定成立条件，因而，留置权一经成立，留置权人就当然享有继续占有留置物的权利。留置物的占有权是留置权物权性的具体表现。

▶▶▶ 276. 什么是留置权的收取权？

置权人在占有留置物期间，对留置物所生之自然孳息和法定孳息有权收取。这种孳息收取权系基于留置权效力产生的，而非基于占有的效力。所以，留置权人只能收取孳息，而不能取得孳息的所有权。留置权人收取孳息后，对于孳息成立孳息留置权，与原物成立的留置权一样，具有担保作用，可以用于优先抵偿债权。

天然（自然）孳息是指按照物质的自然生长规律而产生的果实与动物的出产物，与原物分离前，是原物的一部分。如母牛生的小牛，果园里生长出的果实，剪下的羊毛等。

法定孳息是指，银行的利息、房屋的租金等。

但是，现实中也有例外。通常，天然孳息所有权属原物的所有权人。但当提供资金或劳务的人与孳息分离时就享有原物所有权的人不一致时，主要有两种作法，即原物主义和产生主义。前者指天然孳息所有权属于分离时享有原物所有权的人；后者指天然孳息归孳息产生中原物的合法占有人或对原物提供资金或劳务的人。各国多将两种方法结合起来，以原物主义为原则，以产生主义为例外。

277. 什么是留置权的使用权？

置权人因对留置物享有占有权而负有以善良管理人的注意，妥善保管留置物的义务，原则上，留置权人对留置物只能占有、扣留，而不能使用。

留置权人有权使用留置物有两种情况。

第一种情形为保管上的必要。于保管留置物所必要的范围内，留置权人得使用留置物。如为防止留置的机械生锈而使用。但是，留置权人的此种必要使用的目的，仅以保存留置物为限，而不得以积极地取得收益为目的，当然，若因留置权人必要使用而产生收益时，留置权人也得收取之，并以之充偿债权。

第二种情形为留置权人经债务人同意，有权使用留置物。这种使用系经所有人同意的合法使用，留置权人当然取得使用权，受法律保护。如房屋的居住、乐器的使用等。

278. 什么是留置权的偿还请求权？

留置权人以善良管理人的注意保管留置物所支出的费用，有权向留置物的所有人要求偿还。留置权人是为保管留置物而支出必要费用的，其受益者为留置物的所有人，即债务人。

279. 什么是留置权的优先受偿权？

《民法典》的有关规定及最高人民法院的解释，债务人到期不履行义务，经债权人催告，在合理期限内仍不履行义务的，债权人有权依法变卖留置物，以变卖财产的价款优先受偿。此种优先受偿权被除日本以外的采取物权留置权制度的国家普遍承认。优先受偿权的受偿范围包括：原债权、利息、违约金、保管留置物的必要费用、行使留置权的费用等。

280. 抵押权这一担保形式在经济活动中和法律上都占有什么重要的地位？

抵押权具有不转移抵押物占有的特性，因此抵押权这一担保形式在经济活动中和法律上都占有重要的地位。

首先，抵押权比质押更简便易行，质押要交付质押物，质权人要对质押物妥善保管，这就增加了债权人的义务范围，而抵押则不存在此种情形。

其次，抵押与保证的区别。保证之所以成立靠的是保证人的信誉和经济状况，但信誉和经济状况存在可变性，一旦保证人经济状况恶化，便不足以保证债权人的权益，债权人的权益有可能无法实现，抵押则消除了债权人的这种顾虑，因此抵押权更有利于保护债权人的权益。

▶▶▶ 281. 什么是购买价款超级优先权？为什么优先以物抵债？

《民法典》关于抵押担保制度中变动最大之处就是动产抵押制度，在第四百一十四条所确立的动产抵押"先登记者优先"规则外确立了"购买价金担保权"的"超级优先"受偿规则。

《民法典》第四百零四条规定，以动产抵押的，不得对抗正常经营活动中已经支付合理价款并取得抵押财产的买受人。

《民法典》第四百一十六条规定，动产抵押担保的主债权是抵押物的价款，标的物交付后10日内办理抵押登记的，该抵押权人优先于抵押物买受人的其他担保物权人受偿，但是留置权人除外。

▶▶▶ 282.《民法典》设立购买价款超级优先权这一条法有哪些意义？

现代商业社会中，以赊购或贷款方式购买生产设备、原材料、半成品、产品等动产的商业活动非常普遍，为保障贷款人的债权，平衡动产抵押担保人之间的利益，《民法典》规定动产价款抵押权优先于其他担保物权（见第341题）。

那么如何持续性地获得融资，以不断扩大生产经营呢？最佳的方式是以现有和将有的生产设备、原材料、半成品、产品向银行设立浮动抵押（《民法典》第三百九十六条），从而获得持续性的贷款。但是，浮动抵押对企业利用设备进行融资有不利影响。

▶▶▶ 283.《民法典》设立购买价款超级优先权这一条法在实践中银行要注意哪些方面呢？

《民法典》第四百一十六条关于动产购买价款抵押担保优先权的规定虽极大地改善了公司、企业融资可能，但我们注意到，在实际应用中也应有限制条件，因此银行在贷款中要注意以下两点。

（1）办理动产的抵押登记。动产购买价款抵押担保优先权的设立是要式行为，不仅需要有效的抵押合同，还需要到中国人民银行征信中心动产融资统一登记公示系统（简称中登统一系统）办理抵押登记，不登记不能设立动产购买价款抵押权；与一般动产抵押权只要具备有效的抵押合同即可设立，不登记只是不能对抗善意第三人的属性不同。

（2）关注时效性。需要在动产交付之日起的 10 日内办理动产购买价款抵押权登记才能实现其优先性，一旦超出 10 日时效登记将失去其优先于（除留置权外）其他担保物权优先受偿的属性。

除《民法典》外，相关法律规定：

（1）最高人民法院关于适用《民法典》有关担保制度的解释第五十七条，担保人在设立动产浮动抵押并办理抵押登记后又购入或者以融资租赁方式承租新的动产，下列权利人为担保价款债权或者租金的实现而订立担保合同，并在该动产交付后 10 日内办理登记，主张其权利优先于在先设立的浮动抵押权的，人民法院应予支持：

①在该动产上设立抵押权或者保留所有权的出卖人；
②为价款支付提供融资而在该动产上设立抵押权的债权人；
③以融资租赁方式出租该动产的出租人。

买受人取得动产但未付清价款或者承租人以融资租赁方式占有租赁物但是未付清全部租金，又以标的物为他人设立担保物权，前款所列权利人为担保价款债权或者租金的实现而订立担保合同，并在该动产交付后 10 日内办理登记，主张其权利优先于买受人为他人设立的担保物权的，人民法院应予支持。

同一动产上存在多个价款优先权的，人民法院应当按照登记的时间先后确定清偿顺序。

（2）《国务院关于实施动产和权利担保统一登记的决定》（国发〔2020〕18 号）

《国务院关于实施动产和权利担保统一登记的决定》（国发〔2020〕18 号）规定，自 2021 年 1 月 1 日起，生产设备、原材料、半成品、产品等动产抵押登记的设立、变更、注销申请，请登录人民银行征信中心动产融资统一登记公示系统办理。

▶▶▶ 284. 同一财产向两个以上债权人抵押的，拍卖、变卖抵押财产所得的价款如何分配？

《民法典》第四百一十四条规定，同一财产向两个以上债权人抵押的，拍卖、变卖抵押财产所得的价款依照下列规定清偿：

（1）抵押权已经登记的，按照登记的时间先后确定清偿顺序；

（2）抵押权已经登记的先于未登记的受偿；

（3）抵押权未登记的，按照债权比例清偿。

其他可以登记的担保物权，清偿顺序参照适用前款规定（见第342题）。

▶▶▶ 285. 拍卖刑事追赃房产，债权人对抵押给银行的房屋能否优先受偿？

根据《最高人民法院关于刑事裁判涉财产部分执行的若干规定》第十三条规定："被执行人在执行中同时承担刑事责任、民事责任，其财产不足以支付的，按照下列顺序执行：（一）人身损害赔偿中的医疗费用；……债权人对执行标的依法享有优先受偿权，其主张优先受偿的，人民法院应当在前款第（一）项规定的医疗费用受偿后，予以支持。"即银行债权人依法享有优先受偿权（见第343题）。

▶▶▶ 286. 债务到期前签订合同财产形式转至债权人，到期不能履行债务，财产是否可以归债权人？

不可以。根据《民法典》第四百零一条（流押）抵押权人在债务履行期限届满前，与抵押人约定债务人不履行到期债务时抵押财产归债权人所有的，只能依法就抵押财产优先受偿。

《民法典》第四百二十八条（流质）质权人在债务履行期限届满前，与出质人约定债务人不履行到期债务时质押财产归债权人所有的，只能依法就质押财产优先受偿。

另外，根据《全国法院民商事审判工作会议纪要》（即《九民纪要》）的规定，债务人或者第三人与债权人订立合同，约定将财产形式上转让至债权人名下，债务人到期清偿债务，债权人将该财产返还给债务人或第三人，债务人到期没有清偿债务，债权人可以对财产拍卖、变卖、折价偿还债权的，人民法院应当认定合同有效。合同如果约定债务人到期没有清偿债务，财产归债权人所有的，人民法院应当认定该部分约定无效，但不影响合同其他部分的效力。

当事人根据上述合同约定，已经完成财产权利变动的公示，财产转让至债权人名下，债务人到期没有清偿债务，债权人请求确认财产归其所有的，人民法院不予支持，但债权人请求参照法律关于担保物权的规定对财产拍卖、变卖、折价优先偿还其债权的，人民法院依法予以支持。债务人因到期没有清偿债务，请求对该财产拍卖、变卖、折价偿还所欠债权人合同项下债务的，人民法院亦应依法予以支持。

根据以上法律规定，财产出售价款还债可以；但财产不能归债权人。

▶▶ 287. 以物抵债在《民法典》颁布后出现了哪些值得注意的风险？

债权人和债务人之间存在金钱债务，双方约定以特定物替代原金钱债务的清偿，实务上，一般将该种替代履行债务的方式称为以物抵债。以物抵债是不良资产处置的常用手段之一，已经是比较成熟的业务了，但是实践中出现很多未能准确理解法律条款，因而导致抵债目的落空、债权人权利无法得到保障的情形。与此同时，在《民法典》颁布后，有四个方面需要重点关注。

（1）清偿期届满前和届满后签订的以物抵债合同效力不同。

（2）以物抵债合同签订后未及时转移权属存在一定风险。

（3）抵债资产上存在其他权利负担的风险。

（4）抵债资产处置时限存在风险。

在使用以物抵债方式处置不良资产时，应充分注意以物抵债合同的签订方式、抵债物上是否有其他权属、抵债物的流动性等；合同签订后应及时办理所有权转移手续；取得资产后应尽快处置等，从而保证以物抵债目的的实现。

▶▶ 288. 为什么清偿期届满前和届满后签订的以物抵债合同效力不同？

双方以合同形式约定以物抵债，在清偿期届满前和届满后签订，其法律效力不同。我国法律在很长的一段时间内并没有承认以物抵债合同的诺成性（诺成主要指当事人只要达成意思表示一致就可以，不需要交付任何标的物）。最高法在（2011）民提字第210号案例认为是实践合同，以动产交付或不动产过户为生效条件；反之不生效。2015年后，最高法的观点逐步倾向于诺成合同立场，以双方意思表示一致作为合同生效条件。2018年12月的《最高人民法院民事审判第二庭法官会议纪要》认为，我国法律没有规定代物清偿制度，在当事人对合同的成立没有特别约定的情况下，应当承认其诺成性，自双方意思表达一致时成立，不以债务人交付抵债资产为合同成立要件。

▶▶ 289. 为什么法律规定清偿期届满后，以物抵债合同有效？

在《全国法院民商事审判工作会议纪要》（即《九民纪要》）之前，对以物抵债是实践合同还是诺诚合同一直没有定论。对以物抵债合同效力进一步的确认和细分，体现在《九民纪要》中，文件将以物抵债分为债务清偿期届满后的以物抵债及清偿期届满前的以物抵债两类。对清偿期届满后的以物抵债，《九民纪要》第44条规定，"当事人在债务履行期限届满后达成以物抵债协议，抵债资产尚未交付债权人，债权人请求债务人交付的，人民法院要着重审查以物抵债协议是否存在恶意损害第三人合法权益等情形，避免虚假诉讼的发生。经审查，不存在以上情况，且无其他无效事由的，人民法院依法予以支持。"该条文中，最高法对清偿期届满后的以物抵债合同效力予以了认可，只要不存在恶意损害第三人合法权益和虚假诉讼的情形，则承认合同的诺成性，承认该类合同有效。

▶▶▶ 290. 为什么清偿期届满前，以物抵债合同须做特别解释？

《九民纪要》第45条规定，当事人在债务履行期届满前达成以物抵债协议，抵债资产尚未交付债权人，债权人请求债务人交付的，人民法院应当向其释明，根据原债权债务关系提起诉讼。经释明后当事人仍拒绝变更诉讼请求的，应当驳回其诉讼请求，但不影响其根据原债权债务关系另行提起诉讼。

此外，《民法典》第四百零一条和第四百二十八条分别规定了流押、流质条款的效力。流押、流质条款指权利人在债务履行期限届满前，与抵押人/出质人约定债务人不履行到期债务时抵押资产/质押资产归债权人所有。对此类条款的效力，《民法典》未予认可。主要原因是，实践中抵押物价值往往远高于债务人的负债额，如果该类流押、流质条款有效，会使抵押人/出质人的利益得不到保障，以较大价值的资产偿还了较少的债务，并且可能会出现以虚假借贷关系进行利益输送，甚至行贿、洗钱等行为。当然，也有相反的情况，即债务人以欺骗手段，隐瞒资产的瑕疵，如果该类流押、流质条款有效，同样会使债权人利益受损。因此，《民法典》规定即便债务人和抵押人/出质人在债务履行期届满前约定了债务人不履行到期债务时抵押资产/质押资产归债权人所有，法律也不保护该条款。

《民法典》虽然不承认流押、流质条款的有效性，但是承认了其抵押性、质押性，规定了债权人可以依法就该资产优先受偿，但没有请求债务人交付或者办理过户登记的权利，更不能取得所有权。需要特别说明的是，条文规定的"依法"优先受偿，并不是必然的优先受偿，应该根据法律规定，按照抵押物、质押物的清偿顺序，符合优先受偿条件才能优先受偿。《九民纪要》里规定了能否优先受偿是以动产是否交付、不动产是否已经办理了过户手续作为判断条件；如果没有办理交付或者过户登记，仍然不能保证优先受偿权的实现。

因此,债权人在签订清偿期届满前以物抵债合同后,为了保证优先受偿权的顺利实现,应该遵循物权法定的原则,对动产完成交付手续、不动产办理过户登记手续。

以上阐明的清偿期届满前和届满后签订的以物抵债合同效力的不同的规定应当引起银行方面的重视,防止由此导致的银行利益的损失。

▶▶▶ 291. 诺成合同(诺成性)的法律含义是什么?

诺成合同是指仅以当事人意思表示一致为成立要件的合同。诺成合同自当事人双方意思表示一致时即可成立,不以一方交付标的物为合同的成立要件,当事人交付标的物属于履行合同,而与合同的成立无关。

《民法典》第四百七十二条规定,要约是希望与他人订立合同的意思表示,该意思表示应当符合下列条件:(1)内容具体确定;(2)表明经受要约人承诺,要约人即受该意思表示约束。

《民法典》第四百七十一条规定,当事人订立合同,可以采取要约、承诺方式或者其他方式。

▶▶▶ 292. 为什么以物抵债合同签订后未及时转移权属存在风险?

银行、金融资产管理公司等债权人在和债务人签订了以物抵债合同后,往往因权属变更涉及高额税费和烦琐的手续,实务中在签订合同后暂不办理资产过户手续,而是在找到合适的卖家后直接将资产从债务人过户到卖家名下。事实上,我国民法遵从"物债二分"规则,以物抵债合同生效仅代表了合同之"债"的生效,并不代表已经取得了抵债资产的"物"权。合同签订后不及时办理所有权转移手续意味着没有取得该资产的所有权,因此,存在很大的法律风险。

《民法典》第二百零九条和第二百二十四条分别规定了不动产和动产的物权取得,第二百零九条规定:"不动产物权的设立、变更、转让和消灭,经依法登记,发生效力;未经登记,不发生效力,但是法律另有规定除外。"第二百二十四条规定:"动产物权的设立和转让,自交付时发生效力,但是法律另有规定的除外。"

由此可见,银行、资产管理公司等和债务人的以物抵债合同生效后,并未取得该资产的所有权。银行等债权人应该审记!不动产的所有权取得以办理过户手续为要件;动产所有权的取得以交付为要件。因此,在签订以物抵债合同后应及时办理所有权转移手续。未转移所有权的，如果债务人将资产卖出，或者资产被其他债务人申请法院查封，银行、资产管理公司将面临合同签订后抵债资产被变卖的风险和合同签订后抵债资产被法院查封的风险，银行和资产管理公司的权益将无法得到保护。

▶▶ 293. 为什么协议抵债合同签订后抵债资产有被变卖的风险？

协议抵债合同签订后不及时转移所有权，客户仍然是所有权人，有权对资产进行处置、变卖。实务中，曾经发生过某银行在客户以货物作为抵债资产后，由于没有仓储条件，便仍然存放于该客户的仓库中，结果抵债资产被客户变卖。银行诉诸法院后，法官根据物权法的有关规定，认定银行和该客户之间的以物抵债协议虽然有效，但是双方并没有完成现实的交付，因此银行没有取得该货物的所有权；该客户处置和变卖抵债资产系有权处分。银行败诉，抵债目的落空。

▶▶ 294. 为什么协议抵债合同签订后抵债资产存在被法院查封的风险？

协议抵债合同签订后不及时办理所有权转移手续，如果抵债资产被法院查封，则可能导致资产变现困难，甚至无法行使优先权。某股份制银行在和客户签订了商品房以物抵债合同后，因未及时办理过户，该房产被客户的其他债权人申请法院查封拍卖。银行认为自己的以物抵债合同在先，遂以该合同提起执行异议。法院认为，根据"物债二分"原则，商品房所有权的取得应以办理过户手续为要件，抵债合同成立不代表银行取得了该商品房的所有权，因此该合同无法排除法院的强制执行。这一裁决导致银行对抵债资产的权利丧失。

因此，在协议抵债合同签订后，银行、金融资产管理公司等应尽快办理交付、登记等权属过户手续，确保物权的取得，从而保证抵债目的的实现。

▶▶ 295. 抵债资产上为什么还有其他抵押人存在的风险？

债务人对同一资产，尤其是不动产，往往设立几个抵押人，或者是资产本身已经租赁给其他人使用。因此，抵债资产上常有抵押人、承租人等权利人的存在，《民法典》生效后可能还会有居住权人。这些附着的权利会对抵债资产的变现价值大小、变现难度都产生较大的影响，并可能延误资产处置。因此，必须引起银行的注意。

在《民法典》颁布前,法律规定抵押物买卖要经抵押权人同意。实践中,如果所有人需要出卖抵押物,抵押权人一般会要求其先偿还贷款;买受人一般也会要求其先解除抵押再办理买卖过户手续。《民法典》的颁布修改了这一规定,抵押物买卖不再需要抵押权人同意,但是应当及时通知抵押权人。

这一规定无疑有利于债务人,例如,债务人公司的财产抵押后,因生产经营需要转让抵押财产的,可以转让,只需及时通知抵押权人即可。这一规定有利于债务人盘活资产,提高资产的利用效率,确保企业的持续经营。

但是该条款对受让人和抵押权人却是不利的,增加了受让人和抵押权人的风险。一是对于抵押权人而言,须关注抵押物的状态,审慎衡量抵押财产转让是否会损害抵押权或者减损抵押物价值,如果认为抵押权得不到充分保障,有权要求债务人提前还款;二是对于资产受让人而言,在受让前需先核实受让财产是否设有抵押权,如有抵押权则需谨慎衡量受让财产的价值和未来风险。尽管附着抵押权的资产可以以较低的价格取得,一旦抵押权人申请法院查封或者要实现抵押权,会使买受人无法正常使用该资产,与此同时,为保有该资产可能会支付高额的价格来涤除抵押权。

▶▶▶ 296. 为什么要关注未通知承租人引发的法律风险?

《民法典》第七百二十六条规定了房屋承租人的优先购买权,"出租人出卖租赁房屋的,应当在出卖之前合理期限内通知承租人,承租人享有以同等条件优先购买的权利;但是,房屋按份共有人行使优先购买权或者出租人将房屋出卖给近亲属的除外。"

银行和金融资产管理公司在处置抵债资产的过程中如果不事先通知承租人,而是直接处置、出售抵债资产,会侵害承租人的优先购买权,如果被承租人起诉,会导致抵债资产处置被延误,抵债资产处置难度加大,使原本谈妥的买受人放弃买受,甚至可能对买受人产生违约。

▶▶▶ 297. 抵债资产上设立了居住权需要注意哪些事项?

《民法典》首次在法律上创设了"居住权",根据民法典的规定,房屋所有权人可以在房屋上为其他人设立居住权,居住权自登记时设立。拥有居住权的人可以对他人的住宅享有占有、使用的用益物权。居住权的消灭自居住权期限届满或者居住权人死亡时消灭。

按照该规定,居住权设立后房屋即便发生了买卖,居住权人仍有权继续居住,直至权利人死亡或者居住权期限届满。银行或者资产管理公司应该认识到该权利的设置会减损抵债资产的价值和增加变现难度。对设立了居住权的房屋，即便是法院强制执行也只能拍卖或者变卖该房屋的所有权，仍要为居住权人保留其居住权。居住权的保留会增加拍卖难度，影响拍卖价格，买家也会有所顾虑。因此，银行或者金融资产管理公司在接受抵债资产时应充分注意该资产上是否设立了居住权，从而审慎评估抵债资产价值和流动性。

▶▶▶ 298. 为什么银行必须关注抵债资产处置时限风险？

银行在实施抵债时要特别关注抵债资产处置时限风险。

抵债资产处置时限风险主要集中于银行，对金融资产管理公司而言，尚未有法律法规对其处置抵债资产的时限做出明确规定。《金融资产管理公司资产处置管理办法》第三十三条规定，"应尽可能及时办理过户手续，并按资产处置程序和回收最大化原则，择机变现，不得故意拖延或者违规自用。"

《银行抵债资产管理办法》第十八条规定，"抵债协议书生效日，或法院、仲裁机构裁决抵债的终结裁决书生效日，为抵债资产取得日，不动产和股权应自取得日其2年内予以处置；除股权外的其他权利应在有效期内尽快处置，最长不得超过自取得日起的2年；动产应自取得日起1年内予以处置。"此外，还规定抵债资产收取后原则上不能对外出租、银行不得擅自使用抵债资产。因此，银行在接受以物抵债方案时，应充分把握抵债资产的流动性，优先选择易短期变现的抵债资产。

▶▶▶ 299.《民法典》实施后以物抵债房产无法过户该如何处理？

银行将以物抵债房产售卖后房产部门不给过户是实务中遇到的一个现实问题。解决的办法分两种情况，一是如果该套抵债房已经在房产交易管理部门备案了，那就需要等房子办完产权证后，走二手房交易过户手续，这种情况相对比较简单，安全性比较高。要注意的是此种情况，房屋买卖合同应与债权人签订。

二是如果该套抵债房还未备案，虽然抵债房由开发商抵押给了债权公司一方，但房子的产权仍属于开发商。因此买家要购买抵债房，就必须与开发商签订购房合同，而与债权公司签订的购房合同是无效的。

《民法典》第四百九十三条规定，拍卖成交或者依法定程序裁定以物抵债的，标的物所有权自拍卖成交裁定或者抵债裁定送达买受人或者接受抵债物的债权人时转移。

《不动产登记暂行条例》（自2015年3月1日起施行。根据2019年3月24

日国务院令710号《国务院关于修改部分行政法规的决定》修订）第十四条规定，因买卖、设定抵押权等申请不动产登记的，应当由当事人双方共同申请。

属于下列情形之一的，可以由当事人单方申请：

（1）尚未登记的不动产首次申请登记的。

（2）继承、接受遗赠取得不动产权利的。

（3）人民法院、仲裁委员会生效的法律文书或者人民政府生效的决定等设立、变更、转让、消灭不动产权利的。

（4）权利人姓名、名称或者自然状况发生变化，申请变更登记的。

（5）不动产灭失或者权利人放弃不动产权利，申请注销登记的。

（6）申请更正登记或者异议登记的。

（7）法律、行政法规规定可以由当事人单方申请的其他情形。

▶▶▶ 300. 以物抵债协议达成后，债权人未实际受领抵债物，该债权人主张对抵债物排除强制执行能否被支持？

实务中银行在以物抵债协议达成后，债权人未实际受领抵债物，债务人与第三人发生纠纷之后，法院应第三人请求查封了已经抵债的抵押物，该债权人主张对抵债物排除强制执行。但是，案涉抵押物（如房屋）并不存在无法办理产权过户登记的情形，系债权人自身原因未办理过户登记，故不能排除强制执行（案例见第344题）。

第十三章　抵押物面临的若干重要法律问题

▶▶▶ 301. 房屋作为抵押物被恶意租赁，如何防止抵押权贬值？

要解决抵押物被恶意租赁的情况，我们以房屋抵押物为例，需要了解和解决三个问题。一是抵押物租赁是否合法；二是什么是恶意租赁；三是如何防止抵押权贬值。

▶▶▶ 302. 房屋作为抵押物租赁是否合法？

抵押物房屋在抵押期间租赁是否合法。分为两种情况，即租赁发生在抵押前和抵押后。

第一种情况，租赁发生在抵押前，根据《民法典》第四百零五条规定，抵押权设立前，抵押财产已经出租并转移占有的，原租赁关系不受该抵押权的影响。也就是说在抵押前已经租赁的原租赁关系不受该抵押权的影响，是合法有效的。

第二种情况，租赁发生在抵押后，根据《民法典》第四百零六条第一款的规定，抵押期间，抵押人可以转让抵押财产。当事人另有约定的，按照其约定。抵押财产转让的，抵押权不受影响。也就是说，房屋抵押后能够出租。根据我国《民法典》等法律规定，抵押是一种债权担保的方式，债务人或第三人并没转移对抵押物的占有，抵押权只是就抵押物的变价优先受偿的权利，抵押人仍对抵押的房产拥有所有权。

但是，《民法典》第四百零六条第二款还规定，抵押人转让抵押财产的，应当及时通知抵押权人。抵押权人能够证明抵押财产转让可能损害抵押权的，可以请求抵押人将转让所得的价款向抵押权人提前清偿债务或者提存。转让的价款超过债权数额的部分归抵押人所有，不足部分由债务人清偿。

根据该规定，第一，必须通知抵押权人；第二，转让行为如果可能损害抵押权的，要将所得价款提前清偿债务或者提存。

▶▶▶ 303. 恶意虚假租赁有哪些共性？

当事人设置虚假租赁的目的是利用有"租赁关系"加大抵押物（查封物）的处置难度，逼迫债权人让步从而同意减免债务或给予宽松的还债条件。

中篇　银行抵债资产收取、保管、处置的风险陷阱与化解方法

恶意虚假租赁存在以下四点共性。

（1）利用低租金长期廉价使用抵押物（查封物）从而牟利。

（2）利用有"租赁关系"减损抵押物（查封物）的处置价格；当法院拍卖时令自己（或关联人）有机会低价竞买从中牟利。

（3）异议人霸占涉案物业，趁机高价索取抵押物（查封物）的装修补偿款、搬迁补偿款等不当利益。

（4）被执行人想个别"关照"其中一个债权人，或后者逼迫被执行人配合办理虚假租赁，采取"以租抵债"的方式抵销债务。

▶▶▶ 304. 买卖不破租赁规则下恶意租约为何不合法？

根据《最高人民法院关于审理城镇房屋租赁合同纠纷案件具体应用法律若干问题的解释》（法释〔2009〕11号）第20条规定，房屋先抵后租被排除在"买卖不破租赁"规则之外，即此种情形下买卖可击破租赁。

《民法典》第一百五十四条规定，行为人与相对人恶意串通，损害他人合法权益的民事法律行为无效。即恶意租约不合法，也是无效的。

▶▶▶ 305. 如何防止在恶意租赁的情况下抵押权贬值？

理论上无论抵押人将房屋正常租赁还是恶意租赁都不会影响抵押权，即财产处置后的优先受偿权。但是，恶意租赁对银行的抵押权的价值会产生负面影响，使银行抵押权的价值降低，使抵押物变现难以覆盖债权，造成银行的实际损失。同时，在抵押物变现时还会带来许多意想不到的问题，致使抵押物难以变现。

保证抵押权的价值不贬值，需要做到以下三点。

（1）提起诉讼，维持抵押物价值之请求权。

在经济活动中，银行会遇到债务人在抵押物被抵押后，采取租赁合同期限超长、承租人损坏抵押物等行为，这是恶意租赁行为，必须采取措施进行对抗。尽快向法院提起诉讼，维持抵押物价值之请求权。

（2）发现利益可能受损，及时伸张权利。即抵押人在转让抵押财产对抵押权人利益有损害的情况下，抵押权人要及时伸张权利。

《民法典》第四百零六条第二款规定，抵押人转让抵押财产的，应当及时通知抵押权人。抵押权人能够证明抵押财产转让可能损害抵押权的，可以请求抵押人将转让所得的价款向抵押权人提前清偿债务或者提存。转让的价款超过债权数额的部分归抵押人所有，不足部分由债务人清偿。

（3）对于恶意租赁，抵押权人可请求法院确认租赁合同无效。

根据《民法典》第一百五十四条的规定，行为人与相对人恶意串通，损害他人合法权益的民事法律行为无效。

▶▶▶ 306. 抵押物突遇恶意租赁，银行在请求法律援助时应该抓住什么关键点？

近些年，商业银行在处置不良贷款的过程中屡屡发现抵押物突遇恶意租赁，不少被执行人串通案外人虚构租赁关系以此对抗强制执行。银行应牢牢把握住"承租人占有使用该不动产的行为发生在后"这个关键点，提前做好应对措施，防范恶意租赁风险（案例见第345题）。

对于承租人以享有租赁权为由，主张拍卖不破租赁的，江苏省高院印发了《关于执行不动产时承租人主张租赁权的若干问题解答》（以下简称《解答》），做了专门的说明，对银行针对性地强化信贷管理，防范恶意租赁风险具有重要的实践指导价值。

《解答》指出，被执行人与承租人在申请执行人设立抵押权、法院查封之前已签订合法有效的书面租赁合同并由承租人占有使用该不动产的，承租人取得了该不动产的租赁权，法院在租赁期内带租拍卖。但申请执行人有证据证明，被执行人与承租人之间恶意串通，以明显不合理的低价租赁，或伪造交付租金证据的，适用《最高人民法院关于办理执行异议和复议案件若干问题的规定》第31条第2款规定处理，即对其提出的阻止移交占有的请求，人民法院不予支持。

《解答》同时指出，承租人在申请执行人设立抵押权、法院查封之后占有使用该不动产的，无论被执行人与承租人订立的租赁合同在申请执行人设立抵押权、法院查封之前或之后，只要承租人在申请执行人设立抵押权、法院查封之后占有使用该不动产的，法院根据申请执行人的申请或依职权裁定除去租赁关系后拍卖该不动产。

综合《解答》规定，判定承租人占有使用该不动产的行为发生在申请执行人设立抵押权、法院查封之前或之后，银行举证实现债权的难易程度截然不同。如果承租人占有使用该不动产的行为在前，则银行可能面临着被执行人与承租人之间恶意串通等举证责任；如果承租人占有使用该不动产的行为发生在后，银行的举证责任大大减轻，法院可申请执行人的申请或依职权裁定除去租赁关系后拍卖该不动产。

▶▶ 307. 银行面对恶意租赁风险，需要提前做好哪些应对措施？

银行如何面对恶意租赁风险，可以借鉴江苏省高院颁布的《解答》中的有关规定。这个规定对于银行防范恶意租赁风险，有重要的指导意义。其核心就是在请求法律援助时，应牢牢把握住"承租人占有使用该不动产的行为发生在后"这个关键点，提前做好应对措施。一是设立抵押权时，不动产已经租赁的，可与抵押人、承租人协商，取得承租人放弃优先购买权，便于不动产顺利拍卖。二是无法判定不动产是否租赁的，可要求客户主动向银行出具抵押物未出租，也未签订任何租赁协议等任何限制抵押物处分的确认书。三是要求出租或处分抵押物时，客户需事先书面通知银行并征得银行同意，并事先将抵押给银行的事项告知承租人或其他涉及抵押物权利的相关人员。四是在此过程中，可针对性地采取技术手段固定证据，证明设立抵押权、法院查封之前，该不动产无租赁，或者即使存在租赁关系，但承租人未占用使用该不动产。同时，在执行程序中可建议法院对承租情况予以核查并公示，一旦在拍卖程序中遇到恶意租赁的情形，均可作为证据使用。

▶▶ 308. 关于买卖不破租赁原则的例外情况有哪些？

买卖不破租赁有四种例外情况分别是动产租赁、不动产抵押设定、查封的不动产、破产财产。以上四种情况，不适用于买卖不破租赁的，应根据相关法律规定，对相关情况进行合法的认定和处理。

（1）动产租赁的限制适用。从买卖不破租赁原则产生的历史条件及各国立法规定来看，该原则不适用于动产租赁。

（2）在不动产抵押权之上设定的租赁关系的限制适用。《民法典》第七百二十五条规定，租赁物在承租人按照租赁合同占有期限内发生所有权变动的，不影响租赁合同的效力。

《民法典》第七百二十八条规定，出租人未通知承租人或者有其他妨害承租人行使优先购买权情形的，承租人可以请求出租人承担赔偿责任。但是，出租人与第三人订立的房屋买卖合同的效力不受影响。

（3）在人民法院查封的不动产之上设定的租赁关系的限制适用。查封是指人民法院执行人员将作为执行对象的财产加贴封条予以封存，禁止被执行人转移或处分的措施，体现了国家公权对私权的干预和救济。

（4）破产财产处理过程中的限制适用。破产企业的房屋建筑作为破产财产，必然要进行拍卖或变卖，所有权肯定会发生变化；以出让或转让方式取得的土地使用权也属于破产财产，其权属同样会发生变化。

309. 抵押物被查封，如何去法院伸张权利？

这是抵押物优先受偿权与法院执行权的冲突问题。

2012年3月，浙江省高级人民法院执行局发布了《关于印发〈关于多个债权人制同被执行人申请执行和执行昇议以处理中若干疑难问题的解答〉的通知》，该通知规定：

（一）被执行人已设定抵押的财产被执行普通债权的法院在先查封，如果抵押产的价值等于或低于抵押债权额的，在先查封法院应将抵押财产的处分权移交给执行抵押权的法院。在先查制法院不同意移交的，执行押权的法院可以报请其与在先查封法院的共同上级法院协调处理。

（二）被执行人已设定抵押的财产被执行普通债权的法院在先查封，该财产的价值高于抵押债权额，但行普通债权的法院怠于处分，或者其他当事人已执行和解等为由要求暂不处分财产的，执行抵狲债的法院可以请其与在先查封法院的共同上级法院协调处理，要求移转抵押财处置权。

（三）在先查封为财产保全，但案件尚未审结，或虽已审结但债权人怠于申请执行，而其他涉及同一被执行人的案件亟待执行的，首先进入终局执行的法院可以报请其与在先查封法院的共同上级法院，决定由首先进入终第局执行的法院处置财产并主持分配。对于财产保全申请人诉讼中的债权，分配法院应当按照其讼请求数额算出可分得的款项予以留存，视诉讼结果做出相应的处理。

该办法同时还规定，对执行标的物享有优先权的债权人，即使未取得执行依据，其申请参与分配程序，主张优先受偿的，应当允许。对该优先权存在与否及其数额，由主持分配法院的执行机构审查认定。对于符合形式要件的优先权，原则上可予认定。

综上，各地银行应加强与当地法院联系，可参照浙江法院执行局的通知执行。

310. 最高法院对首先查封给优先债权实现产生的负面影响采取了哪些措施？

《最高人民法院关于首先查封法院与优先债权执行法院处分查封财产有关问题的批复（2015）》和《最高人民法院关于人民法院办理财产保全案件若干问题的规定（2016）》分别规定了首封法院向优先债权法院或轮候法院移送查封财产处置权的不同情况。

（1）首封法院与优先债权执行法院间关于查封财产处置权的协调。

首先查封之日起已超过60日的，优先债权执行法院可以要求将该查封财产移送执行。

（2）首封法院与已进入执行程序的轮候法院间关于查封财产处置权的协调。

保全法院在首先采取查封、扣押、冻结措施后超过一年未对被保全财产进行处分的，除被保全财产系争议标的外，在先轮候查封、扣押、冻结的执行法院可以商请保全法院将被保全财产移送执行。

▶▶▶ 311. 抵押物被拆迁，补偿款归谁所有？

《国有土地上房屋征收与补偿条例》第二条规定，为了公共利益的需要，征收国有土地上单位、个人的房屋，应当对被征收房屋所有权人给予公平补偿。根据该条法律规定，即使房屋抵押给银行了，抵押人（房主）依然是房屋的所有权人，房屋征收拆迁补偿款依然是补偿给房屋抵押人（房主），也就是房屋的所有权人。

▶▶▶ 312. 房屋拆迁后抵押权会随之消失吗？

房屋拆迁后，抵押权不会随着房屋拆迁而消失。如果抵押权会随着拆迁而消失，也就没人再敢接受用房子作为抵押了。房屋拆迁后，原有的抵押关系处理方法如下：

（1）债务人提前清偿，解除担保。抵押权人（放款方）对于被征收方获得的补偿具有优先受偿权，根据《民法典》物权编的相关规定可知，在抵押期间，抵押财产毁损、灭失或者被征收等，抵押权人（放款方）可以就获得的保险金、赔偿金或者补偿金等优先受偿。因此在抵押房屋被征收的，抵押权人（放款方）可要求优先受偿权。

（2）重新设定担保财产。《城市房地产抵押管理办法》第38条规定，因国家建设需要，将已设定抵押权的房地产列入拆迁范围的，抵押双方可以重新设定抵押房地产。因此，为了继续履行原借款合同，抵押权人（放款方）可以要求抵押人（房主）提供其他合适的担保物，且新担保物的价值需要足以保障主债权。

值得注意的是，如果抵押人（房主）选择的房屋拆迁补偿形式是产权调换，那么抵押权人（放款方）需要和抵押人（房主）重新签署新的抵押协议。因为被拆迁房产和置换后的房产属于两个不同且独立的物，在原房产上设立的抵押权的效力范围无法及于置换后的房产。为了确保抵押权人（放款方）可以对抵押人（房主）产权置换的房屋享有优先受偿权，抵押权人必须要与抵押人（房主）就拆迁补偿所得房产为主债权重新设定抵押权且签订新的抵押协议。

▶▶▶ 313. 抵押物被拆迁，银行有哪些处理方法？

拆迁部门的一般做法是：(1) 直接将补偿款给房屋权属人。(2) 另外异地补偿其他房产。这两种处理方法都可能造成银行抵押权悬空。

《民法典》第三百九十条规定，担保期间，担保财产毁损、灭失或者被征收等，担保物权人可以就获得的保险金、赔偿金或者补偿金等优先受偿。被担保债权的履行期限未届满的，也可以提存该保险金、赔偿金或者补偿金等。

拆除设有抵押权的房屋属于担保财产灭失情况，根据以上法律规定，抵押权人有权获得补偿（补偿资金或者补偿的其他房产）。当然，抵押权人与抵押人如果协商一致更换抵押物的，应当是最好的解决方案。

银行可以有以下方法处理拆迁遇到的问题。(1) 在债务人、拆迁部门告知抵押物被拆迁的情况下，银行与债务人协商更换抵押物。(2) 在银行不知情，抵押物已经被拆迁的情况下，请求法院对补偿价款优先受偿或者补偿的其他房屋。因此，银行应加强对抵押物的跟踪管理。具体处理方法包括：(1) 对抵押物定期实地查看，确认是否被拆迁。(2) 提前告知拆迁部门信息，书面要求将拟发放的补偿款等支付到银行指定账户。(3) 要求债务人提供其他足额担保。

▶▶▶ 314. 抵押物延续登记，会产生什么风险？

银行在办理贷款借新还旧、更换贷款品种等时，需要延续同一抵押物的抵押，在登记机关登记时，会产生以下风险。

(1) 抵押人故意制造情况，导致抵押物被法院查封或者被第三人主张权利。

(2) 登记机关的操作失误，银行审查不严，导致抵押权丧失。

▶▶▶ 315. 房产抵押登记的时限有什么规定？

房产抵押登记受地方办理时限的影响，存在抵押物悬空风险。下面具体介绍落实抵押担保的流程和地方办理的时限：

(1) 撤销房产抵押登记：办理时间一般为当日。

中篇　银行抵债资产收取、保管、处置的风险陷阱与化解方法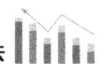

（2）撤销土地抵押登记：办理时间为 5 个工作日。

（3）办理房产抵押登记：办理时间为 5 个工作日，颁发房产他项权利证。

（4）办理土地抵押登记：办理时间为 10 个工作日，颁发土地他项权利证。

▶▶▶ 316. 银行在延续登记时怎样防止抵押物悬空风险？

银行在给客户办理借新还旧、延长贷款期限等业务时，必须重新办理抵押登记。银行从撤销房产、土地抵押起至办理完房产、土地新的抵押登记止，这段时间贷款的抵押物处于悬空状态。即原贷款的抵押物已被撤销，新的抵押担保尚未建立，原贷款在此期间由抵押贷款变为了信用贷款，抵押担保下借新还旧的风险即在此阶段产生。从银行办理的情况看，借新还旧业务中抵押物悬空状态至少要持续一个月左右，而一般情况下，地方管理部门在业务办理期间都会发现问题或受其他不确定因素，使抵押物悬空状态持续时间更长。

为了防止抵押物悬空风险，银行可以采取以下两种办法（案例见第 346 题）。

一是预告登记。预告登记是为保全一项以将来发生房产物权变动为目的的请求权。《民法典》第二百二十一条规定，当事人签订买卖房屋的协议或者签订其他不动产物权的协议，为保障将来实现物权，按照约定可以向登记机构申请预告登记。预告登记后，未经预告登记的权利人同意，处分该不动产的，不发生物权效力。

二是设置阶段性担保。

▶▶▶ 317. 所抵押的土地未满足转让条件，在实现抵押权时存在法律障碍怎么办？

一般情况下，开发企业通过出让方式获得土地使用权。根据《城市房地产管理法》第三十九条规定："以出让方式取得土地使用权作抵押的，借款人必须按照出让合同约定已经支付全部土地使用权出让金，并取得土地使用权证书；按照出让合同约定进行投资开发，属于房屋建设工程的，完成开发投资总额的 25% 以上，若属于成片开发土地的，形成工业用地或者其他建设用地条件。

如果抵押物不符合以上法定的转让条件，在实现抵押权时存在法律障碍。所以，银行在进行土地抵押时要查清是否存在以上问题，避免出现麻烦。

▶▶▶ 318. 银行如何确认委托第三方监管的质押货物已实现质权人的有效控制？

（1）目前，很多银行都在开展货物质押业务。所谓货物质押业务是企业为补充生产经营中的流动资金需求，以自有（或第三方所有）货物为质押物，向金融机构申请贷款或以银行承兑汇票等授信业务提供支持。质押物应存放至金融机构认可的仓库或场地，一般由银行委托的物流企业进行监管并承担监管责任。如债务人不履行债务时或发生当事人约定的实现质权的情形时，债权人有权就质押货物优先受偿。

（2）在货物质押业务中，银行等质权人通常会委托第三方物流企业对质押货物进行监管，因此通常会涉及三个主体：银行等质权人、物流企业、出质人。

按照《民法典》第四百二十九条的规定，质权自出质人交付质押财产时设立。因此，交付环节在货物质押业务中是一个关键环节，质物交付是质权设立的必备条件，设定质权时，要求通过法定给付行为将质物转移给质权人有效控制，故判断质权是否依法设立的前提是审查质物是否已依法交付，实现质权人的有效控制。而质权人是否对质押货物进行了有效控制需要结合个案进行判断。

▶▶▶ 319. 不动产抵押权未办理抵押登记，就是"废纸一张"吗？

不动产抵押权虽未办理抵押登记，但是，抵押人也要承担连带清偿责任，无法享受优先受偿的权利。实务中银行应注意的事项如下：

（1）不动产抵押合同签订后应该及时办理登记。

（2）未办理登记的抵押合同，但是，满足合同约定、法定的实现抵押物的条件时，抵押权人应当在请求保全债务人相关财产的同时，申请保全抵押物。在抵押物已经被抵押人转让时，可申请在抵押物价值的范围内保全抵押人的其他财产。以此来确保未来申请执行时的优先顺位，间接达到近似于有抵押权存在的法律效果。

（3）一项法律行为（如合同、承诺书等）无效或者不能发生当事人预设的法律效果，并不当然就是"废纸一张"，而是可以转换为与之相似相近的法律行为，并以此为基础确定双方当事人的权利义务关系。

▶▶▶ 320. 所抵押的建筑物因工程款优先受偿权所导致难受偿风险怎么办？

在项目实施中，普遍存在开发商总包而将工程发包给施工企业的现象。

中篇　银行抵债资产收取、保管、处置的风险陷阱与化解方法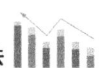

最高人民法院司法条文解释已经认定了建筑工程的承包人的优先受偿权优于抵押权和其他债权。如果开发商与承包人联手虚构工程款情况，企图逃废银行债务，则银行的抵押权将受到削减和危害。

在实际工作中银行应注意：①定期检查开发商与建筑工程的承包人工程款的真实性。②如果发现开发商故意拖欠建筑工程的承包人的工程款，应该立即要求开发商更换抵押物，或者要求提前还款。

▶▶▶ 321. 抵押权优先权与税收优先权冲突，银行应如何处理？

《税收征收管理办法》第四十五条规定："纳税人欠缴的税款发生在纳税人以其财产设定抵押、质押或者纳税人的财产被留置之前的，纳税应当先于抵押权、质权、留置权执行"。该规定明确了国家税收具有优先受偿权，优于抵押权和质权，属于法定优先权。如果开发商在以开发项目占用范围内的土地使用权或在建工程提供抵押之前已经拖欠税款的，税务机关有权先于商业银行进行处置并就处置价款优先受偿，收税后的剩余部分，商业银行才可受偿。银行抵押时要查清抵押人是否欠缴税款。

▶▶▶ 322. 银行在债务人抵债前已经将房屋租赁怎么办？

房屋所有人将房屋租赁给他人，其后又抵押给银行，在这种情况下，抵押是有效的。但是，如果债务人不能按期归还银行贷款，在处置抵押物还债的时候就会产生一些问题。这就遇到了"买卖不破租赁"的问题。

▶▶▶ 323. 为什么买卖不破租赁会引出抵押权与租赁权谁优先的问题？

所谓买卖不破租赁，即在租赁关系存续期间，即使所有权人将租赁物让与他人，对租赁关系也不产生任何影响，承受人不能以其已成为租赁物的所有人为由否认原租赁关系的存在并要求承租人返还租赁物。这也是抵押权与租赁权谁优先的问题。

根据《民法典》第七百二十五条的规定，租赁物在承租人按照租赁合同占有期限内发生所有权变动的，不影响租赁合同的效力。

《民法典》第七百二十六条的规定，出租人出卖租赁房屋的，应当在出卖之前的合理期限内通知承租人，承租人享有以同等条件优先购买的权利。但是，房屋按份共有人行使优先购买权或者出租人将房屋出卖给近亲属的除外。出租人履行通知义务后，承租人在15日内未明确表示购买的，视为承租人放弃优先购买权。

抵押权作为担保物权，抵押权设定后，当债务人不履行债务或者发生当事人约定的实现抵押权的情形时，债权人有权依照法律的规定以抵押财产折价或者以拍卖、变卖该财产的价款优先受偿。

抵押权人的优先受偿权是抵押权人最主要的权利，也是抵押权最主要的效力，而优先受偿权要想实现抵押财产一定要"流通"出去，权属一定会转移。

租赁权是针对抵押物的使用价值所设定的权利，而抵押权是针对抵押物的交换（流通）价值设定的权利，当二者发生冲突的时候，按照《民法典》第四百零五条的规定，抵押权设立前，抵押财产已经出租并转移占有的，原租赁关系不受该抵押权的影响。

▶▶▶ 324. 被废止的《物权法》第一百九十条的规定与《民法典》第四百零五条的规定有什么变化？

相对于《物权法》第一百九十条（见图1），《民法典》第四百零五条强调了承租人只有实际占有租赁物才能对抗抵押权。因此，商业银行等债权人在设定抵押权时，在贷前调查和贷后管理环节对于抵押物是否对外出租是非常重要的调查事项，根据《民法典》的规定，对于抵押物由谁占有使用作为关键事实，在调查和检查的基础上要留存好相应的证据，以便在抵押人与第三人倒签租赁合同对抗抵押权人时，抵押权人有相应的证据进行抗辩。

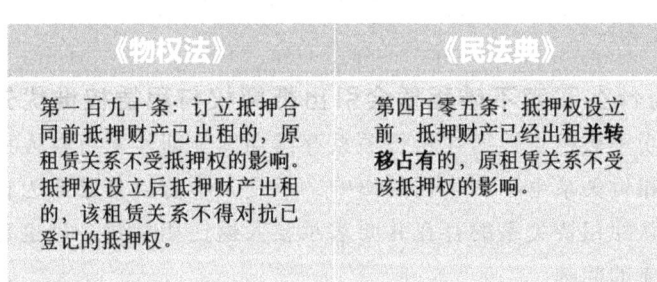

图1 《物权法》第一百九十条与《民法典》第四百零五条的区别

关于《民法典》所强调的"转移占有"问题，最高院在《民法典》出台之前的相关案例中早有体现，例如，在青岛利群投资有限公司等申请监督案执行裁定书〔最高法（2013）执监字第67号〕一案中，最高院认为："关于租赁权的设立时间。租赁权作为物权化的债权，应以租赁人对租赁物实际占有、使用作为设立的时间。"

针对抵押遇见租赁，根据《民法典》第四百零五条的规定，我们可以分为两种情形：先租后抵和先抵后租（见图2）。

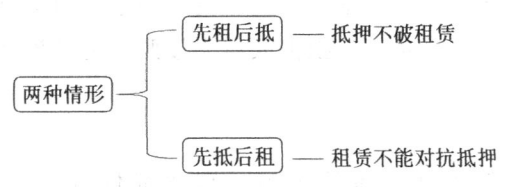

图 2　抵押遇见租赁的两种情形

325. 如何理解出租并转移占有？

《民法典》第四百零五条强调了承租人只有实际占有租赁物才能对抗抵押权。商业银行等债权人在设定抵押权时，抵押物是否对外出租是贷前调查和贷后管理环节的主要调查事项。根据《民法典》的规定，抵押物由谁占有使用作为关键事实，应留存好相应的证据，以便在抵押人与第三人倒签租赁合同对抗抵押权人时，抵押权人有相应的证据进行抗辩。

326. 金融机构在开展房屋抵押业务的过程中有哪些注意事项？

（1）调查时了解房屋权属状况及使用状况，如抵押房房屋存在抵押前租赁的情况，应充分考虑抵押权实现时的困难与风险，重点考察租赁合同的期限以及租金是否已结清这两个问题。

（2）如未出租，要求房屋所有人出具未对外出租的声明或承诺；如已对外出租，可以要求承租人出具承诺书，放弃相应权利。

（3）贷款调查、贷后监管中对抵押物权属、是否存在租赁、是否有其他限制，都应依法进行调查或检查。

（4）当出现纠纷时，积极搜集相关证据，了解相关规则，积极应对，尤其对于涉嫌倒签租赁合同的情形，必须给与强力回击。重点关注合同签订情况、租金支付情况、房屋占有使用情况、租赁期限、合同履行情况、承租人与出租人之间的关系等。

327. 抵押登记担保范围与抵押合同约定不一致导致抵押人不承认合同有效怎么办？

实务中往往出现抵押登记担保范围与抵押合同约定不一致的情况，在此情况下，一些非善意抵押人不认，导致银行很难处理。法院的裁判原则是，这种不一致要抵押人承担责任。

在一般抵押合同项下，若因不动产登记机构原因导致约定的担保范围与记载的主债权范围不一致的，抵押人应当按照约定的担保范围承担抵押担保责任；在最高额抵押合同项下，抵押人应当按照登记的最高额的范围承担抵押担保责任。

▶▶▶ 328. 主债权与担保范围不一致，应当如何理解担保范围？

在实务中，主债权与担保范围不一致，应当如何理解担保范围，争议非常大。结合最高法院有关案例的裁判规则，对该核心问题分析如下：

（1）对于债权人而言，在设置不动产抵押时，需特别注意不动产登记机构关于不动产抵押登记系统设置及登记规则。倘若只能登记主债权本金，不能登记利息、逾期利息、违约金以及实现主债权的内容，则债权人在主张抵押人承担抵押担保责任时，按照合同约定确定担保物权的担保范围。此外，如果采取最高额抵押，那么不动产登记证书记载的主债权金额即为抵押人承担抵押担保合同的限额。

（2）对于担保人而言，在当前《民法典》、不动产登记制度的框架下，可以根据实际情况选择不同的抵押方式，比如一般抵押和最高额抵押。一般抵押时，即便出现抵押合同约定的担保范围与不动产登记机构登记的范围不一致，抵押人也要按照合同约定的担保范围承担抵押担保责任。相反，最高额抵押时，抵押人的风险较低，即直接按照不动产登记机构登记的担保范围承担抵押担保责任。

《民法典》第三百八十九条规定，担保物权的担保范围包括主债权及其利息、违约金、损害赔偿金、保管担保财产和实现担保物权的费用。当事人另有约定的，按照其约定。

《最高人民法院关于印发〈全国法院民商事审判工作会议纪要〉的通知》（法〔2019〕254号）法规，（担保债权的范围）以登记作为公示方式的不动产担保物权的担保范围，一般应当以登记的范围为准。但是，我国目前不动产担保物权登记，不同地区的系统设置及登记规则并不一致。因此，人民法院在审理案件时应当充分注意系统设计上的差别，做出符合实际的判断。一是多数省区市的登记系统未设置"担保范围"栏目，仅有"被担保主债权数额（最高债权数额）"的表述，且只能填写固定数字。而当事人在合同中又需要约定担保物权的担保范围包括主债权及其利息、违约金等附属债权，致使合同约定的担保范围与登记不一致。显然，这种不一致是由于该地区登记系统设置及登记规则造成的该地区的普遍现象。人民法院以合同约定认定担保物权的担保范围，是符合实际的妥当选择。二是一些省区市不动产登记系统设置与登记规则比较规范，担保物权登记范围与合同约定一致在该地区是常态或者普遍现象，人民法院在审理案件时，应当以登记的担保范围为准。

329. 关于抵押合同约定的担保范围与抵押登记记载的主债权范围不一致问题的案例及法院裁判提供了哪些裁判规则？

关于抵押合同约定的担保范围与抵押登记记载的主债权范围不一致问题，法院根据案例提供了以下裁判规则：

裁判规则一：抵押合同约定的担保范围与抵押登记记载的主债权范围不一致，是不动产权登记机构设置原因所致，不可归责于债权人，人民法院判定抵押人按照抵押合同的约定承担抵押担保责任。

裁判规则二：在一般抵押合同中，登记系统设置原因，债权人只能在最高债权额内填写最高本金限额，抵押人应当按照抵押合同约定的主债权范围承担抵押担保责任。

裁判规则三：在最高额抵押合同中，登记机构按照最高额的范围内对抵押担保范围进行登记，抵押人只在登记的额度范围内承担抵押担保责任。

330. 同一财产向两个以上债权人抵押的，拍卖、变卖抵押财产所得的价款如何清偿？

（1）抵押合同已登记生效的，按照抵押物登记的先后顺序清偿；顺序相同的，按照债权比例清偿。

（2）抵押合同自签订之日起生效的，该抵押物已登记的，按照有关规定清偿；未登记的，按照合同生效时间的先后顺序清偿，顺序相同的，按照债权比例清偿。抵押物已登记的先于未登记的受偿。

第十四章 银行抵债资产收取、保管、处置的风险陷阱与化解的相关案例解析

▶▶▶ 331. 法院错误执行的有关案例

现实中银行可能会遇到法院错误执行的事情，会给银行带来损失。我们以下面的案例来说明。

一、案情介绍

（1）1999年8月11日，郾城区法院做出（1999）郾经初字第96号经济判决，王某某向建材销售中心给付货款1.35万元及利息。在该案执行过程中，经法院委托对王某某已被查封的房屋做出资产评估，估价为2.7937万元。法院将该评估报告邮寄送达给王某某。

（2）2000年6月8日，郾城区法院未征得王某某同意，做出（1999）郾法执字第350号裁定，将上述房产作价2.7937万元抵偿给建材销售中心法定代表人史某某，并向原郾城县房产管理处做出协助执行通知。上述裁定未送达给王某某。同日，史某某按照该房屋评估价，扣除民事判决确定的本息及相关费用后将余款8300元交至郾城区法院。该8300元中的7460元转作以王某某为被执行人的另两案执行款，王某某对款项用途无异议。

（3）2010年11月12日，经王某某申请，漯河中院做出（2010）漯民执确字第2号裁定，确认郾城区法院执行王某某前述房产的行为违法。经法院委托对前述房产进行重新评估，估价为4.3万元。漯河中院赔偿委员会决定郾城区法院向王某某赔偿经济损失1.5063万元及利息。

（4）2012年9月29日，河南高院赔偿委员会做出（2012）豫法委赔字第14号国家赔偿决定，撤销漯河中院赔偿委员会上述赔偿决定，郾城区法院向王某某赔偿直接损失1.5063万元。

（5）王某某向最高人民法院提起申诉，请求撤销河南高院赔偿委员会（2012）豫法委赔字第14号国家赔偿决定并返还房产。2018年1月18日，最高法院做出决定：驳回王某某的申诉。

二、裁判要点及思路

（1）未经被执行人同意，也未经拍卖程序，执行法院强行将被执行人房产抵偿给申请执行人的执行行为违法，属于错误执行，应当承担国家赔偿责任。

（2）执行法院违反第一条所述的法定程序，直接裁定以房抵债，若申请执行人与法院之间不存在恶意串通行为，申请执行人有权取得案涉房屋，且案件已经执行终结。法院应当向被执行人承担支付赔偿金而非返还房屋的赔偿责任。

（3）执行法院在上述情形下，因错误执行行为承担赔偿责任的范围限于被执行人直接损失，本案中该直接损失为两次的房屋评估价值差额，并不包括利息。

三、本案的关键要点

（1）未经被执行人同意，亦未经拍卖程序，法院就抵债给申请人，执行行为违法。

（2）国家赔偿只限于向被执行人承担支付赔偿金而非返还房屋的赔偿责任。

（3）因错误执行行为承担赔偿责任的范围限于被执行人直接损失，本案中该直接损失为两次的房屋评估价值差额，并不包括利息。

法律依据《最高人民法院关于人民法院民事执行中拍卖、变卖财产的规定》第十九条规定"拍卖时无人竞买或者竞买人的最高应价低于保留价，到场的申请执行人或者其他执行债权人申请或者同意以该次拍卖所定的保留价接受拍卖财产的，应当将该财产交其抵债。"第二十八条规定"对于第二次拍卖仍流拍的不动产或者其他财产权，人民法院可以依照本规定第十九条的规定将其作价交申请执行人或者其他执行债权人抵债。申请执行人或者其他债权人拒绝接受或者依法不能交付其抵债的，应当在六十日内进行第三次拍卖。"

▶▶▶ 332. 协议抵债后债务人迟迟不办理房产过户，串通案外人法院起诉，结果抵债物虽占有但被案外强制执行的有关案例

银行由于多种原因，忽略了或者放松了警惕，给债务人可乘之机，导致银行的抵债资产遭受损失。协议抵债后债务人迟迟不办理房产过户，串通案

外人法院起诉，结果抵债物虽占有但被案外强制执行。

因债务人所欠贷款 450 万元不能按期归还，山东某银行于 2017 年 6 月 20 日与债务人签订抵债协议，以其市区 127 平方米的房产抵债。由于银行管理不到位，一直没有办理过户手续。债务人见有机可乘，与案外人赵某串通，以虚假借贷未还为由起诉，并要求法院强制执行抵债的房产。因银行没有过户产权，法院不支持抵债协议，导致银行资产遭受损失。

▶▶▶ 333. 协议抵债的划拨土地上的房屋，土地未获批，抵债无效的相关案例

划拨土地上的房屋被抵债，银行必须解决土地的获批的问题，否则抵债资产难以归属银行。

一、案情简介

（1）2003 年 2 月 25 日，松江水泥、某建材公司（全民所有制）及某省经贸委签订《以物抵债协议书》，松江水泥供给建材公司水泥，建材公司累计欠松江水泥货款为 1650 万元左右，建材公司以其与某省经贸委共有的散装水泥周转库及附属设施（含划拨土地及地上建筑物、设备等）中归属其所有的份额抵债给松江水泥，抵债数额为 1623 万元。

（2）某市商业国有资产经营公司是某市政府国有资产监督管理委员会履行出资人职责的企业，该公司在《以物抵债协议书》上签署"同意"。案涉土地使用权及地上建筑物未办理过户。

（3）某建材公司向某市中院起诉称，《以物抵债协议书》中将划拨土地抵债违反了有关法律的强制性规定，故请求依法确认《以物抵债协议书》无效。某市中院认为，《以物抵债协议书》未经市人民政府或其授权的部门予以审批，故判决《以物抵债协议书》中以土地和地上建筑物抵债的条款无效。

（4）后本案经某省高院二审，高院维持认定《以物抵债协议书》中关于土地使用权和地上建筑物部分的抵债条款无效。

二、败诉原因

法院认定《以物抵债协议书》关于土地使用权和地上建筑物抵债的条款无效的原因在于：

首先，本案抵债的土地为划拨土地，根据《中华人民共和国城镇国有土地使用权出让和转让暂行条例》第四十五条的规定，"符合下列条件的，经

市、县人民政府土地管理部门和房产管理部门批准，其划拨土地使用权和地上建筑物，其他附着物所有权可以转让、出租、抵押：……"，以及《划拨土地使用权管理暂行办法》第五条的规定，"未经市、县人民政府土地管理部门批准并办理土地使用权出让手续，交付土地使用权出让金的土地使用者，不得转让、出租、抵押土地使用权"，某商业国有资产经营公司无权批准建材公司转让划拨土地使用权。因此，根据《最高人民法院关于审理涉及国有土地使用权合同纠纷案件适用法律问题的解释》第十一条关于"土地使用权人未经有批准权的人民政府批准，与受让方订立合同转让划拨土地使用权的，应当认定合同无效。但起诉前经有批准权的人民政府批准办理土地使用权出让手续的，应当认定合同有效"的规定，《以物抵债协议书》中关于土地使用权部分的抵债条款无效。

其次，根据《中华人民共和国城镇国有土地使用权出让和转让暂行条例》第二十四条的规定，"土地使用者转让地上建筑物、其他附着物所有权时，其使用范围内的土地使用权随之转让，但地上建筑物、其他附着物作为动产转让的除外。"某建材公司转让划拨土地的地上附着物等同于处分了其使用范围内的土地使用权，地上附着物作为不动产转让，不可能脱离土地而独立实现，而《以物抵债协议书》中关于土地使用权部分的抵债条款是无效的。因此，《以物抵债协议书》中关于地上建筑物抵债的条款亦为无效。

三、注意事项

以划拨土地使用权及地上建筑物抵债，因涉及转让划拨土地使用权，应当根据相关规定和程序报政府批准，否则，以物抵债合同为无效合同。

▶▶▶ 334. 债务人故意隐瞒订约前出租房屋已被抵押的事实，后贷款的银行遭受损失的有关案例

2015年6月1日，甲公司以其拥有产权的公园路1号房屋（建筑面积1000平方米）出租给某工商户丙，2015年8月1日又与乙银行签订200万元最高额贷款抵押合同，抵押期限自2015年8月至2017年8月，甲公司办理了他项权证。

2015年9月1日，甲公司在未告知出租房屋已抵押给乙的情况下，因与银行丁的贷款无法偿还，签订了协议抵债，将房屋抵债给丁银行。

2017年8月1日，因甲公司不能按期偿还乙的200万元贷款，乙银行诉甲公司请求优先受偿权，至此，丁银行才知道抵债的房屋在抵债前已经抵押

的事实。

此案法院判决，由于甲公司抵押给乙银行在先，受偿优先权成立，抵债房产被拍卖，优先偿还乙银行，丁银行遭受损失。

▶▶▶ 335. 恶意串通，搞股权双重转让，损害第三人利益，债务人意在逃避还款的有关案例

股权双重转让是恶意串通，损害第三人利益，逃避还款的一种表现。具体的行骗过程，我们以案例来说明。

在（2016）苏民申 5449 号淮安市某投资有限公司与昆山市某科技发展有限公司、张某等股权转让纠纷中，江苏省高级人民法院认为：某科技公司将股权转让且变更登记至其关联方某盛公司名下，构成"一股二卖"。

某盛公司系张某个人控股的企业，该公司对存在在先另一股权转让合同的事实应为明知，在此情形下，某投资有限公司既可依据合同法关于转让方与第三人"恶意串通、损害第三人合法权益"的规定，主张在后的股权转让合同无效，也可要求与某科技发展公司解除客观上已无法继续履行、无法办理股权变更登记的股权转让协议，要求某科技发展公司承担违约责任。

即在能够证明转让方与在后受让方存在恶意串通的情况下，在先受让方可选择主张在后转让合同无效，或主张在先转让合同中转让方违约，应承担违约责任。

▶▶▶ 336. 为免除物之瑕疵担保责任，银行在转让协议中应列明的内容及案例解析

（1）对于已办理权利证书的资产，该资产的实际面积可能与权利证书、相关部门的档案资料记载的有差异。

（2）对于未办理权利证书的资产，受让方接受并自行承担目前土地面积、使用性质、使用年限等条件与将来相关部门核发的权利证书所载内容的差异。

（3）不论因为何种原因导致资产的实际面积减少，后果及损失均由受让方独立全部承担，银行不对受让方进行任何补偿、不承担任何责任。在实践中，还存在资产实际测量面积多于抵债协议约定面积的情况，如银行与抵债人约定：抵债房产位于××大厦×楼，建筑面积 1850 平方米，但实际核定面积为 1925 平方米。此情形下，银行或抵债人对于无法分割需要一并登记的 75 平方米可能会要求受让方承担相应补偿责任，为避免多出面积产生争议，我

们建议银行在转让协议中约定：因资产的实际面积增多而导致抵债人或相关方提出的任何补偿要求及相关风险全部由受让方独立承担。

▶▶ 337. 最高人民法院有关居住权的典型案例

一、案例介绍

邱某光与董某峰于2006年登记结婚，双方均系再婚，婚后未生育子女，董某军系董某峰之弟。董某峰于2016年3月去世，生前写下遗嘱，其内容为："我名下位于某区的某房遗赠给我弟弟董某军，在我丈夫邱某光没再婚前拥有居住权，此房是我毕生心血，不许分割、不许转让、不许卖出……"董某峰离世后，董某军等与邱某光发生遗嘱继承纠纷并诉至法院。法院判决被继承人董某峰名下位于某区的房屋所有权归董某军享有，邱某光在其再婚前享有该房屋的居住使用权。判决生效后，邱某光一直居住在该房屋内。2021年初，邱某光发现所住房屋被董某军挂在某房产中介出售，其担心房屋出售后自己被赶出家门，遂向法院申请居住权强制执行。

二、裁判结果

生效裁判认为，案涉房屋虽为董某军所有，但是董某峰通过遗嘱方式使邱某光享有案涉房屋的居住使用权。执行法院依照《民法典》第三百六十八条等关于居住权的规定，裁定将董某军所有的案涉房屋的居住权登记在邱某光名下。

▶▶ 338. 有关地役权的相关案例

开发商甲在海岸边建了一栋多层海景房，在这栋楼与大海之间有一块地属于乙，也适合建楼房。开发商甲为了不影响自己开发的楼盘的售卖，与乙签订了10年内乙不在这块地上开发建设楼盘的协议，并支付一定的补偿款。这里开发商甲的不动产为需役地。乙的不动产为供役地。

▶▶ 339. 地役权人的权力相关案例解析（1）

一、案例介绍

王家与赵家是邻居。赵某夫妇去上班如果经过王家的庭院就更近，于是两家签订了地役权合同，约定：赵家的人可以在王家庭院通行，但是不得惊扰王家的老人和小孩。后来，赵某买了摩托车，上下班都骑摩托车，噪声很大，经常影响王家休息。王家便不允许赵家再从自家庭院通行，两家遂发生纠纷，诉至法院。

案中，王赵两家签订了地役权合同，依照《民法典》第三百七十五条、第三百七十六条关于地役权合同当事人义务的规定，王家不得妨碍赵家地役权的行驶，同时，赵家也应该尽量减少对张家的打扰。而本案中，赵某驾驶摩托车制造噪声的行为有失妥当，违反了合同义务，故王家有权解除合同。

二、法律依据

《民法典》第三百七十五条规定，供役地权利人应当按照合同约定，允许地役权人利用其不动产，不得妨害地役权人行使权利。

《民法典》第三百七十六条规定，地役权人应当按照合同约定的利用目的和方法利用供役地，尽量减少对供役地权利人物权的限制。

▶▶▶ 340. 地役权人的权力相关案例解析（2）

一、案例介绍

某甲房地产开发公司拍得某市区河畔一块土地，准备以"观景"为理念设计并建造一所高层观景商品住宅楼。但该地前面有一平房机械厂，为了该住宅楼业主能在房间里欣赏河畔风景，双方约定：机械厂在20年内不得在该土地上兴建三层高以上建筑，作为补偿，甲房地产开发公司每年向机械厂支付50万元。三年后，机械厂将该土地使用权转让给乙公司，乙公司在该土地上动工修建高层电梯公寓。甲公司得知后，便求乙公司立即停止兴建。但遭到拒绝，甲房地产开发公司向法院提起诉讼，请求法院判决乙公司停止施工并同时要求机械厂承担违约责任。

二、本案争议焦点

本案中，甲房地产开发公司与机械厂之间的约定符合《民法典》第三百七十二条"地役权人有权按照合同约定，利用他人的不动产，以提高自己不动产的效益。前款所称他人的不动产为供役地，自己的不动产为需役地。"以及《民法典》第三百七十五条"供役地权利人应当按照合同约定，允许地役权人利用其土地，不得妨害地役权人行使权利"的规定。所以甲房地产开发公司与机械厂之间设立了地役权，机械厂违反合同的约定，理应承担违约责任。但甲房地产开发公司与机械厂之间的地役权合同没有到登记机构登记,不能对抗善意的第三人乙公司,作为受让供役地人的乙公司没有义务遵守地役权合同的约定,乙公司可以在不防碍相邻权人的相邻权的情况下任意使用该土地,包括修建高层电梯公寓。所以,本案在《民法典》生效实施以后将会统一评判标准,判决由机械厂承担违约责任,驳回甲房地产开发公司要求乙公司停止施工的诉讼请求。

▶▶▶ 341.《民法典》设立购买价款超级优先权的意义及相关案例

A企业将现有及将有的全部机器设备向甲银行设立浮动抵押,获得了巨额贷款。在其后的生产经营中,A企业想扩大生产,拟购入新的数控机床,但缺乏购买资金。于是,A企业找到了乙银行,寻求购买新数控机床的贷款。

但此时,乙银行会心存顾虑,A企业已向甲银行设置了浮动抵押,企业购买的新数控机床会进入甲银行的浮动抵押范围,相当于乙银行花钱给企业买了有甲银行抵押权的数控机床。若日后A企业经营不善无力偿还贷款,甲银行对新购的数控机床享有抵押权,乙银行贷款的回收则无法保障(见图3)。

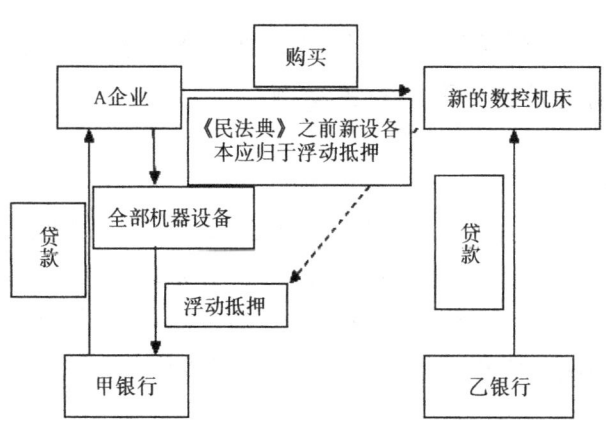

图3 《民法典》实施前浮动抵押流程

基于此考虑,乙银行不会对A企业放贷,A企业为购买新数控机床的融资受阻。

《民法典》施行后,乙银行在放贷时可同步设立新购的数控机床的价款抵押权。《民法典》第四百一十六条的规定,乙银行对新购数控机床的价款抵押权优先于甲银行的浮动抵押权。当企业无力偿还贷款时,对于新购数控机床的折价款，乙银行可优先于甲银行受偿。乙银行可以放心向 A 企业提供贷款，A 企业的融资能力将得到增强（见图 4）。

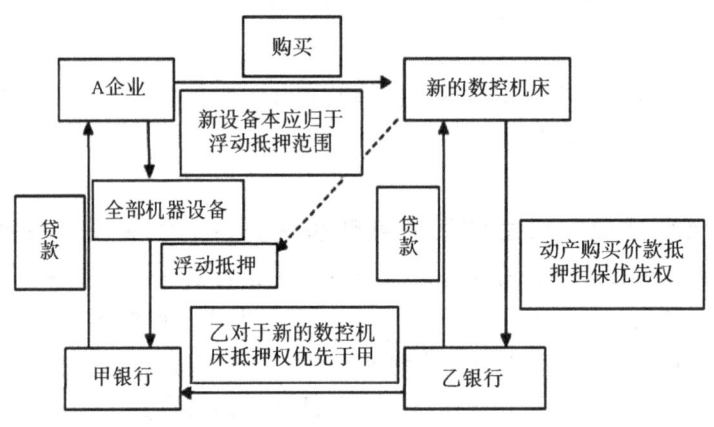

图 4 《民法典》实施后抵押担保优先权示意图

"动产购买价款抵押担保的优先权"是《民法典》一项重大的制度创新，极大地便利了企业融资，具有提振企业信用、优化营商环境的制度价值。

▶▶▶ 342. 同一财产向两个以上债权人抵押的，拍卖、变卖抵押财产所得的价款分配的有关案例

一、案例介绍

某企业 1 月 1 日向 A 银行贷款 500 万元，以一座 10 层办公楼抵押，并办理了抵押登记；2 月 5 日又向 B 银行贷款 800 万元，以同一座办公楼做抵押，由于多种原因一直没有办理登记手续；3 月 5 日又向 C 银行贷款 500 万元，并办理了抵押登记；5 月 10 日又向 D 银行贷款 600 万元，以同一座办公楼做抵押，但是，没有办理抵押登记。

第二年由于市场突变，所借 2400 万元贷款无力还请，银行申请法院拍卖抵押物，获得价款 1700 万元应如何分配？

二、法律依据

根据《民法典》第四百一十四条规定，同一财产向两个以上债权人抵押的，拍卖、变卖抵押财产所得的价款依照下列规定清偿：

（一）抵押权已经登记的，按照登记的时间先后确定清偿顺序；

（二）抵押权已经登记的先于未登记的受偿。

（三）抵押权未登记的，按照债权比例清偿。

其他可以登记的担保物权，清偿顺序参照适用前款规定。

按照此条款，A、C银行由于有抵押登记，各获得500万元；B、D银行由于没有抵押登记，剩余700万元按债权比例清偿，B银行获得400万元，D银行获得300万元。

343. 拍卖刑事追赃房产，债权人对抵押给银行的房屋享有优先受偿的案例

一、案例介绍

宁波中院（2015）浙甬刑一初字第79号刑事判决张某康犯诈骗罪判处有期徒刑13年，张某康违法所得1279万元继续予以追缴并返还被害人。

（一）宁波中院因张某康另案抵押贷款未偿还，立案执行被执行人张某康名下位于宁波市兴宁巷××号××幢××室房地产（下称案涉房产），抵押权人为平安银行股份有限公司某分行（下称某分行）。宁波市江东区法院做出（2015）甬东商初字第2851号民事判决：张某康归还某分行本金及利息，某分行在张某康未履行付款义务时可就案涉房产所得价款优先受偿。

（二）宁波中院就案涉房产拍卖所得价款的余款做出《关于被执行人张某康诈骗罪财产刑执行一案房屋拍卖余款分配方案》，根据各被害人的债权数额，按比例分配给罗某某161237.12元。

二、判例依据

兼负刑事和民事债务的被执行人的财产上设有抵押的，抵押权人就抵押财产优先于刑事被害人损失退赔请求受到清偿。

被执行人兼负刑事和民事债务，且债权人对执行标的依法享有抵押权，执行法院在清偿被害方医疗费用后，对抵押权人优先受偿的请求应予支持。

344. 以物抵债协议达成后，债权人未实际受领抵债物，该债权人主张对抵债物排除强制执行不被支持的案例

一、案情摘要

2009年12月，甲某向乙某出具100万元借据一张。2010年1月，甲某向

乙某出具 250 万元借据一张。2010 年 5 月，甲某将诉争房屋出租给他人。2010 年 8 月，甲某与乙某签订抵账协议约定：甲某自愿用诉争房屋抵顶所欠乙某债务，房屋面积 419 平方米，作价 400 万元。因诉争房屋甲某已出租给他人，甲某和乙某约定房屋到期后，由甲某配合乙某收回，并负责配合乙某办理产权过户手续。因房屋租期尚未届满，该房屋未办理过户手续。2011 年 2 月，在李某与甲某合同纠纷案件执行过程中，法院依李某申请查封了诉争房屋。乙某以诉争房屋已于 2010 年抵债给乙某为由，提出执行异议，被驳回后提起案外人执行异议之诉。

二、裁判理由

本案中，从 2010 年双方签订以房抵债协议，至 2015 年房屋被查封，案涉房屋并不存在无法办理产权过户登记的情形，即系由于乙某自身原因未办理过户登记，故不能排除强制执行。①

▶▶▶ 345. 抵押物突遇恶意租赁的相关案例

抵押物突遇恶意租赁，银行在请求法律援助时应该抓住"承租人占有使用该不动产的行为发生在后"这个关键点，提前做好应对措施，防范恶意租赁风险。

一、案例介绍

2014 年 4 月 17 日，H 农商行 A 支行与 B 纺织公司签订《流动资金循环借款合同》，约定 B 纺织公司向 H 农商行申请借款 300 万元，并由法定代表人黄某及其配偶孙某提供名下位于某处的房产抵押担保。因合同到期，B 纺织公司未能偿还借款，H 农商行提起诉讼，后经法院依法判决，H 农商行胜诉。

判决生效后，B 纺织公司拒不履行判决书确定的义务，银行向法院申请执行。执行过程中法院向承租人刘某发出限期清空房屋通知书，故刘某向法院提出执行异议申请，辩称其是善意第三人，其与有租赁处分权的 C 小贷公司签订的转租协议真实有效，根据"买卖不破租赁"的法理，其承租权不应受到影响，法院要求其搬离并清空案涉房屋的要求应予撤销。

据查，2015 年 3 月 1 日，黄某、孙某与 C 小贷公司签定租赁协议，约定将案涉房屋出租给 C 小贷公司，租期为 15 年。因黄某、孙某欠 C 小贷公司贷

---

① 办案源至最高人民法院第二巡回法庭 2019 年第 12 次法官会议纪要。

款 250 万元，抵作租金，并约定 C 小贷公司享有转租权，2016 年 4 月 14 日，C 小贷公司将案涉房屋转租给刘某。

经审理，一、二审法院均驳回刘某的复议申请。

二、案例分析

恶意租赁的表现形式及危害，一般而言，抵押物遭恶意租赁主要分为两种情况。

第一种，涉案抵押物在抵押或法院采取查封措施之前并不存在租赁关系，但被执行人恶意串通案外人制作虚假合同、虚假银行转账流水单等，编造涉案抵押物在抵押或查封处置之前已经存在租赁关系。

第二种，涉案抵押物在抵押或法院采取查封措施之前已存在租赁关系，但之后被执行人与承租人恶意签订补充协议，如延长租赁时间，或将租赁收益拆解为租金和管理费，或是签订抽屉协议，对外只披露租金低廉的合同。虽与市场行情无异，但将通过返现的方式予以补偿。

被执行人设置虚假租赁的目的显而易见，主要是增加银行处置抵押物的难度，从而迫使银行让步，达到减少债务的目的。

上述案例中，实际控制人黄某明显想通过与小贷公司签订以租抵债协议，抵销债务，同时还能增加抵押物的处置难度，迫使银行做出让步。恶意租赁的发生大大减损了涉案抵押物的价值，降低了成交率和成交价格，拖延了处置时间，严重损害了银行的合法利益。

三、案例启示

案例中银行能够在一、二审中排除执行妨碍，取得法院支持最关键的理由是，承租人占有使用不动产的行为发生在银行设立抵押权或法院查封之后。

江苏省高院在《关于执行不动产时承租人主张租赁权的若干问题解答》中，对于承租人以享有租赁权为由，主张拍卖不破租赁的具体事项，做了专门的说明，对银行针对性地强化信贷管理，防范恶意租赁风险具有重要的实践指导价值。

▶▶▶ 346. 在延续登记时防止抵押物悬空的相关案例

一、案例介绍

借款人 A 公司在某银行不良贷款余额 12700 万元，2007 年末贷款到期，借款人无力偿还，2008年借款人申请办理借新还旧，经合规审批，同意借款人在偿还1500万元货款后，给予其11200万元贷款办理借新还旧。该笔贷款的担保方式为某集团公司提供第三方连带责任保证，同时以借款人持有B公司4000万股股权质押和借款人所有的6894.82平方米房产抵押担保。

此案中房产抵押登记由于受地方办理时限的影响，存在抵押物悬空风险。

二、案例分析

从案例可以看出，银行从撤销房产、土地抵押起至办理完房产、土地新的抵押登记止，这段期间贷款的抵押物处于悬空状态。

为了防止抵押物悬空风险，该银行也曾多次与地方管理部门沟通，并提出了三项建议措施，力争将抵押悬空风险降至零或是尽量短的时间。一是在银行撤销原抵押前，先办理第二顺位抵押，待新的抵押登记办妥后，再撤销第二顺位抵押。二是以同名抵押物继续为该债务提供抵押的、直接在原抵押他项权证上注明变更情况，不再执行"先撤销再登记"的程序。三是同时办理抵押撤销和登记工作。但是，该行的三条建议均未得到地方管理部门的认可和支持。其中第一条，管理部门的意见是，抵押登记是按照抵押物剩余的评估价值办理。银行如先办理第二顺位抵押，则抵押物剩余的评估价值已不足以满足分行后面新的抵押登记条件。所以，第一条无法适用。第二、三条建议因不符合管理部门业务规定，也无法操作。

三、法律依据

经咨询法律人士意见，可以采取以下措施，即积极向登记管理部门建议采取预告登记制度。预告登记是为保全一项以将来发生房产物权变动为目的的请求权。《民法典》第二百二十一条规定：当事人签订买卖房屋的协议或者签订其他不动产物权的协议，为保障将来实现物权，按照约定可以向登记机构申请预告登记。预告登记后，未经预告登记的权利人同意，处分该不动产的，不发生物权效力。

预告登记后，债权消灭或者自能够进行不动产登记之日起三个月内未申请登记的，预告登记失效。

根据以上规定，在合同约定的条件成就、期限到来或者其他物权变动的条件具备时，当事人应办理正式的房产物权变动登记。这就要求银行重新办理的抵押登记务必在三个月内完成，否则预告登记失效。

另外还可以设置阶段性担保。由于抵押撤销和重新登记期间的时间差，目前条件下很难解决。对办理借新还旧贷款，银行可以与借款人签订协议，要求借款人缴纳部分风险抵押金，或者由担保公司对银行出具不可撤销担保协议，提供阶段性担保，担保公司向借款人或抵押权人收取风险抵押金，作为抵押登记办理期间的阶段性担保，以此来保证抵押办理过程的时效和安全，约束风险发生。

▶▶▶ 347. 抵押物被征用，如何保证抵押权的实现的案例

案例：某企业向银行贷款 2000 万元，以其厂房、仓库做抵押。贷款未到期间该市新建地铁，抵押的厂房、仓库被征用。银行拟宣布贷款提前到期，要求还款。

本案中，根据贷款合同的约定，某商业银行不能直接要求该有限公司偿还贷款及其利息，如果有其他财物，可以通过其他财物重新设立抵押，但是，显然，该公司并没有其他财物，也不具备《民法典》相关法条的情形，所以某商业银行可以选择如下维权方式。一是如果该有限公司选择货币安置补偿的，某商业银行就可以对该有限公司获得的征收补偿款享有物上代位权；二是如果该有限公司选择房屋产权调换的，某商业银行可与该有限公司进行协商，重新设立抵押，或者提供其他担保。

▶▶▶ 348. 执行标的必须经拍卖、变卖，且当事双方同意时法院裁定以物抵债才有效的案例

执行标的未经拍卖、变卖，且作出以物抵债裁定前未征得当事人双方同意，当事人请求撤销该以物抵债裁定的，人民法院应予支持。——（2018）粤执复 55 号。

▶▶▶ 349. 执行法院有权根据实际情况决定是否整体拍卖的案例

对于不动产的处置拍卖，执行法院有权根据实际情况决定是否整体拍卖。执行法院经核查确认执行标的建筑物无法部分拍卖而需整体拍卖的情况下，申请执行人仍提出异议，请求将部分建筑物以物抵债的，不予支持。——（2019）粤执监 115 号。

▶▶▶ 350. 关于抵押合同约定的担保范围与抵押登记记载的主权范围不一致问题的法院裁判规则

裁判规则一：抵押合同约定的担保范围与抵押登记记载的主债权范围不一致，是不动产权登记机构设置原因所致，不可归责于债权人，抵押人按照

抵押合同的约定承担抵押担保责任。

根据《全国法院民商事审判工作会议纪要》第五十八条规定，《物权法》第十六条关于"不动产登记簿是物权归属和内容的根据"的规定是物权公示公信原则的体现，以登记作为公示方式的不动产担保物权登记，不同地区的系统设置及登记规则并不一致，故应充分注意制度设计上的差别。

裁判规则二：在一般抵押合同中，登记系统设置原因，债权人只能在最高债权额内填写最高本金限额，抵押人应当按照抵押合同约定的主债权范围承担抵押担保责任。

裁判规则三：在最高额抵押合同中，登记机构按照最高额的范围内对抵押担保范围进行登记，抵押人只在登记的额度范围内承担抵押担保责任。

下篇

导致银行被动抵债后果的授信风险识别与防范

下篇导图

本书下篇共八章，对导致被动抵债后果的授信风险如何进行识别和防范做了细致的讲解。

导致银行被动抵债后果的授信风险识别与防范	抵押的基本知识和法律规定	351~480题
	质押的基本知识和法律规定	481~501题
	抵押欺诈的风险识别与防范	502~513题
	抵押条件、手续的风险识别与防范	514~529题
	抵押物损毁的风险识别与防范	530~535题
	抵押必须警惕的法律风险	536~561题
	质押的风险识别与防范	562~600题
	导致银行被动抵债后果的授信风险识别与防范案例解析	601~627题

第十五章　抵押的基本知识和法律规定

▶▶▶ **351. 抵押的基本知识都包括哪些？**

抵押的基本知识包括以下内容：

（1）抵押的基本概念。

（2）抵押物的基本概念。

（3）抵押行为的规定及法律概念。

（4）抵押实务，包括动产抵押、不动产抵押。

（5）抵押纠纷。

▶▶▶ **352. 什么是抵押？**

《民法典》第三百九十四条规定，为担保债务的履行，债务人或者第三人不转移财产的占有，将该财产抵押给债权人的，债务人不履行到期债务或者发生当事人约定的实现抵押权的情形，债权人有权就该财产优先受偿。

前款规定的债务人或者第三人为抵押人，债权人为抵押权人，提供担保的财产为抵押财产。

抵押法律关系的当事人为抵押人和抵押权人，客体为抵押财产。抵押人指为担保债务的履行而提供抵押财产的债务人或者第三人。抵押权人指接受抵押担保的债权人。抵押财产指抵押人提供的用于担保债务履行的特定的物。

▶▶▶ **353. 如何理解抵押的定义？**

我们可以从以下六个方面来理解抵押的定义：①提供抵押担保的人既可以是债务人也可以是第三人。②抵押不转移对抵押财产的占有，这是抵押最显著的特征，是抵押区别于质押、留置的标志。③抵押设立的目的在于担保债权。④抵押担保以抵押权人（债权人）行使优先受偿权而实现。⑤抵押权的行使必须以债务人不履行债务为前提。⑥抵押权人应通过抵押财产折价或以拍卖、变卖抵押财产的价款获得优先受偿。

▶▶▶ **354. 抵押权有哪些特征？**

（1）抵押权是担保物权。抵押权以抵押财产作为债权的担保，抵押权人对抵押财产享有的权利,可对抗物的所有人以及第三人。这主要体现在抵押权人对抵押财产有追及、支配的权利。所谓追及权,表现在抵押权设定后,抵押财产转让的,抵押权不受影响,抵押权仍存在于该抵押财产上。所谓支配权,表现在抵押权人在抵押财产担保的债权已届清偿期而未受清偿,或者发生当事人约定的实现抵押权的情形时,有权依照法律规定,抵押权以抵押财产折价或者以拍卖、变卖抵押财产的价款享有优先受偿权。

(2) 抵押权是债务人或者第三人以其所有的或者有权处分的特定的财产设定的物权。作为抵押权客体的财产,必须是债务人或者第三人所有的或者依法有权处分的财产,对自己无所有权或者无处分权的财产不得设定抵押权。此外,用于抵押的财产还应当是特定的。所谓特定的财产,可以是不动产,也可以是动产。抵押的财产不论是不动产还是动产,都必须是确定的或者是有具体指向的,比如,某栋房屋、某宗土地、某企业现有的及将有的产品等。传统民法学理论认为,作为抵押权客体的物只能是不动产,而动产只能作为质权的客体。但是,随着经济的发展,作为担保物权客体的一些动产,不转移占有比转移占有更有利于经济活动的进行。因此,一些国家和地区立法,规定了动产抵押担保。故此《民法典》规定的用于抵押的财产既可以是不动产,也可以是动产。

(3) 抵押权是不转移标的物占有的物权。抵押权设定后,抵押人不必将抵押财产转移于抵押权人占有,抵押人仍享有对抵押财产的占有、使用、收益和处分的权利,这是抵押权区别于质权、留置权的特征。抵押权无须转移抵押财产的占有有下列优势:一是设定抵押权后,抵押人仍能占有抵押财产而进行使用、收益和处分,这有利于抵押人。二是抵押权人无须承担保管抵押财产的义务,但能获得完全的抵押权,这有利于抵押权人。三是由于抵押财产仍然保存在抵押人处,抵押人可以对其抵押财产更好地保护,达到保值甚至增值的效果,资源可以有效利用,充分发挥物的使用价值。

(4) 抵押权人有权就抵押财产优先受偿。优先受偿,指当债务人有多个债权人,其财产不足清偿全部债权时,有抵押权的债权人,可以优先于其他无抵押权的债权人受偿的权利。

▶▶▶ 355. 实现抵押权应当具备哪些条件?

一是债务清偿期限届满,债务人不履行义务。清偿期限未届满,抵押权人无权就抵押财产优先受偿。二是发生当事人约定的实现抵押权的情形。比如,债权人与债务人约定,贷款只能用于教学大楼的建设,改变贷款用途的,双方的借贷法律关系终止，债务人须即刻归还已贷出款项，不能归还的，债权人可以拍卖债务人的抵押财产，就拍卖取得的价款优先受偿。当双方约定的实现抵押权的条件成就，即使债务清偿期限没有届满，抵押权人也有权就拍卖、变卖抵押财产的价款优先受偿。

▶▶ 356.《民法典》对担保行为有哪些基本规定？

《民法典》第三百八十六条，担保物权人在债务人不履行到期债务或者发生当事人约定的实现担保物权的情形，依法享有就担保财产优先受偿的权利，但是法律另有规定的除外。

《民法典》第三百八十七条规定，债权人在借贷、买卖等民事活动中，为保障实现其债权，需要担保的，可以依照本法和其他法律的规定设立担保物权。

第三人为债务人向债权人提供担保的，可以要求债务人提供反担保。反担保适用本法和其他法律的规定。

《民法典》第三百九十二条规定，被担保的债权既有物的担保又有人的担保的，债务人不履行到期债务或者发生当事人约定的实现担保物权的情形，债权人应当按照约定实现债权；没有约定或者约定不明确，债务人自己提供物的担保的，债权人应当先就该物的担保实现债权；第三人提供物的担保的，债权人可以就物的担保实现债权，也可以请求保证人承担保证责任。提供担保的第三人承担担保责任后，有权向债务人追偿。

▶▶ 357.《民法典》对担保物权消灭是怎么规定的？

《民法典》第三百九十三条规定，有下列情形之一的，担保物权消灭：

（1）主债权消灭；

（2）担保物权实现；

（3）债权人放弃担保物权；

（4）法律规定担保物权消灭的其他情形。

▶▶ 358. 担保期间，担保财产毁损、灭失或者被征收怎么办？

《民法典》第三百九十条规定，担保期间，担保财产毁损、灭失或者被征收等，担保物权人可以就获得的保险金、赔偿金或者补偿金等优先受偿。被担保债权的履行期限未届满的，也可以提存该保险金、赔偿金或者补偿金等。

359. 什么情况下，担保人不需要承担担保责任？

《民法典》第三百九十一条规定，第三人提供担保，未经其书面同意，债权人允许债务人转移全部或者部分债务的，担保人不再承担相应的担保责任。

360. 房屋物权何时设立和消灭？

抵押权的基础是物权，没有物权何来抵押权？抵押最普通的抵押物房屋的物权可以设立也可以消灭，那么房屋的物权是怎么设立、消灭的呢？

《民法典》第二百三十一条规定，因合法建造、拆除房屋等事实行为设立或者消灭物权的，自事实行为成就时发生效力。

本条是关于因事实行为而设立或者消灭物权的规定。

举个例子，某房地产开发公司在取得某地块的国有土地使用权证后，打算开发建造一栋住宅楼，如果该公司要合法地获得所建房屋的所有权，就须依法办理建筑用地规划许可证、建筑工程规划许可证与施工许可证等手续，并且在房屋的立项、规划、建设过程中，均是相关行政审批机关批准的建设方。在房屋建造完成后，该房地产公司作为合法建造人，就可以因事实行为而取得房屋所有权。反过来说，如果该公司在建好这栋住宅楼后又将其拆除，那么其就因"拆除"这一事实行为丧失了对房屋的所有权。

需要特别注意《民法典》第二百三十一条中的合法两字，如果是违法违规建造的房屋，就不能依法获得相应的房屋所有权。同时，建房人仍应按照法律规定办理相关登记手续，否则，之后对该房屋进行处分时有可能面临其他的法律风险。

361.《民法典》对抵押物的范围有什么样的规定？

《民法典》进一步扩大了抵押物的范围，根据第三百九十五条规定，财产抵押应当符合两个条件，一是债务人或者第三人对抵押财产有处分权；二是属于本条规定的可以抵押的财产，并且下列财产可以一并抵押。即：

《民法典》第三百九十五条规定，债务人或者第三人有权处分的下列财产可以抵押：(1) 建筑物和其他土地附着物。(2) 建设用地使用权。(3) 海域使用权。(4) 生产设备、原材料、半成品、产品。(5) 正在建造的建筑物、船舶、航空器。(6) 交通运输工具。(7) 法律、行政法规未禁止抵押的其他财产。抵押人可以将前款所列财产一并抵押。

362. 建筑物及其他土地附着物的具体含义是什么？

建筑物包括住宅、体育馆等，但并非所有的建筑物都可以抵押，只有抵押人有权处分的建筑物才可以抵押。《城市房地产管理法》第48条规定，依法取得的房屋所有权可以设定抵押权。按照这一规定，私人建造或者购买的住宅、商业用房；集体所有的乡镇企业厂房；企事业单位自建和购买的工商业用房、职工住房等，只要取得了所有权，就可以抵押。对于产权属于全民所有的房屋，包括国家确定给国家机关、全民所有制企事业单位，军队等使用的全民所有的房屋，未经依法批准，使用单位不得抵押。

其他土地附着物，是指附着于土地之上的除房屋以外的不动产。包括桥梁、隧道、大坝、道路等构筑物，以及林木、庄稼等。例如，房前屋后属于公民个人所有的树木，公民个人在自留山小自留地和荒山、荒地、荒坡上种植的林木、农作物、集体所有的用材林、经济林、防护林、炭薪林等。

363. 建设用地使用权的具体含义是什么？

建设用地使用权是指权利主体依法对国家所有的土地享有的占有，使用和收益的权利。按照现行法律规定，取得建设用地使用权主要有以下三种方式：(1) 通过无偿划拨取得。即国家将国有土地依法确定给全民所有制单位、集体所有制单位或者个人使用。(2) 通过出让取得。即国家将国有土地使用权在一定年限内出让给土地使用者，由土地使用者向国家支付土地使用权出让金。目前，出让国有土地使用权主要采取协议、招标、拍卖方式。(3) 通过有偿转让取得。即土地使用者，将以出让方式获得的国有土地使用权，依法办理有关手续后，转移给他人使用。建设用地使用权取得的方式不同，权利人享有的处分权也不同，建设用地使用权可否抵押，取决于法律是否赋予权利人处分的权利。对此，一些法律作了规定，例如，《城市房地产管理法》第48条规定，依法取得的房屋占用范围内的土地使用权，以及以出让方式取得的土地使用权，可以设定抵押权。对于法律不允许抵押的建设用地使用权，不可以作为抵押标的物。

364. 海域使用权的具体含义是什么？

海域属于国家所有，国家是海域所有权的唯一主体。单位和个人使用海域，必须依法取得海域使用权。海域使用权是一种用益物权，根据《海域使用权管理规定》，依法取得的海域使用权受法律保护。根据《海域使用管理法》，海域使用权取得的方式主要有三种：一是单位和个人向海域行政主管部门申请；二是招标；三是拍卖。海域作为国家重要的自然资源实行有偿使用制度。单位和个人使用海域，应当按照国务院的规定缴纳海域使用金。海域使用权作为一项重要的财产权利，可以依法转让、继承。对于海域使用权能否抵押，以前相关法律没有明确规定。我国海域辽阔，海域资源丰富，充分发挥海域使用权的使用价值及交换价值有利于大力发展海洋经济，进一步提高海洋经济的质量和效益。2017年1月发布的《国务院关于全民所有自然资源资产有偿使用制度改革的指导意见》中提出"完善海域有偿使用分级、分类管理制度，适应经济社会发展多元化需求，完善海域使用权出让、转让、抵押、出租、作价出资（入股）等权能"。目前，《海域使用权管理规定》和《不动产登记暂行条例》及其实施细则也就海域使用权的抵押登记作了具体规定。《民法典》物权编在吸收相关意见的基础上在抵押财产的范围中增加规定了海域使用权。

▶▶▶ 365. 生产设备、原材料、半成品、产品的具体含义是什么？

（1）生产设备包括：工业企业的各种机床、计算机、化学实验设备、仪器仪表设备，通信设备，海港、码头、车站的装卸机械，拖拉机、收割机等农用机械等。

（2）原材料指用于制造产品的原料和材料，比如用于炼钢的铁矿石，用于造纸的纸浆，用于生产家具的木料，用于建设工程的砖、瓦、沙、石等。

（3）半成品指尚未全部生产完成的产品，比如尚未组装完成的汽车，尚未缝制纽扣的服装。

（4）产品指生产出来的物，比如汽车、轮船等交通工具，仪表、仪器、机床等生产设备，电视机、电冰箱等生活用品。

▶▶▶ 366. 正在建造的建筑物、船舶、航空器的具体含义是什么？

实践中，建设工程往往周期长、资金缺口大，以正在建造的建筑物、船舶、航空器作为贷款的担保，对于解决建设者融资难，保证在建工程顺利完工具有重要作用，为此《物权法》规定了在建的建筑物、船舶、航空器可以抵押，《民法典》物权编也保留了该规定。

▶▶▶ 367. 交通运输工具的具体含义是什么？

交通运输工具包括：飞机、船舶、火车、各种机动车辆等。

下篇 导致银行被动抵债后果的授信风险识别与防范

▶▶▶ 368. 法律、行政法规未禁止抵押的其他财产的具体含义是什么？

这是一项兜底性规定，以适应不断变化的经济生活需要。这项规定表明，以前六项规定以外的财产抵押，必须同时具备两个条件：（1）不是法律、行政法规规定禁止抵押的财产；（2）债务人或者第三人对该财产有处分权。

《民法典》第三百九十五条第二款规定，抵押人可以将前款所列财产一并抵押。这是关于企业财产集合抵押的规定。根据该款规定，企业可以将企业的动产、不动产及其某些权利作为一个整体进行担保，比如，将厂房、机器设备、库存产成品、工业产权等财产作为总资产向银行抵押贷款。但是，企业将财产一并抵押时，各项财产的名称、数量等情况应当是明确的。

▶▶▶ 369. 《民法典》规定可以抵押的财产有哪些特征？

因为抵押权要通过折价、拍卖或者变卖等方式来实现，这就要求抵押财产需要具备以下特征：

第一，抵押人须对该财产享有处分权。抵押人以不属于自己的财产设定抵押的，构成无权处分，除非构成善意取得，否则不能设立抵押权。处分权受限制的财产，如依法被查封、扣押、监管的财产；处分权不明的财产，如所有权、使用权不明或者有争议的财产，均不能设定抵押权。

第二，财产具有可流通性。土地所有权、公益设施以及宅基地、自留山、自留地等集体所有土地的使用权等财产，之所以不能作为抵押权的客体，就是因为其不具有可流通性。同理，禁止流通物因其不具有流通性，也不能成为抵押权的客体。限制流通物，尽管其流通受限，但毕竟具有可流通性，因此可以成为抵押权的客体，只是在实现时要归特定主体所有。

第三，财产具有独立性。不具有独立性的权利，如抵押权本身不能成为抵押权的标的。地役权也不得单独抵押，必须要与土地经营权、建设用地使用权等一并抵押。

第四，财产具有开放性。在抵押权客体问题上，《民法典》秉持"法无禁止皆可为"的原则，只要法律、行政法规没有禁止抵押的其他财产，都可以作为抵押财产。随着经济社会的不断发展，各种新型权利不断产生，将会有越来越多的财产能够作为抵押权的客体，这与权利质押客体的封闭性形成鲜明对比。

▶▶▶ 370. 抵押物从存在形态上可以分为几种？

《民法典》对抵押财产的范围分别从可以抵押和不可以抵押两个方面进行

了规定：第三百九十八条规定了哪些财产可以抵押，而第三百九十九条则规定哪些财产不得抵押。可以抵押的财产从存在形态上可以分为不动产、动产以及不动产权利三大类。

▶▶▶ 371. 抵押财产的不动产的具体内容是什么？

（1）建筑物。在我国，土地本身不能成为抵押财产，能够作为抵押财产的不动产主要是地上的附着物，包括建筑物和其他的土地附着物两种类型。建筑物是抵押财产的主要形态。建筑物不仅包括用于居住的房屋，还包括其他非用于居住的建筑物，如桥梁、地窖、水塔、涵洞、水道、索道、砖瓦窑、烟囱、游泳池、纪念碑、单体立柱广告牌等人工构筑物。随着人类改造自然能力的增强，我们还可以在海上建造各种建筑物，码头、海上栈桥、固定灯塔、跨海大桥、海上风电设施、海洋立体养殖场、海底隧道等均属于建筑物的范畴。

（2）在建工程。一般来说，作为抵押财产的建筑物指的是经合法建造并已经取得所有权的建筑物（违法建筑或者尚未取得所有权的建筑，不能成为抵押权的标的）。但为充分发挥建筑物的融资功能，我国法律允许以正在建造的建筑物作为抵押财产，构成抵押物特定性的例外。正在建造的建筑物即在建工程抵押，是民事主体为了取得继续建造建筑物所需的资金，以依法正在建造的建筑物，如房地产企业以其正在建造的商品房、企业以其正在建造的厂房等作为抵押财产设定抵押。在建工程一经建造完毕，建设单位基于合法建造原始取得所有权，因而如果能如期完工，在建工程可将其视为建筑物的向前延伸。当在建工程是房地产时，在建工程抵押与预购商品房抵押有着密切关系。预购商品房的买受人，如不能一次性付款的，往往在缴纳一定的首付款后向银行贷款，并将预购商品房抵押给银行，作为归还银行贷款的担保。在商品房预售场合，在房屋过户登记前，买受人享有的仅是请求开发商交付房屋的债权。故预购商品房抵押中，抵押财产并非正在建造的商品房，而是买受人对开发商享有的请求交付房屋的债权。预购商品房抵押，其登记属于预告登记，而在建工程抵押办理的则是本登记。

（3）其他附着物。建筑物以外的其他附着物，主要是指尚未与土地分离的林木、农作物等作物。这些林木、农作物往往是土地使用权人栽种的，因此，可以是不动产抵押的一部分。如果不是人工栽种的林木、农作物，因其属于森林资源，或者其作为国家或集体土地的附着物而归国家或者集体所有，一般不能设定抵押，这些附着物一旦与土地分离，就成为独立的物，不再属于附着物,从而成为动产抵押权的客体。

▶▶▶ 372. 抵押的财产的动产的具体内容是什么?

动产作为抵押财产时,奉行登记对抗主义模式,这构成动产物权变动以交付作为公示方法的法定例外情形。实践中,能够作为抵押财产的动产主要包括如下情形:

一是交通工具,主要包括船舶、航空器、机动车。交通工具的价值往往较大,又有相应的主管部门进行登记,其登记不仅是物权变动的公示方法,而且具有很强的公法上的效力。

二是正在建造的船舶、航空器。交通工具中,船舶、航空器的价值尤其巨大,为充分发挥融资功能,我国法律认其也可以作为抵押财产。

三是生产设备、原材料、半成品、产品等浮动抵押物。根据《民法典》第三百九十六条的规定,能够设定浮动抵押的主体只能是企业、个体工商户以及农业生产经营者。作为浮动抵押客体的财产,不仅包括现有的生产设备、原材料、半成品、产品,还包括将来可能有的生产设备、原材料、半成品、产品。

▶▶▶ 373. 抵押的财产的不动产权力的具体内容是什么?

物权包括所有权、担保物权和用益物权,抵押权本身不能作为抵押权的客体,动产上不能设立用益物权,所以能够作为抵押权客体的权利,主要是不动产权利中的用益物权。但并非所有用益物权均可作为抵押财产,还应做具体分析。至于其他权利,如股权、知识产权、证券性权利乃至应收账款等金钱债权,则只能作为权利质押的客体,而非抵押权的客体。

(1)土地承包经营权。随着农村土地"三权分置"改革的推进及落地,土地承包经营权中的土地承包权和土地经营权相对分离,其中土地承包权相对固定,但土地经营权可以自由转让,从而使《民法典》与《物权法》的规定相比,呈现出如下特点:

第一,抵押权利从土地承包经营权缩减至土地经营权。根据《农村土地承包法》(根据 2018 年 12 月 29 日第十三届全国人大常委会第七次会议《关于修改〈中华人民共和国农村土地承包法〉的决定》第二次修正)第 36 条的规定,承包方可以自主决定依法采取出租(转包)、入股或者其他方式向他人流转土地经营权,并向发包方备案。《农村土地承包法》第 47 条规定,承包方可以用承包地的土地经营权向金融机构融资担保。可见,土地承包权尽管不能流转，但其中的经营权可以自由流转，当然也可以自由设定抵押。

第二，抵押财产的范围从"四荒"用地扩及所有的农村土地。此前，只有通过招标、拍卖、公开协商等方式取得的"四荒"土地承包经营权才能够作为抵押财产，其他土地承包经营权不能作为抵押财产。但在土地经营权可以自由流转的情况下，作为抵押财产范围的农地，不再限于"四荒"用地，而是扩及所有的农地。当然，对于通过招标、拍卖、公开协商等方式取得的"四荒"用地，其设定抵押的条件与《物权法》的表述也略有区别，应予注意。根据《民法典》第三百四十二条的规定，通过招标、拍卖、公开协商等方式承包农村土地，经依法登记取得权属证书的，可以依法采取出租、入股、抵押或者其他方式流转土地经营权，增加了"依法登记取得权属证书"的表述。

第三，抵押人的范围从承包方扩及土地经营权的受让人。《农村土地承包法》第47条规定，受让方通过流转取得的土地经营权，经承包方书面同意并向发包方备案，可以向金融机构融资担保。

（2）建设用地使用权。建设用地包括国有建设用地和集体建设用地。本题主要分析国有建设用地能否抵押的问题，原始取得国有建设用地使用权包括出让和划拨两种方式，其中出让又包括以招拍挂等竞争性方式出让和协议出让两种。通过出让方式取得的国有土地使用权后，建设用地使用权人可以通过转让、互换、出资、赠与或者抵押等方式进行处分，当然可以作为抵押财产。值得探讨的是通过划拨方式取得的国有土地使用权能否设定抵押。《城镇国有土地使用权出让和转让暂行条例》（根据2020年11月29日《国务院关于修改和废止部分行政法规的决定》修订）第44条、第45条规定，其上没有房地产等附着物的划拨国有土地使用权，不能单独设定抵押，其上有附着物的划拨国有土地使用权，只有先转为出让土地使用权后，即依照相关规定签订土地使用权出让合同，向当地市、县人民政府补交土地使用权出让金或者以抵押所获收益抵交土地使用权出让金后才能设定抵押。反之，在未签订土地使用权出让合同并补交土地使用权出让金的情况下，划拨土地使用权是不能设定抵押的。但《城市房地产管理法》第51条规定："设定房地产抵押权的土地使用权是以划拨方式取得的，依法拍卖该房地产后，应当从拍卖所得的价款中缴纳相当于应缴纳的土地使用权出让金的款额后，抵押权人方可优先受偿。"据此，划拨的土地使用权无须先转为出让土地使用权，也可以直接设定抵押，只是在抵押权实现时将所得价款优先用于缴纳应缴纳的土地使用权出让金。总之，划拨土地使用权不能单独设定抵押，但其上有附着物的可以设定抵押,但抵押权实现时应将所得价款优先用于缴纳应缴的建设用地使用权出让金。

(3) 海域使用权。2001年公布的《海域使用管理法》专门用一章对海域使用权作出了规定。《民法典》在用益物权的"一般规定"中规定,依法取得的海域使用权受法律保护。《海域使用管理法》更是专门规定,海域使用权可以作为抵押财产。但海域使用权并非单一的物权类型,而是一系列物权的总称。《海域使用管理法》第25条规定,根据用途的不同,海域使用权包括养殖用海权、拆船用海权、旅游用海权、娱乐用海权、盐业用海权、矿业用海权(探矿用海权、采矿用海权)、公益事业用海权(如海底电缆用海权、海底管线用海权)、建设工程用海权(如修建港口、船厂)。从立法上看,海域使用权作为一种独立的用益物权,其地位是毋庸置疑的,海域使用权可以作为用益物权或者准物权,如土地承包经营权、建设用地使用权以及养殖权、捕捞权、矿业权等涵盖;从学理上看确实并无将其作为一种用益物权专门规定的必要;但从管理的角度看,将海域交由一个部门统一管理,统筹各种用途,有利于实现海域的集约化利用。因此,专设海域使用权有其必要性。

(4) 准物权。《民法典》第三百二十九条规定:"依法取得的探矿权、采矿权、取水权和使用水域、滩涂从事养殖、捕捞的权利受法律保护。"该条规定中的矿业权(探矿权、采矿权)、取水权、渔业权(养殖权、捕捞权)等权利,一般将其归于准物权的范畴。所谓准物权,就是既具有物权的属性,但又与典型物权不同的一类权利。这些权利客体不完全特定,权利构成具有复合性,权利取得往往基于行政许可,而且在物权效力如排他性、追及力等方面也与典型物权有所不同。但这些权利实行法定主义,人多来源于法律的明确规定,且具有支配力、对抗力,能够通过物权请求权进行保护,因而仍然可将其归入物权的范畴。

①矿业权。1986年公布的《矿产资源法》第3条第4款规定:"采矿权不得买卖、出租,不得用作抵押。"但2009年修正后(根据2009年8月27日第十一届全国人大常委会第十次会议《关于修改部分法律的决定》第二次修正)的《矿产资源法》第6条第1款规定,探矿权人在完成规定的最低勘查投入后,经依法批准,可以将探矿权转让他人;第2款规定,已取得采矿权的矿山企业,因企业合并、分立、与他人合资、合作经营,或者因企业资产出售以及有其他变更企业资产产权的情形而需要变更采矿权主体的,经依法批准可以将采矿权转让他人。据此,矿业权在满足一定条件的情况下是可以转让的。既然允许转让,当然也就允许设定抵押,但需要履行报批手续。

②取水权。《取水许可和水资源费征收管理条例》第 27 条规定，依法获得取水权的单位或者个人，在取水许可的有效期和取水限额内，经原审批机关批准，可以依法有偿转让其节约的水资源，并到原审批机关办理取水权变更手续。可见，取水权在一定条件下也是允许转让的。既然允许转让，自然也允许抵押。转让与抵押均需要履行报批手续。

③养殖权。《渔业法》未规定养殖权能否转让，实践中养殖权人承包的水面（含滩涂）转让、养殖权人转换职业、养殖权人丧失从事养殖业的能力等原因需要转让养殖权的，法律并无禁止。有鉴于此，农业部《水域滩涂养殖发证登记办法》第 9 条规定："依法转让国家所有水域、滩涂的养殖权的，应当持原养殖证，依照本章规定重新办理发证登记。"该法第 13 条第 1 款规定："农民集体所有或者国家所有依法由农民集体使用的水域、滩涂，以家庭承包方式用于养殖生产，在承包期内采取转包、出租、入股方式流转水域滩涂养殖权的，不需要重新办理发证登记。"因此，允许养殖权转让，也应当允许设定抵押。

④捕捞权。捕捞权也属于渔业权的范畴。《渔业法》（2013 年第四次修订）第 23 条第 3 款规定："捕捞许可证不得买卖、出租和以其他形式转让，不得涂改、伪造、变造。"该条规定究竟是禁止转让捕捞证还是禁止转让捕捞权，人们存在不同理解。本书认为，应将其理解为禁止转让、出租捕捞权，否则，纯粹地禁止捕捞许可证不得买卖、出租没有实质意义。但捕捞权作为一种财产权，没有特别限制的必要。从比较法的角度看，捕捞配额具有可转让性也是国际通例。因此，从立法看，需要进一步探讨。

▶▶▶ 374. 什么是共同抵押？

所谓共同抵押，是指为担保同一个债权而在数项抵押财产上设定的抵押，即数个抵押权担保同一个债权。这就产生了共同抵押权，也叫作总括抵押权或聚合抵押权，这数个不动产、动产或权利可以属于同一个人，也可以分别属于不同人。例如，债务人甲为其欠乙的 300 万元债务提供担保，将已有 A、B 各值 200 万元的两宗土地设定抵押权。《民法典》第三百九十五条第二款规定："抵押人可以将前款所列财产一并抵押。"该条款主要是有关共同抵押的规定。数个抵押，从抵押人的角度看，既可以是债务人以数项财产设定的抵押，也可以是债务人与第三人以各自的财产设定抵押；从抵押财产的角度看，可以是数个不动产、动产或者不动产权利；从抵押权性质的角度看，可以是一般抵押权、最高额抵押或者浮动抵押。关于共同抵押本质上是一个抵押还是数个抵押，人们存在不同认识。

一般认为，共同抵押是数个抵押，从而使其区别于财团抵押。共同抵押有多个抵押物，而且抵押物之间是相互独立的抵押权人，可以就各个财产单独行使其权利，抵押权人因实行任何项或数项抵押财产而清偿其债权的，设定于其他财产的抵押即自动消灭。设定共同抵押时，对于共同抵押的数个财产，可以约定一定的顺序，抵押权人应按约定的顺序依次行使抵权。当事人未约定的，抵押权人可任意就其中一个或数个财产行使其权利，但抵押权人的债权以一个或数个财产的价值已受清偿的，抵押权即消灭，抵押权人不得再就其他抵押财产行使权利。

▶▶▶ 375. 共同抵押权有哪些特征？

（1）共同抵押权所担保的是同一项债权。同一债权是指债权发生原因相同，其债权人和债务人均属同一人，给付内容必数相同，唯有抵押物担保的债权额可以不必相同。

（2）共同抵押权的抵押物为复数。提供抵押的标的物是数项财产而非一项财产，但这数项财产并非是集合物而是各自独立的财产。数个抵押物可以是一个人所有，也可以是多个所有人所有。

（3）共同抵押权的抵押物对所担保的债权各负全部的担保责任。这一责任类似连带债务，因此学者又将共同抵押叫做"连带抵押"或"物上连带担保"。但连带债务属于人的连带，是一种多数债务人之债，而共同抵押权则为物的连带，属于物权关系。连带债务中负连带责任的人都是债务人，而共同抵押权中负连带责任的物既可以是债务人所有的物，也可以是第三人所有的物。

▶▶▶ 376. 共同抵押权有哪些作用？

（1）通过将多项财产的交换价值加以积累，以便更有效地确保债权的清偿。这种情形大多发生在抵押人所提供的一项抵押财产的交换价值无法确保债权清偿时，必须由同一抵押人再行提供抵押物，或者由另外的人提供抵押物，以共同担保同一债权。

（2）分散抵押物的危险。尽管单就每一个抵押物而言，其价值都足以确保债权的实现。但是，单个标的物常会发生损坏、灭失或市场因素导致价值的减少，而最终可能出现无法满足担保债权受偿的情形。为分散风险，增加债权受清偿的保障力度，共同抵押权提供多数抵押物来共同担保同一债权。

377. 什么是浮动抵押，《民法典》是如何规定的？

浮动抵押是指权利人以现有的和将有的全部财产或者部分财产为其债务提供抵押担保，债务人不履行到期债务或者发生当事人约定的实现抵押权的情形，债权人有权就抵押财产确定时的动产优先受偿。"将有的财产"一词，将抵押财产处于一种浮动的状态。《民法典》里虽然没有明确的"浮动抵押"一词，但是，法条里包含了这一概念。

《民法典》第三百九十六条规定，企业、个体工商户、农业生产经营者可以将现有的以及将有的生产设备、原材料、半成品、产品抵押，债务人不履行到期债务或者发生当事人约定的实现抵押权的情形，债权人有权就抵押财产确定时的动产优先受偿。

根据本条的规定，表明"浮动抵押"有以下内涵：

（1）设立浮动抵押的主体仅限于企业、个体工商户、农业生产经营者。

（2）设立浮动抵押的财产仅限于生产设备、原材料、半成品、产品。

（3）实现抵押权的条件是不履行到期债务或者发生当事人约定的实现抵押权的事由。

（4）浮动抵押权优先受偿的范围是抵押财产确定时的动产。

378. 什么是最高额抵押？

最高额抵押，是指抵押人与抵押权人协议，在最高债权额限度内，以抵押物对一定期间的连续发生的债权作担保。《民法典》第二百二十条规定，为担保债务的履行，债务人或者第三人对一定期间内将要连续发生的债权提供担保财产的，债务人不履行到期债务或者发生当事人约定的实现抵押权的情形，抵押权人有权在最高债权额限度内就该担保财产优先受偿。最高额抵押权设立前已经存在的债权，经当事人同意，可以转入最高额抵押担保的债权范围。

379. 最高额抵押的意义是什么？

最高额抵押一方面有利于简化手续，方便当事人快速获得融资，促进资金融通；另一方面有利于充分发挥抵押物的价值。例如，大型不动产若仅有一个或一笔债权担保，难免造成其价值得不到充分发挥，不利于经济流通。因此，最高额抵押应运而生，并普遍为金融机构所运用。

最高额抵押是一种常见的融资担保方式，采用该方式时金融机构一般需签订最高额借款合同（实务中还有的金融机构称之为：最高额授信、最高额融资等多种合同名称）。部分金融机构还会在最高借款循环使用期间，就单笔借款分别签订流动资金借款合同，或者通过借/提款申请书的方式，确定每笔借款的金额、利率、时间等。

▶▶▶ 380. 最高额抵押具有哪些特点？

（1）最高额抵押担保的债权具有不确定性。一是最高额抵押担保的债权一般情况下并非是特定既存的债权，而可能是未来的债权，最高额抵押权设立时担保的债权可能并没有实际发生；二是最高额抵押所担保的债权的发生具有连续性，只有在特定的情形及时点才会确定下来。

（2）最高额抵押权所担保的债权有最高限度。最高额抵押担保物的价值相对确定，但担保的债权设有最高限度。即抵押权人基于最高额抵押权可以优先受偿设有的最高限额，实际发生时可享受优先受偿的范围也以该限额为限，这也是最高额抵押权区别于一般抵押权的重要特征。

（3）最高额抵押权是特殊的抵押权。其特殊之处在于可以担保将来一定期间内可能连续发生的债权，无须在每一笔债权上单独设立一个担保物权。最高额抵押常见于金融机构融资授信等连续的交易往来中，最高额抵押的方式可以简化手续，减少交易成本，进而加速资金的融通，具有便捷、高效的特点。

▶▶▶ 381. 什么是财团抵押？

《民法典》第三百九十五条第二款关于"抵押人可以将前款所列财产一并抵押"的规定，承认了财团抵押，即一个企业有权将其全部财产，包括建设用地使用权、地上房屋、设备、运输工具等，设立一个抵押权。

▶▶▶ 382. 财团抵押权的概念是什么？

所谓财团抵押权，是以企业的财团为抵押物的抵押权。所谓财团，是指由企业的建设用地使用权、地上建筑物及其附属设施、设备、知识产权等财产组成的一种集合的财产。财团既不是单纯的不动产，也不是单纯的动产，而是将企业所有的不动产、动产及权利综合为一体，法律上视为一项独立的财产，于其上设立一个抵押权。这与普通抵押权的标的物为一个单一物不同，与共同抵押权的标的物为数个物或权利也有差异。

▶▶▶ 383. 财团抵押权制度有哪些社会作用？

财团抵押权之所以存在，主要是因为企业的不动产、动产及权利作为一个整体存在其使用价值和交换价值都比单独使用或交换要高。如果固守一物一权制度，把上述财产分解为单独的不动产、动产或权利，分别设立抵押权或其他担保权，不仅会减损其价值，而且程序也过于烦琐，既不经济又不能充分发挥融资的作用。财团抵押权可以解决普通抵押权在这方面的不足，起到积极的作用。

▶▶▶ 384. 财团抵押权如何设立？

包括《不动产登记暂行条例》及《不动产登记暂行条例实施细则》在内的现行法规尚无财团抵押权直接基于法律规定而设立的规定，从《民法典》第三百九十五条第二款关于"抵押人可以将前款所列财产一并押"的规定看，财团抵押权需要通过抵押合同设立，且应以抵押登记为财团抵押权的生效要件。

《不动产登记暂行条例实施细则》第65条第2款的规定，可以视为关于财团抵押的规定，但缺乏可操作性。

在实务中，我国至今尚未开展把财团作为一个抵押物办理抵押登记的业务，当企业以其所有的不动产、动产及权利一并设立抵押权时，实际操作是就建设用地使用权抵押、建筑物及其附属设施抵押、动产抵押、知识产权抵押等分别办理抵押登记，不能解读为真正的财团抵押权，亟待修正。

▶▶▶ 385. 设定的动产抵押财产按照什么标准确定抵押发生？

《民法典》第四百一十一条规定：依据本法第三百九十六条规定设定抵押的，抵押财产自下列情形之一发生时确定：

（一）债务履行期限届满，债权未实现；

（二）抵押人被宣告破产或者解散；

（三）当事人约定的实现抵押权的情形；

（四）严重影响债权实现的其他情形。

《民法典》第三百九十六条的规定是企业、个体工商户、农业生产经营者可以将现有的以及将有的生产设备、原材料、半成品、产品抵押，即设立抵押权。

这里针对的抵押物是动产，而且是可变的，不稳定的动产，所以该法条的设置是将不确定的动产抵押物在某个特定的时间或者符合某个条件后，将其固定化，以便于评估、拍卖、变卖，实现抵押权。

▶▶▶ 386. 最高额抵押权可以转让吗？

最高额抵押权不可以转让。《民法典》第四百二十一条规定：最高额抵押担保的债权确定前，部分债权转让的，最高额抵押权不得转让，但是当事人另有约定的除外。

▶▶▶ 387. 为什么说最高额抵押权是特殊的抵押？

最高额抵押是对一定期间内连续发生的所有债权作担保，而不是单独对其中的某一个债权作担保，因此，最高额抵押权并不从属于特定债权，而是从属于主合同关系。部分债权转让的，只是使这部分债权脱离了最高额抵押权的担保范围，对最高额抵押权并不发生影响，最高额抵押权还要在最高债权额限度内，对已经发生的债权和尚未发生将来可能发生的债权作担保。因此，最高额抵押担保的主债权确定前，部分债权转让的，最高额抵押权并不随之转让，除非当事人另有约定。

相对于一般抵押权，最高额抵押权是特殊抵押权，因为其具有三点特性：即具有相对的独立性、相对的不特定性及适用性。

（1）最高额抵押权具有相对的独立性。抵押权的发生，移转及消灭，均应从属于债权。

（2）最高额抵押权具有相对的不特定性。最高额抵押设定时，其担保的债权或尚未发生或虽已发生却仍处于变动不特定之中。

（3）最高额抵押权具有相对的适用性。最高额抵押权的基础关系，须由债权人与债务人自行约定，通常均具有继续性，因而也就具有相对的适用性。

认为最高额抵押权是特殊抵押权，主要表现在最高额抵押是对一定期间连续发生的债权作担保，而不是单独对其中的某一项债权作担保，而且最高额抵押所担保的债权在担保期间内经常变更，处于不稳定状态，如果允许主合同债权转让，就要考虑最高额抵押权是否转让、如何转让，以及如果几个债权分别转让给不同的第三人时，最高额抵押权由谁行使、如何行使等问题。

关于最高额抵押权是否随其所担保的主债权的转让而转让的问题，应当区别不同情况分别对待。最高额抵押所担保的主债权确定后，主债权在约定的最高限额内就抵押财产优先受偿，此时最高额抵押与一般抵押没有什么区别。因此，根据一般抵押权随主债权的转让而转让的原则，主债权转让的，最高额抵押权一并转让。这与在主债权没有确定之前的情形是完全不同的。

388. 《民法典》第四百二十一条规定中，当事人另有约定的除外是什么意思？

根据《民法典》第四百二十一条规定，当事人可以约定在最高额抵押担保的债权确定前，最高额抵押权随部分债权的转让而转让。当事人的约定主要有以下两种情形：

（1）部分债权转让的，抵押权也部分转让，原最高额抵押所担保的债权额随之相应减少。在这种情况下，转让的抵押权需要重新作抵押登记，原最高额抵押权需要作变更登记。

（2）部分债权转让的，全部抵押权随之转让，未转让的部分债权成为无担保债权。

389. 最高额抵押担保的债权确定前可以变更债权确定的期间、债权范围以及最高债权额吗？

可以。《民法典》第四百二十二条规定，最高额抵押担保的债权确定前，抵押权人与抵押人可以通过协议变更债权确定的期间、债权范围以及最高债权额。但是，变更的内容不得对其他抵押权人产生不利影响。

390. 抵押权人的债权在什么情形下确定？

《民法典》第四百二十三条规定，有下列情形之一的，抵押权人的债权确定：

（1）约定的债权确定期间届满。

（2）没有约定债权确定期间或者约定不明确，抵押权人或者抵押人自最高额抵押权设立之日起满2年后请求确定债权。

（3）新的债权不可能发生。

（4）抵押权人知道或者应当知道抵押财产被查封、扣押。

（5）债务人、抵押人被宣告破产或者解散。

（6）法律规定债权确定的其他情形。

391. 《民法典》扩大担保范围都有哪些？

传统的典型担保如保证、抵押、质押等已不能完全适应经济社会发展的需要,《民法典》为此扩大了担保合同范围,增加规定了所有权保留买卖、融资租赁、保理等具有担保功能的合同。

《民法典》第三百八十七条规定:债权人在借贷、买卖等民事活动中,为保障实现其债权,需要担保的,可以依照本法和其他法律的规定设立担保物权。

第三人为债务人向债权人提供担保的,可以要求债务人提供反担保。反担保适用本法和其他法律的规定。

《民法典》第三百八十八条规定:设立担保物权,应当依照本法和其他法律的规定订立担保合同。担保合同包括抵押合同、质押合同和其他具有担保功能的合同。担保合同是主债权债务合同的从合同。主债权债务合同无效的,担保合同无效,但是法律另有规定的除外。

担保合同被确认无效后,债务人、担保人、债权人有过错的,应当根据其过错各自承担相应的民事责任。

以上两条法规中"其他法律的规定设立担保物权""其他具有担保功能的合同"的规定扩展了担保的范围。为优化营商环境提供法治保障,《民法典》在现行物权法规定的基础上,进一步完善了担保物权制度,明确融资租赁、保理、所有权保留等非典型担保合同的担保功能,增加规定担保合同包括抵押合同、质押合同和其他具有担保功能的合同(见《民法典》第三百八十八条第一款)。

▶▶▶ 392. 哪些财产不能抵押?

《民法典》第三百九十九条规定下列财产不得抵押:

(1)土地所有权。

(2)宅基地、自留地、自留山等集体所有土地的使用权,但是法律规定可以抵押的除外。

(3)学校、幼儿园、医疗机构等为公益目的成立的非营利法人的教育设施、医疗卫生设施和其他公益设施。

(4)所有权、使用权不明或者有争议的财产。

(5)依法被查封、扣押、监管的财产。

(6)法律、行政法规规定不得抵押的其他财产。

▶▶▶ 393. 为什么土地所有权不能抵押?

我国实行土地公有制,土地归国家和集体所有。《中华人民共和国宪法》(以下简称《宪法》)第十条规定,城市的土地属于国家所有。农村和城市郊区的土地，除法律规定属于国家所有的以外，属于集体所有。宅基地和自耕地、自留山也属于集体所有。任何组织或者个人不得侵占、买卖或者以其他形式非法转让土地。土地的使用权可以依照法律的规定转让。《宪法》明确规定土地使用权可以依法转让，而土地的所有权不能转让。《民法典》规定了土地使用权可以依法抵押，而土地所有权不能抵押。因为土地的所有权不属于个人。土地的使用权、非农村宅基地、自留地、自留山，可以抵押登记给个人。

▶▶▶ 394. 国有企业、国有机构可以用土地使用权抵押吗？

国有企业、国有机构可以有条件的对土地使用权进行抵押。《中华人民共和国土地管理法》（以下简称《土地管理法》）第二条规定，中华人民共和国实行土地的社会主义公有制，即全民所有制和劳动群众集体所有制。全民所有，即国家所有土地的所有权由国务院代表国家行使。任何单位和个人不得侵占、买卖或者以其他形式非法转让土地。土地使用权可以依法转让。国家为了公共利益的需要，可以依法对土地实行征收或者征用并给予补偿。国家依法实行国有土地有偿使用制度。但是，国家在法律规定的范围内划拨国有土地使用权的除外。

▶▶▶ 395. 哪些国有土地可以进行抵押？

（1）以出让方式取得的国有土地使用权单独抵押。

（2）以出让方式取得的国有土地使用权，其地上的房屋等建筑物抵押时，该房屋等建筑物占用范围内的国有土地使用权同时抵押。

（3）以划拨方式取得的国有土地使用权，其地上的房屋等建筑物抵押时，该房屋等建筑物占用范围内的国有土地使用权同时抵押。

▶▶▶ 396. 哪些国有土地不得进行抵押？

（1）以划拨方式取得的国有土地使用权不得单独抵押。

（2）所有权、使用权不明或者有争议的国有土地。

（3）依法被查封的国有土地。

（4）未确定使用权的国有土地。

▶▶▶ 397. 为什么耕地、宅基地、自留地、自留山等集体所有的土地使用权不得抵押？

集体土地的性质决定了其具有特殊用途和特殊性质，若允许集体所有的土地使用权随便抵押,将不利于国家利益和社会稳定。但《民法典》也规定了除外情况,除外情况包括:为了鼓励农民开发荒地,解决资金短缺,允许以招标、拍卖、公开协商等方式取得的荒地等土地承包经营权设定抵押;为了发展农村经济,允许以乡镇、村企业的厂房等建筑物抵押的,其占用范围内的建设用地使用权一并抵押。

▶▶ 398. 农民拥有的宅基地是土地使用权还是土地所有权?

我国宅基地属于集体所有,所以农民只是拥有使用权。

宅基地是农村的农户或个人用作住宅基地而占有、利用集体所有的土地。包括建了房屋、建过房屋或者决定用于建造房屋的土地,具体可以分为:建了房屋的土地、建过房屋但已无上盖物或不能居住的土地以及准备建房用的规划地三种类型。宅基地的所有权属于农村集体经济组织。

《民法典》第三百六十二条规定:宅基地使用权人依法对集体所有的土地享有占有和使用的权利,有权依法利用该土地建造住宅及其附属设施。

▶▶ 399. 为什么房屋所有权与土地使用权必须同时抵押?

房屋所有权与土地使用权同时抵押的原则,是指在房地产抵押时,应当将房屋与土地使用权同时抵押的原则。表现在两个方面。

(1) 以依法取得的国有土地上的房屋抵押的,该房屋占用范围内的国有土地使用权同时抵押。即所谓的"地随房走"。

(2) 以出让方式取得的国有土地使用权抵押的,应当将抵押时该国有土地上的房屋同时抵押。即所谓的"房随地走"。

以上是《民法典》的规定(见第三百九十七条)。法律作出这一规定,其理由在于:①离开土地的建筑物不具备法律上的独立性,不能独立的构成抵押标的。任何房屋都是建立在土地上的,土地是地上房屋的必要组成部分,没有土地使用权的房屋在实践中不能独立存在,在法律上也是不能独立移转的,因此必须"地随房走"。②房屋虽然不是土地的本质组成部分,土地本身可以独立的移转,但是如果允许土地使用权单独抵押而地上建筑物所有权不进行抵押,就可能出现土地使用权与地上建筑物所有权主体不一致的状况,从而发生权利的冲突与摩擦,不利于物的有序利用和社会秩序的稳定。为防止这种权属不一致的矛盾,就有必要将房屋与土地视为一个整体,从而要求"房随地走"。

▶▶▶ 400. 以公益为目的的事业单位、社会团体的公益设施是否可以抵押？

公益单位的公益设施是指公益单位为社会公共利益需要而设置的各种社会设施，这种设施存在的目的是为了增加社会公共福利。公益设施与社会公共利益密切相关，关系众多人的利益，有关社会稳定，这一类设施不得抵押。

例如，学校、幼儿园是为了社会公共利益而设立的公益事业。学校、幼儿园的教育设施是用来教书育人的，如果允许以学校的教育设施设立抵押，一旦实现抵押权，则不仅办学目的难以达到，严重的可能造成学生失学，影响社会安定。从国家、民族的未来考虑，从维护社会安定的角度出发，从教育的目的着眼，禁止以教育设施抵押。再比如，医院是为了保证公共健康而设立的，是一种公益事业，如果允许以医疗设施抵押，一旦实现抵押权，就不能保障人民健康，因此禁止以医疗设施抵押。

"其他社会公益设施"，是指不以营利为目的的图书馆、科技馆、博物馆、美术馆、文化宫、敬老院、福利院等。这些设施同样是以公益为目的的，不能以其用房和内部公益设施抵押。

▶▶▶ 401. 以公益为目的的事业单位、社会团体的社会公益设施以外的财产能否设定抵押？

最高人民法院关于适用《中华人民共和国民法典》有关担保制度的解释》（法释〔2020〕28号，2021年1月1日起实行），第六条规定：以公益为目的非营利性学校、幼儿园、医疗机构、养老机构等提供担保的，人民法院应当认定担保合同无效，但是有下列情形之一的除外：（二）以教育设施、医疗卫生设施、养老服务设施和其他公益设施以外的不动产、动产或者财产权利设立担保物权……从这一规定可以看出，题目所涉的财产可以设定抵押。

▶▶▶ 402. 为什么所有权、使用权不明或者有争议的财产不得抵押？

财产所有权是权利主体依法对自己的财产占有、使用、收益和处分的权利。财产使用权是使用权人依法对财产使用收益的权利。作为抵押的财产应具备的一个重要条件就是抵押人对其有处分权。如果所有权属或者使用权属不明确，甚至是有争议，会侵犯财产所有权人或者使用权人的合法权利，同时还会引起矛盾和争议，造成法律关系混乱。抵押人在存在争议的情况下对财产都没有明确的处分权，此时设定的抵押无法保障债权人债权的实现，抵押权的设定毫无意义。因此，所有权、使用权不明或者有争议的财产不得抵押。

▶▶ 403. 什么情况下会出现所有权、使用权不明或存在争议财产？

（1）继承发生后，遗产尚未分割的财产。此时，继承人是否放弃继承权尚未表态，财产到底归谁所有尚不清晰，遗产不能用来抵押。

（2）有争议的财产。民事主体未就财产的归属问题达成一致，有关司法机关或仲裁机构正在进行司法裁决或处于仲裁进行期间，而未有终局的处理决定，财产所有人或使用人尚未清楚，此时这类存在争议的财产不能用作抵押。

▶▶ 404. 为什么依法被查封、扣押、监管的财产不得抵押？

依法查封、扣押的财产，是指人民法院或者有权行政机关采取强制措施将财产就地贴上封条或者运到另外的处所，不准其他任何人占有、使用或者处分的强制性行为。依法监管的财产，指国家海关依《海关法》规定监督、管理进出口货物，过境、转运、通运货物以及暂时进出口货物，保税货物和其他尚未办理海关手续的进出境货物，对违反《海关法》和其他有关法律的进出境货物、物品予以扣留的强制性行为。这些依法被查封、扣押、监管的财产，其合法性尚处于不确定状态，国家法律不能予以确认和保护。因此，《民法典》禁止以依法被查封、扣押、监管的财产抵押。

依法被查封、扣押或者海关监管的财产，虽然所有权仍然属于财产所有人，但处分权的行使受到了法律的限制，以这类财产设定抵押的，应认定抵押合同无效。若抵押权设定后，抵押财产被依法查封、扣押、监管的，则抵押权不受影响。

▶▶ 405. 法律、行政法规规定不得抵押的其他财产是指什么？

这是个兜底条款，除了《民法典》的规定外，如果其他法律和行政法规有禁止抵押的规定，仍不得抵押。这里的法律和行政法规限于全国人大及其常委会制定的法律和国务院制定的行政法规，不得以地方性法规、行政规章和其他规范性文件为依据。

▶▶ 406. 民间资本建立的学校、医院等机构是否能做抵押？

《民法典》第三百九十九条规定，学校、幼儿园、医疗机构等为公益目的成立的非营利法人的教育设施、医疗卫生设施和其他公益设施不得抵押。

私人性质的教育、医疗卫生设施是否可以作为抵债资产收取关键看其在工商管理机构是怎么登记的。最高人民法院公报案例表明，如果教育、私立医院等私人性质的机构登记为营利法人，可以将其资产做抵押，如果还不了银行贷款，银行可以依法作为抵债资产收取。

▶▶▶ 407. 抵押期间，抵押人可以转让抵押财产吗？

《民法典》第四百零六条规定：抵押期间，抵押人可以转让抵押财产。当事人另有约定的，按照其约定。抵押财产转让的抵押权不受影响。

抵押人转让抵押财产的，应当及时通知抵押权人。抵押权人能够证明抵押财产转让可能损害抵押权的，可以请求抵押人将转让所得的价款向抵押权人提前清偿债务或者提存。转让的价款超过债权数额的部分归抵押人所有，不足部分由债务人清偿。

《民法典》第四百零六条对《物权法》（已废止）的第一百九十一条做出了重大修改，规定抵押期间抵押人转让抵押财产不再需要抵押权人的同意。但此条系任意性规定，且抵押财产的转让不影响抵押权的行使。下图列示两个法条的对比区别（见图5）。

原有规定	现有规定
《物权法》	《民法典》
第一百九十一条 抵押期间，抵押人经抵押权人同意转让抵押财产的，应当将转让所得的价款向抵押权人提前清偿债务或者提存。转让的价款超过债权数额的部分归抵押人所有，不足部分由债务人清偿	第四百零六条 抵押期间，抵押人可以转让抵押财产。当事人另有约定的，按照其约定。抵押财产转让的，抵押权不受影响
抵押期间，抵押人未经抵押权人同意，不得转让抵押财产，但受让人代为清偿债务消灭抵押权的除外	抵押人转让抵押财产的，应当及时通知抵押权人。抵押权人能够证明抵押财产转让可能损害抵押权的，可以请求抵押人将转让所得的价款向抵押权人提前清偿债务或者提存。转让的价款超过债权数额的部分归抵押人所有，不足部分由债务人清偿

图5 《物权法》与《民法典》对抵押财产规定的区别

《民法典》第四百零六条规定的抵押财产可自由转让制度，促进了市场交易行为，简化了交易程序及降低了交易双方的法律风险。

《民法典》第四百零六条规定的核心内容是：抵押财产可以在未经注销抵押登记的前提下自由转让，不以抵押权人的同意为前提（另有约定的除外），但抵押财产过户后，原抵押权依然存在于抵押财产之上。

《民法典》这一规定，无疑有利于提高社会物质的利用效率，促进抵押财产的交易及降价其交易成本，进一步促进社会财富资源的自由流动。

第一，法律允许在无须注销抵押登记的前提下办理物权的过户登记或交付，大大降低了抵押人的交易成本。

此前根据《物权法》（已废止）的规定和以往交易市场的交易行为模式，抵押人要办理抵押物的交易过户，必须先经抵押权人同意并注销抵押登记，一般必须还清所欠的贷款、借款等债务。如果抵押人没有充足的资金还清欠款并注销抵押登记，交易就无法完成。此时，抵押权就成了阻碍市场正常交易的因素。新规定在法律层面为摒除此阻碍提供了法律上的可能性。

第二，减少了买受人的交易风险。以商品房买卖为例，现今商品房交易市场除了不存在抵押的情况外，很多商品房的交易均是先由买受人垫付资金给出卖人还清贷款，注销抵押登记后再办理过户手续。绝大多数的买受人在交易前均对出卖人的信用风险存在一定程度的担忧，从而延误交易。新规定允许在不注销抵押登记的前提下交易，免除了买受人的垫资风险与后顾之忧，大大减少了买受人垫资后合同无法履行的交易风险。

第三，简化了交易程序。存在抵押的房屋在交易过户前须还清贷款，注销抵押登记，然后办理过户手续，再由新的业主与银行签订新的贷款协议，另行办理抵押登记。此流程前后花费了买卖双方及银行大量的人力、物力办理法律手续，并且每一流程都需要一定的办理时间，交易程序往往周期长、费用高。因为周期长，抵押财产在过户前因卖家的另案诉讼被法院查封的风险性就自然增大。新规定生效后，房屋交易再无须经过原来烦琐的流程，直接过户后抵押权仍然存在原抵押物中，从而大大简化了交易流程。

第四，符合物权制度的基本原理。抵押权是担保物权，是物权的一种类型。这种存在于抵押物上的抵押权，作为物权一旦登记即具有对世效力。即无论所有权人如何变动，作为物权的抵押权却不会发生变化。此原理为不经抵押权人同意可转让抵押物提供了法律上的法理支持。因此，只要承认抵押权具有物权的绝对效力，就应该肯定抵押财产的自由转让。

第五，新制度在促进交易与财产转让自由的同时，也充分保障了抵押权人的权利。虽然《民法典》第四百零六条规定，抵押财产可直接转让，不以抵押权人的同意为前提。但同时规定抵押人转让抵押财产，应当及时通知抵押权人。抵押权人能够证明抵押财产转让可能损害抵押权的，可以请求抵押人将转让所得的价款向抵押权人提前清偿债务或者提存。另外，抵押权人与抵押人可以另行约定，排除了适用或限制适用新规定，或者利用另行约定的方式改变新规定中的一些内容以充分保障抵押权人的利益。

为了使这一法律制度的便民利企好处落实到位，自然资源部 中国银行保险监督管理委员会下发了《关于协同做好不动产"带押过户"便民利企服务的通知》（自然资发〔2023〕29号），将这一法律制度具体化，极大地促进了市场交易活动地开展。

▶▶▶ 408. 抵押人转让抵押物的行为足以使抵押财产价值减少怎么办？

《民法典》第四百零八条规定：抵押人的行为（指转让行为）足以使抵押财产价值减少的，抵押权人有权请求抵押人停止其行为；抵押财产价值减少的，抵押权人有权请求恢复抵押财产的价值，或者提供与减少的价值相应的担保。抵押人不恢复抵押财产的价值，也不提供担保的，抵押权人有权请求债务人提前清偿债务。

▶▶▶ 409. 抵押权人可以放弃抵押权或者抵押权的顺位吗？

《民法典》第四百零九条规定：抵押权人可以放弃抵押权或者抵押权的顺位。抵押权人与抵押人可以协议变更抵押权顺位以及被担保的债权数额等内容。但是，抵押权的变更未经其他抵押权人书面同意的，不得对其他抵押权人产生不利影响。

债务人以自己的财产设定抵押，抵押权人放弃该抵押权、抵押权顺位或者变更抵押权的，其他担保人在抵押权人丧失优先受偿权益的范围内免除担保责任，但是其他担保人承诺仍然提供担保的除外（案例见601题）。

▶▶▶ 410. 债务人不能履行到期债务或者发生当事人约定的实现抵押权的情形，抵押权人怎么办？

《民法典》第四百一十条规定，债务人不履行到期债务或者发生当事人约定的实现抵押权的情形，抵押权人可以与抵押人协议以抵押财产折价或者以拍卖、变卖该抵押财产所得的价款优先受偿。协议损害其他债权人利益的，其他债权人可以请求人民法院撤销该协议。

抵押权人与抵押人未就抵押权实现方式达成协议的，抵押权人可以请求人民法院拍卖、变卖抵押财产。

抵押财产折价或者变卖的，应当参照市场价格。

根据以上条款，抵押权人可以采取两种方式实现抵押权，一是协议处置抵押物，价款优先受偿。但是，不得损害其他债权人的利益；二是协议不成的请求法院拍卖、变卖抵押财产。

▶▶▶ 411. 如何保证动产抵押权的法律效力？

动产抵押权的效力关键一点就是动产抵押合同订立后必须办理抵押登记，如果不登记就会影响其效力。而是否受到影响关键在于动产发生变动时善意第三方是否知道抵押合同的存在。

《最高人民法院关于适用〈中华人民共和国民法典〉有关担保制度的解释》第五十四条规定：动产抵押合同订立后未办理抵押登记，动产抵押权的效力按照下列情形分别处理：

（1）抵押人转让抵押财产，受让人占有抵押财产后，抵押权人向受让人请求行使抵押权的，人民法院不予支持，但是抵押权人能够举证证明受让人知道或者应当知道已经订立抵押合同的除外。

（2）抵押人将抵押财产出租给他人并移转占有，抵押权人行使抵押权的，租赁关系不受影响，但是抵押权人能够举证证明承租人知道或者应当知道已经订立抵押合同的除外。

（3）抵押人的其他债权人向人民法院申请保全或者执行抵押财产，人民法院已经做出财产保全裁定或者采取执行措施，抵押权人主张对抵押财产优先受偿的，人民法院不予支持。

（4）抵押人破产，抵押权人主张对抵押财产优先受偿的，人民法院不予支持。

以上规定表明对于动产抵押如果不办理抵押登记，抵押权不发生法律效力。抵押登记，既便于债权人查看抵押财产的权属关系确认是否已经抵押，以决定是否接受该物的抵押担保，又可以让实现抵押权的顺序清楚、明确，防止纠纷的发生，还有利于保护债权人的合法权益和促进经济活动的正常进行。但是，法律也规定了两个例外，即"但是抵押权人能够举证证明受让人知道或者应当知道已经订立抵押合同的除外"及"但是抵押权人能够举证证明承租人知道或者应当知道已经订立抵押合同的除外"。

412. 担保物权的约定实现程序在《民法典担保制度司法解释》中是如何规定的？

担保物权的约定实现程序，是指允许当事人就担保物权的实现进行相应的约定，一旦担保物权实现的条件成熟后，担保物权人就可以按照约定对担保财产进行变价并优先受偿的程序。对担保物权的约定实现程序，《民法典》在抵押权、质权、留置权实现规定中均有规定。《民法典担保制度司法解释》第 45 条为担保物权的实现程序做出了解释性的具体规定。

该条第 1 款规定"当事人约定债务人不履行到期债务或者发生当事人约定的实现担保物权的情形，担保物权人有权将担保财产自行拍卖、变卖并就所得的价款优先受偿的，该约定有效。因担保人的原因导致担保物权人无法自行对担保财产进行拍卖、变卖，担保物权人请求担保人承担因此增加的费用的，人民法院应予支持。"

第 2 款规定"当事人依照民事诉讼法有关'实现担保物权案件'的规定，申请拍卖、变卖担保财产，被申请人以担保合同约定仲裁条款为由主张驳回申请，人民法院经审查后，应当按照以下情形分别处理：（一）当事人对担保物权无实质性争议且实现担保物权条件已经成就的，应当裁定准许拍卖、变卖担保财产；（二）当事人对实现担保物权有部分实质性争议的，可以就无争议的部分裁定准许拍卖、变卖担保财产，并告知可以就有争议的部分申请仲裁；（三）当事人对实现担保物权有实质性争议的，裁定驳回申请，并告知可以向仲裁机构申请仲裁。"

第 3 款规定"债权人以诉讼方式行使担保物权的，应当以债务人和担保人作为共同被告。"经人民法院审查，如果当事人对实现担保物权无实质性争议且实现担保物权条件成就的，裁定准许拍卖、变卖担保财产；当事人对实现担保物权有部分实质性争议的，可以就无争议部分裁定准许拍卖、变卖担保财产；当事人对实现担保物权有实质性争议的，裁定驳回申请，并告知申请人向仲裁机构申请仲裁。

413. 建筑物抵押与占用的土地抵押是什么关系？

简单来说，就是必须一并抵押，不管其中一项是否抵押。

《民法典》第三百九十七条规定：以建筑物抵押的，该建筑物占用范围内的建设用地使用权一并抵押。以建设用地使用权抵押的，该土地上的建筑物一并抵押。

抵押人未依据前款规定一并抵押的，未抵押的财产视为一并抵押。

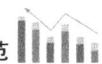

414. 乡（镇）、村企业的土地使用权可以单独抵押吗？以乡（镇）、村企业的厂房等建筑物抵押的，其占用范围内的土地使用权同时抵押吗？

《民法典》第三百九十八条规定：乡镇、村企业的建设用地使用权不得单独抵押。以乡镇、村企业的厂房等建筑物抵押的，其占用范围内的建设用地使用权一并抵押。

该条法显示，一方面，乡（镇）、村的土地属于集体所有，这是发展农村经济，增加农民收入，提高农民生活水平的基础，原则上不能抵押。抵押了农民就可能失去土地使用权，影响农村经济的发展。

另一方面，考虑到乡（镇）村企业出于自身发展需要，以厂房等建筑物抵押，以融通资金，更好地发展乡（镇）、村企业，允许乡（镇）、村企业以厂房等建筑物抵押，按照"地随房走"的原则，乡（镇）、村企业的土地使用权也应当同时抵押。

也就是说，乡（镇）、村企业的土地使用权单独抵押不行，但是，以乡（镇）、村企业的厂房等建筑物抵押的，其占用范围内的土地使用权，遵循按照"地随房走"的原则可以同时抵押。即单独的土地使用权不能抵押，但是，土地使用权上面有房屋，就可以连房带地抵押。

415. 被法院扣押的抵押财产孳息抵押权人有权利收取吗？孳息怎么处理？

《民法典》第四百一十二条规定，债务人不履行到期债务或者发生当事人约定的实现抵押权的情形，致使抵押财产被人民法院依法扣押的，自扣押之日起，抵押权人有权收取该抵押财产的天然孳息或者法定孳息，但是抵押权人未通知应当清偿法定孳息义务人的除外。

前款规定的孳息应当先充抵收取孳息的费用。

416. 为什么订立抵押合同应当采取书面的形式？

根据《民法典》第四百条的规定：设立抵押权，当事人应当采用书面形式订立抵押合同。

该法条显示，设定抵押权是抵押人与抵押权人之间的法律行为，该行为不仅要求当事人双方意思表示一致，还要通过一定的法律形式表现出来，抵押涉及的财产数额相对较大，法律关系比较复杂，而且要在一段时间内为债权担保。因此,《民法典》要求当事人采用书面形式订立抵押合同。

▶▶▶ 417. 抵押合同一般应该包括哪些内容?

《民法典》第四百条规定,抵押合同一般包括下列条款:

(1) 被担保债权的种类和数额。
(2) 债务人履行债务的期限。
(3) 抵押财产的名称、数量等情况。
(4) 担保的范围。

▶▶▶ 418.《民法典》第四百零一条对于保护债务人利益有什么作用?

根据《民法典》第四百零一条的规定:抵押权人在债务履行期限届满前,与抵押人约定债务人不履行到期债务时抵押财产归债权人所有的,只能依法就抵押财产优先受偿。

《民法典》第四百零一条对应的原法条是《物权法》第一百八十六条:

抵押权人在债务履行期届满前,不得与抵押人约定债务人不履行到期债务时抵押财产归债权人所有。

《担保法司法解释》第五十七条:当事人在抵押合同中约定,债务履行期届满抵押权人未受清偿时,抵押物的所有权转移为债权人所有的内容无效。该内容的无效不影响抵押合同其他部分内容的效力。

债务履行期届满后抵押权人未受清偿时,抵押权人和抵押人可以协议以抵押物折价取得抵押物。但是,损害顺序在后的担保物权人和其他债权人利益的,人民法院可以适用《合同法》第七十四条、第七十五条的有关规定。

从以上比较可以看出,这次《民法典》对《物权法》第一百八十六条并无实质性修订,同样对于保护债务人利益有积极作用。

在设定抵押权时,抵押人处于需求者的地位,一些抵押人出于急需解决某些问题的目的,可能会将自己价值很高的抵押物去为价值远低于该抵押物的债权担保。这样的结果,不仅不利于保护抵押人的合法权益,也与《民法典》所规定的平等、公平原则相悖(案例见第602题)。

▶▶▶ 419.《民法典》第四百零一条对于保护债权人利益有什么作用?

在设定抵押权时,也有例外。现实中也有债权人事先被债务人欺骗、抵押物价值受市场因素影响向下变化、抵押物因外部不可抗力导致价值突变劣

下篇　导致银行被动抵债后果的授信风险识别与防范

化等情况出现，如果债务到期不能履行还款义务，抵押物归债权人，债权人就会遭受损失。例如，债务人将有瑕疵的财物抵押给债权人，并且隐瞒真相，如果债务到期不能履行还款义务，带有瑕疵的抵押物归债权人，则债权人必然会遭受损失。因此，《民法典》第四百零一条也是对债权人提供了保护。

▶▶ 420. 抵押权设立前，抵押财产已经出租并转移占有的，抵押权会受到影响吗？

不会。这就是我国民间约定俗成的"买卖不破租"的另一种表现形式。因为抵押权在实现时，也就是债务人不能履行偿还债务时，按照法律规定，就要变卖抵押财产，最后无论购买此财产的是何人，或者抵债给银行都实际构成财产的买卖，这个买卖行为不会影响租赁关系。《民法典》第四百零五条规定：抵押权设立前，抵押财产已经出租并转移占有的，原租赁关系不受该抵押权的影响。

▶▶ 421. 当事人以哪些财产抵押时应当办理抵押物登记？抵押合同何时开始生效？

根据《民法典》第四百零二条的规定：以本法第三百九十五条第一款第一项至第三项规定的财产或者第五项规定的正在建造的建筑物抵押的，应当办理抵押登记。抵押权自登记时设立。

需要办理抵押登记的财产包括：建筑物和其他土地附着物；建设用地使用权；海域使用权；正在建造的建筑物、船舶、航空器。

《民法典》第四百零三条规定：以动产抵押的，抵押权自抵押合同生效时设立；未经登记，不得对抗善意第三人。

即：（1）生产设备、原材料、半成品、产品；（2）交通运输工具；这些动产需要办理抵押登记。

以上抵押权自登记时设立。

▶▶ 422. 实务中已经支付合理价款并取得抵押财产的买受人与取得抵押权的买受人哪个享有优先权？

《民法典》第四百零四条规定：以动产抵押的，不得对抗正常经营活动中已经支付合理价款并取得抵押财产的买受人。

《民法典》关于抵押担保制度中变动最大之处就是动产抵押制度，在第四百一十四条所确立的动产抵押"先登记者优先"规则外确立了"购买价金担保权"的"超级优先"受偿规则。

第四百一十六条规定：动产抵押担保的主债权是抵押物的价款，标的物交付后十日内办理抵押登记的，该抵押权人优先于抵押物买受人的其他担保物权人受偿，但是留置权人除外（案例见第603题）。

▶▶▶ 423. 动产购买价款抵押担保优先权设立过程中需注意哪些事项？

《民法典》第四百一十六条关于动产购买价款抵押担保优先权的规定虽极大的改善了公司、企业融资的可能，但我们注意到，在实际应用中也应有限制条件，因此银行在贷款中要注意以下三点：

（1）办理动产的抵押登记。动产购买价款抵押担保优先权的设立是要式行为，不仅需要有效的抵押合同，还需要到中国人民银行征信中心动产融资统一登记公示系统（简称：中登统一系统）办理抵押登记，不登记不能设立动产购买价款抵押权；与一般动产抵押权只要具备有效的抵押合同即可设立，不登记只是不能对抗善意第三人的属性不同。

（2）关注时效性。需要在动产交付之日起的十日内办理动产购买价款抵押权登记才能实现其优先性，一旦超出十日时效登记将失去其优先于（除留置权外）其他担保物权优先受偿的属性。

（3）相关法律规定。①最高人民法院关于适用《中华人民共和国民法典》有关担保制度的解释，第五十七条规定：担保人在设立动产浮动抵押并办理抵押登记后又购入或者以融资租赁方式承租新的动产，下列权利人为担保价款债权或者租金的实现而订立担保合同，并在该动产交付后十日内办理登记，主张其权利优先于在先设立的浮动抵押权的，人民法院应予支持：第一，在该动产上设立抵押权或者保留所有权的出卖人；第二，为价款支付提供融资而在该动产上设立抵押权的债权人；第三，以融资租赁方式出租该动产的出租人。

买受人取得动产但未付清价款或者承租人以融资租赁方式占有租赁物但是未付清全部租金，又以标的物为他人设立担保物权，前款所列权利人为担保价款债权或者租金的实现而订立担保合同，并在该动产交付后十日内办理登记，主张其权利优先于买受人为他人设立的担保物权的，人民法院应予支持。

同一动产上存在多个价款优先权的，人民法院应当按照登记的时间先后确定清偿顺序。

②根据《国务院关于实施动产和权利担保统一登记的决定》（国发

〔2020〕18号），自2021年1月1日起，生产设备、原材料、半成品、产品等动产抵押登记的设立、变更、注销申请，请登录人民银行征信中心动产融资统一登记公示系统办理。

▶▶▶ 424. 什么是留置权？

留置权是指债权人因合法手段占有债务人的财物，在由此产生的债权未得到清偿以前留置该项财物并在超过一定期限仍未得到清偿时依法变卖留置财物，从价款中优先受偿的权利。留置权的效力主要体现为留置权人的占有权和优先受偿权。

▶▶▶ 425. 留置权有哪些法律权利？

（1）占有权。留置权以债权人占有债务人的财产为法定成立条件，因而，留置权一经成立，留置权人就享有继续占有留置物的权利。留置物的占有权是留置权物权性的具体表现。

（2）收取权。置权人在占有留置物期间，对留置物所生的自然孳息和法定孳息有权收取。这种孳息收取权是基于留置权效力产生的，而不是基于占有的效力产生的。所以，留置权人只能收取孳息，而不能取得孳息的所有权。留置权人收取孳息后，对于孳息成立孳息留置权，与原物成立的留置权一样，具有担保作用，可以用于优先抵偿债权。

天然（自然）孳息是指按照物质的自然生长规律而产生的果实与动物的出产物，与原物分离前，是原物的一部分，如母牛生的小牛，剪下的羊毛等。

法定孳息是指，银行的利息、房屋的租金等。

但是，现实中也有例外。通常，天然孳息所有权属原物的所有权人。但当提供资金或劳务的人与孳息分离时享有原物所有权的人不一致时，就会有两种处理方法，即原物主义和产生主义。原物主义指天然孳息所有权属于分离时享有原物所有权的人；产生主义指天然孳息归孳息产生中原物的合法占有人或对原物提供资金或劳务的人。各国多将两种方法结合起来，以原物主义为原则，以产生主义为例外。

（3）使用权。置权人因对留置物享有占有权而负有以善良管理人的注意，妥善保管留置物的义务，原则上，留置权人对留置物只能占有、扣留，而不能使用。

（4）偿还请求权。留置权人以善良管理人的注意保管留置物所支出的费用，有权向留置物的所有人要求偿还。因为，留置权人是为保管留置物而支出必要费用的，其受益者为留置物的所有人，即债务人。

（5）优先受偿权。依据《民法典》的规定，债务人到期不履行义务，经债权人催告，在合理期限内仍不履行义务的，债权人有权依法变卖留置物，以变卖财产的价款优先受偿。此种优先受偿权为除日本以外的采取物权留置权制度的国家所普遍承认的。优先受偿权的受偿范围包括：原债权、利息、违约金、保管留置物的必要费用、行使留置权的费用等。

▶▶ 426. 同一动产上已经设立抵押权或者质权的，又被留置的，留置权与抵押权谁优先受偿？

我国《民法典》第四百五十六条规定，同一动产上已经设立抵押权或者质权，该动产又被留置的，留置权人优先受偿。据此，同一动产上已设立抵押权，该动产又被留置的，留置权人优先受偿，这是由于留置权是法定的担保物权，而抵押权是当事人之间约定的结果，法定权利优先于约定的权利。

▶▶ 427. 什么情况下留置权人有权使用留置物？

第一种情形为保管上的必要。在保管留置物所必要的范围内，留置权人可以使用留置物。如为防止留置的机械生锈而使用。但是，留置权人的此种必要使用的目的，仅以保存留置物为限，而不得以取得收益为目的。若因留置权人必要使用而产生收益时，留置权人也可以收取之，并以收益补偿债权。例如：汽车的使用（滴滴网上叫车、搭乘）产生的车费等。

第二种情形为留置权人经债务人同意，有权使用留置物。这种使用是经所有人同意的合法使用，留置权人当然取得使用权，受法律保护。如房屋的居住、乐器的使用等。

▶▶ 428.《民法典》对不动产物权的设立、变更、转让和消灭的登记是如何规定的？

《民法典》第二百零九条规定，不动产物权的设立、变更、转让和消灭，经依法登记，发生效力；未经登记，不发生效力，但是法律另有规定的除外。依法属于国家所有的自然资源，所有权可以不登记。

《民法典》第二百一十条规定，不动产登记，由不动产所在地的登记机构办理。国家对不动产实行统一登记制度。统一登记的范围、登记机构和登记办法，由法律、行政法规规定。

《民法典》第二百一十一条规定，当事人申请登记，应当根据不同登记事项提供权属证明和不动产界址、面积等必要材料。

429. 不动产登记机关的职责是什么？

《民法典》第二百一十二条规定，登记机构应当履行下列职责：

（1）查验申请人提供的权属证明和其他必要材料。

（2）就有关登记事项询问申请人。

（3）如实、及时登记有关事项。

（4）法律、行政法规规定的其他职责。

申请登记的不动产的有关情况需要进一步证明的，登记机构可以要求申请人补充材料，必要时可以实地查看。

430. 不动产登记机关不得有哪些行为？

《民法典》第二百一十三条规定，登记机构不得有下列行为：

（1）要求对不动产进行评估。

（2）以年检等名义进行重复登记。

（3）超出登记职责范围的其他行为。

431. 不动产物权发生变动的效力自何时发生？

《民法典》第二百一十四条规定，不动产物权的设立、变更、转让和消灭，依照法律规定应当登记的，自记载于不动产登记簿时发生效力。

《民法典》第二百一十五条规定，当事人之间订立有关设立、变更、转让和消灭不动产物权的合同，除法律另有规定或者当事人另有约定外，自合同成立时生效；未办理物权登记的，不影响合同效力。

432. 不动产登记簿的作用是什么？

《民法典》第二百一十六条规定，不动产登记簿是物权归属和内容的根据。不动产登记簿由登记机构管理。

《民法典》第二百一十七条规定，不动产权属证书是权利人享有该不动产物权的证明。不动产权属证书记载的事项，应当与不动产登记簿一致；记载不一致的，除有证据证明不动产登记簿确有错误外，以不动产登记簿为准。

▶▶ 433. 什么是预告登记？其作用、时间是怎么规定的？

《民法典》第二百二十一条规定，当事人签订买卖房屋的协议或者签订其他不动产物权的协议，为保障将来实现物权，按照约定可以向登记机构申请预告登记。预告登记后，未经预告登记的权利人同意，处分该不动产的，不发生物权效力。

预告登记后，债权消灭或者自能够进行不动产登记之日起九十日内未申请登记的，预告登记失效。

▶▶ 434. 当事人、登记机关在登记时因其行为不当发生错误，造成他人损害的，应该承担什么责任？

《民法典》第二百二十二条规定，当事人提供虚假材料申请登记，造成他人损害的，应当承担赔偿责任。

因登记错误，造成他人损害的，登记机构应当承担赔偿责任。登记机构赔偿后，可以向造成登记错误的人追偿。

▶▶ 435. 必须办理动产和权利担保登记的财产，其登记部门有哪些？

为贯彻落实党中央、国务院决策部署，进一步提高动产和权利担保融资效率，优化营商环境，促进金融更好地服务实体经济，国务院于2020年12月22日制定了《国务院关于实施动产和权利担保统一登记的决定》（国发〔2020〕18号），决定如下：

（1）自2021年1月1日起，在全国范围内实施动产和权利担保统一登记。

（2）纳入动产和权利担保统一登记范围的担保类型包括：①生产设备、原材料、半成品、产品抵押。②应收账款质押。③存款单、仓单、提单质押。④融资租赁。⑤保理。⑥所有权保留。⑦其他可以登记的动产和权利担保，但机动车抵押、船舶抵押、航空器抵押、债券质押、基金份额质押、股权质押、知识产权中的财产权质押除外。

（3）纳入统一登记范围的动产和权利担保，由当事人通过中国人民银行征信中心（以下简称征信中心）动产融资统一登记公示系统自主办理登记，并对登记内容的真实性、完整性和合法性负责。登记机构不对登记内容进行实质审查。

（4）中国人民银行要加强对征信中心的督促指导。征信中心具体承担服务性登记工作，不得开展事前审批性登记。征信中心要做好系统建设和维护工作，保障系统安全、稳定运行，建立高效运转的服务体系，不断提高服务效率和质量。

（5）国家市场监督管理总局不再承担"管理动产抵押物登记"职责。中国人民银行负责制定生产设备、原材料、半成品、产品抵押和应收账款质押统一登记制度，推进登记服务便利化。中国人民银行、国家市场监督管理总局应当明确生产设备、原材料、半成品、产品抵押登记的过渡安排，妥善做好存量信息的查询、变更、注销服务和数据移交工作，确保有关工作的连续性、稳定性、有效性。

该规定第三条登记机构不对登记内容进行实质审查的关键是"统一"和"自主"。

文件也有例外，即机动车抵押、船舶抵押、航空器抵押、债券质押、基金份额质押、股权质押、知识产权中的财产权质押除外。也就是说，这些担保类型在新的规定出台之前，机动车抵押、船舶抵押、航空器抵押在运输工具的登记部门登记；债券质押、基金份额质押、股权质押在证券的登记部门登记；知识产权在知识产权的登记部门进行登记。

▶▶▶ 436. 什么是所有权保留？

《民法典》第六百四十一条规定，当事人可以在买卖合同中约定买受人未履行支付价款或者其他义务的，标的物的所有权属于出卖人。出卖人对标的物保留的所有权，未经登记，不得对抗善意第三人。

所有权保留是指在移转财产所有权的商品交易中，根据法律的规定或者当事人的约定，财产所有人移转标的物于对方当事人，但仍保留其对该财产的所有权，待对方当事人支付部分或全部价款，或完成特定条件时，该财产的所有权才发生移转的一种法律制度。

▶▶▶ 437. 所有权保留制度产生的背景是什么？

所有权保留制度是建立在市场经济逐渐由卖方市场转为买方市场，存在着大量的非即时交易，如分期付款交易、期货交易、试用期买卖等的背景下。这些交易的共同特点是合同的订立与履行时间并不一致，存在时空差异，卖方先交付标的物于买方，买方再付款即占有标的物。卖方的债权不能在交付标的物的同时得以实现，从而导致占有权与所有权相分离，这就需要债权人考虑如何来保护交易安全和避免自身财产的损失，由此产生了以买卖的标的物本身为担保内容的所有权保留法律制度。

▶▶▶ 438. 所有权保留条款的作用是什么？

所有权保留条款的作用是利用物权优先于债权的法律原理，使出卖人的利益处于更可靠的地位，从而使交易过程中的风险降低到最小限度。所有权保留条款，分为简单保留条款和扩张保留条款两种。简单保留条款的含义是：在买受人完全偿付价金之前，所有权不发生转移；扩张保留条款的含义是：如果买受人在完全偿付价金前已将货物在生产过程中消费掉，或已将其转卖，则出卖人就其货物制造的最终产品或转卖货物的收益享有所有权，买受人只是作为出卖人的受托人对最终产品或转卖收益进行占有。所有权保留条款实质上是一种担保方式，但与其他担保方式不同，它不凭借任何外来的人或物对交易的安全进行保证，而将交易的安全建立在标的物的所有权的效力上，因而比其他担保方式受限制更少，从而使所有权保留条款在国际贸易中更有意义。保留所有权条款是有利于卖方的条款。其主要功能是使卖方避免未能获得标的价格的风险。买受人不支付价款或者出卖人认为重要的其他义务前，出卖人仍然享有标的物的所有权。这样，出卖人交付标的物，买受人不履行主要义务时，所有权转让可能造成的损害可以避免。

我们在生活中经常会遇到所有权保留情况。例如，分期付款购买车辆，一般在所有权保留的分期付款合同中，都会定在最后一笔款项支付后，买方才从卖方那里得到车辆的所有权。在这里，车辆所有权的转移就不以交付为标准，而以合同约定的特殊条件为转移条件。如果在分期付款买车的期间，车辆不幸出了事故，无论是保留所有权还是不保留所有权，都应继续还款直到还清为止，可见车辆损失并不能成为贷款人拒绝还款的理由。毁损、灭失的风险，在标的物交付之前由出卖人承担，交付之后由买受人承担，但法律另有规定或者当事人另有约定的除外。从以上案例可以看出，不管采取什么方式贷款，汽车经销店将车交付给购车者，车辆的风险应由购车者承担，所以车辆发生的损毁不能够作为拒绝履行还款义务的理由。

综上，在所有权保留条款下，标的物毁损、灭失的风险，除法律另有规定或者当事人另有约定外，在交付前由出卖人承担，交付后由买受人承担。房地产、船舶、航空器等以登记方式公示权利变更的，各种交付方式的风险由所有人承担。

出卖人设置所有权保留条款的还有其他好处。

（1）买受人破产时对出卖人财产的保护。保留所有权买卖的标的物可不纳入买受人的破产财产。根据《民法典》第四百一十六条、《最高人民法院关于适用〈中华人民共和国企业破产法〉若干问题的规定（二）（2020 年修正)》第二条第二项规定:"下列财产不应认定为债务人财产:(二)债务人在所有权保留买卖中尚未取得所有权的财产"。

(2)出卖人可享有超越于抵押权人的"价款优先权"。《最高人民法院关于适用〈中华人民共和国民法典〉有关担保制度的解释》(法释〔2020〕28号)第五十七条规定,保留所有权的出卖人可享有"价款优先权",其权利优先于买受人设立的动产浮动抵押的抵押权人(但是有10日内的限制),亦优先于未取得所有权的买受人为第三人设定的担保物权(但是留置权人除外)。也就是说出卖人的权利优先于以上两类权利。

(3)追偿的权利。出卖人行使取回权不足清偿的,还可追究买受人的违约责任。出卖人行使法定取回权后,若出卖标的物所取得的价款不足买卖合同原本约定的出卖人应当得到的价款的,那么出卖人有权依据《民法典》第五百七十七条规定向买受人主张违约赔偿责任,且可解除合同。

当然,这一条款对出卖人保留所有权也有所限制。

(1)不动产买卖合同约定的所有权保留条款不受保护。《最高人民法院关于审理买卖合同纠纷案件适用法律问题的解释(2020年修正)》第二十五条规定:买卖合同当事人主张《民法典》第六百四十一条关于标的物所有权保留的规定适用于不动产的,人民法院不予支持。

(2)所有权保留条款须明示出卖人"保留所有权"。司法实践要求,有效的所有权保留条款,应是严格按照法律规定进行的完整的表述。

▶▶▶ 439. 不动产抵押登记是否重要?

不动产抵押登记是十分重要的,因为不登记就不产生法律效力。《民法典》第二百零九条规定:不动产物权的设立、变更、转让和消灭,经依法登记,发生效力;未经登记,不发生效力,但是法律另有规定的除外。

依法属于国家所有的自然资源,所有权可以不登记。

《民法典》第二百一十条规定,不动产登记,由不动产所在地的登记机构办理。

国家对不动产实行统一登记制度。统一登记的范围、登记机构和登记办法,由法律、行政法规规定。

▶▶▶ 440. 动产抵押登记是否重要?

动产抵押登记十分重要,因为未经登记,不得对抗善意第三人。

《民法典》第四百零二条规定:以本法第三百九十五条第一款第一项至第

三项规定的财产或者第五项规定的正在建造的建筑物抵押的，应当办理抵押登记。抵押权自登记时设立。

《民法典》第四百零三条规定，以动产抵押的，抵押权自抵押合同生效时设立；未经登记，不得对抗善意第三人。

▶▶▶ 441. 哪些不动产财产及正在建造的建筑物抵押需要办理抵押登记？

《民法典》第四百零二条规定，以本法第三百九十五条第一款第一项至第三项规定的财产或者第五项规定的正在建造的建筑物抵押的，应当办理抵押登记。抵押权自登记时设立。需要办理不动产抵押登记的财产包括：建筑物和其他土地附着物；建设用地使用权；海域使用权；以及正在建造的建筑物、船舶、航空器。

▶▶▶ 442. 办理动产抵押登记，须向登记机关提交哪些资料？

（1）经抵押合同双方当事人签字或者盖章的《动产抵押登记书》。

（2）抵押合同双方当事人主体资格证明或者自然人身份证明文件。

委托代理人办理动产抵押登记的，还应提交代理人身份证明文件和授权委托书。

▶▶▶ 443.《动产抵押登记书》应当载明哪些内容？

《动产抵押登记办法》第四条规定，《动产抵押登记书》应当载明下列内容：

（1）抵押人及抵押权人名称（姓名）、住所地。

（2）代理人名称（姓名）。

（3）被担保债权的种类和数额。

（4）担保的范围。

（5）债务人履行债务的期限。

（6）抵押财产的名称、数量、质量、状况、所在地、所有权归属或者使用权归属。

（7）抵押人、抵押权人签字或者盖章。

▶▶▶ 444. 哪些情况下需要办理动产抵押变更登记？办理动产抵押变更登记时需要提交哪些文件？

动产抵押合同变更、《动产抵押登记书》内容变更的，抵押合同双方当事人或者其委托的代理人可以到原动产抵押登记机关办理变更登记。办理变更登记应当向动产抵押登记机关提交下列文件：

（1）原《动产抵押登记书》。

（2）抵押合同双方当事人签字或者盖章的《动产抵押变更登记书》。

（3）抵押合同双方当事人主体资格证明或者自然人身份证明文件。

委托代理人办理动产抵押变更登记的，还应当提交代理人身份证明文件和授权委托书。

445. 抵押财产被人民法院依法扣押的，该抵押财产的天然孳息或者法定孳息怎么处理？

《民法典》第四百一十二条规定，债务人不履行到期债务或者发生当事人约定的实现抵押权的情形，致使抵押财产被人民法院依法扣押的，自扣押之日起，抵押权人有权收取该抵押财产的天然孳息或者法定孳息，但是抵押权人未通知应当清偿法定孳息义务人的除外。

前款规定的孳息应当先充抵收取孳息的费用。

446. 抵押财产折价或者拍卖、变卖后，其价款超过债权数额或者不足部分怎么处理？

《民法典》第四百一十三条规定：抵押财产折价或者拍卖、变卖后，其价款超过债权数额的部分归抵押人所有，不足部分由债务人清偿。

447. 同一财产向两个以上债权人抵押的，拍卖、变卖抵押财产所得的价款依照什么顺序清偿？

《民法典》第四百一十四条规定：同一财产向两个以上债权人抵押的，拍卖、变卖抵押财产所得的价款依照下列规定清偿：

（1）抵押权已经登记的，按照登记的时间先后确定清偿顺序。

（2）抵押权已经登记的先于未登记的受偿。

（3）抵押权未登记的，按照债权比例清偿。

其他可以登记的担保物权，清偿顺序参照适用上述规定。

对于同时既有抵押权又有质权的规定如下：

《民法典》第四百一十五条规定：同一财产既设立抵押权又设立质权的，拍卖、变卖该财产所得的价款按照登记、交付的时间先后确定清偿顺序。

448. 抵押的建设用地使用权地上有不属于抵押财产的建筑物，在行使抵押权时怎么办？

《民法典》第四百一十七条规定：建设用地使用权抵押后，该土地上新增的建筑物不属于抵押财产。该建设用地使用权实现抵押权时，应当将该土地上新增的建筑物与建设用地使用权一并处分。但是，新增建筑物所得的价款，抵押权人无权优先受偿。

也就是说虽然地上新增建筑物不属于抵押财产，但是抵押权人在行使该建设用地使用权的抵押权时，要一并处分。而新增建筑物所得的价款，抵押权人是无权优先受偿的。

449. 什么是抵押权存续期间？

抵押权的存续期间为抵押权所担保债权的诉讼时效期间。随着市场经济的快速运转，如果允许抵押权一直存续，可能会使抵押权人怠于行使抵押权，不利于发挥抵押财产的经济效用，制约经济的发展。因此，规定抵押权的存续期间，能够促使抵押权人积极行使权利，促进经济的发展。

《民法典》第四百一十九条规定，抵押权人应当在主债权诉讼时效期间行使抵押权；未行使的，人民法院不予保护。

450. 抵押权有期限吗？

抵押权是有期限的，根据《民法典》第四百零三条规定，动产抵押的效力以动产抵押的，抵押权自抵押合同生效时设立；未经登记，不得对抗善意第三人。

即抵押权自登记之日起生效。房地产抵押期限的起始日为抵押合同登记生效之日。

我国《民法典》第三百九十三条规定："有下列情形之一的，担保物权消灭：（一）主债权消灭；（二）担保物权实现；（三）债权人放弃担保物权；（四）法律规定担保物权消灭的其他情形。"即房地产抵押权期限为房地产抵押合同登记生效之日起至主合同债消灭之日。

451. 实现抵押权有哪些条件？

（1）抵押权是合法、有效的。抵押权的实现首先应以抵押权存在为前提，当事人只享有抵押权时，才可以实现抵押权。其次，抵押权必须合法有效。抵押权是对物的价值的支配权，如果不能合法存在，则不享有支配权，也就

下篇　导致银行被动抵债后果的授信风险识别与防范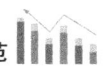

谈不上优先受偿了。

（2）债权已届清偿期而未受清偿。抵押权的目的在于担保债权受偿。若债权人的债权未届清偿期而允许抵押权人行使抵押权，将损害债务人依法应当享有的期限利益。因此，抵押权人行使抵押权应以债权已届清偿期而未清偿为要件。但对于未届清偿期的债权，若因法定原因或者约定原因，使债务人丧失期限利益时，债权人有权即时请求债务人履行债务。债权受抵押担保，因债务人丧失期限利益，债权人可行使抵押权。

（3）债务人不履行债务。债务已届履行期，但债务人不履行债务，债权人的债权未受清偿。

（4）债务的未清偿不是因为债权人的原因所造成的。抵押权的存续期间为抵押权所担保之债权的诉讼时效。但是，我们要特别注意：抵押权是在"主债权诉讼时效期间行使抵押权"有效这句话的含义。由于各种原因，主债权诉讼的时效被不断延后，抵押权的存续时间也会随着主债权诉讼的时效的延后而延后，不能与主债权的约定时间混同。根据《民法典》第四百一十九条，抵押权人应当在主债权诉讼时效期间行使抵押权；未行使的，人民法院不予保护。也就是说，抵押权人是在没有超出主债权诉讼时效的情况下请求抵押权的实现的。

▶▶ 452. 集体所有土地的使用权依法抵押的抵押权实现后可以改变土地所有权的性质和土地用途吗？

不可以。《民法典》第四百一十八条规定：以集体所有土地的使用权依法抵押的，实现抵押权后，未经法定程序，不得改变土地所有权的性质和土地用途。

《民法典》第四百一十九条规定，抵押权人应当在主债权诉讼时效期间行使抵押权；未行使的，人民法院不予保护。

▶▶ 453. 不动产抵押权包含的财产都有哪些？

《民法典》第三百九十五条规定：债务人或者第三人有权处分的下列财产可以抵押：

（1）建筑物和其他土地附着物。

（2）建设用地使用权。

（3）海域使用权。

（4）法律、行政法规未禁止抵押的其他财产。

抵押人可以将上述所列财产一并抵押。上述财产抵押的，应当办理抵押登记，抵押权自登记时设立。

上述财产如果不办理抵押登记，抵押权不发生法律效力。抵押登记，既便于债权人查看抵押财产的权属关系以及是否已经抵押，以决定是否接受该物的抵押担保，又可以明确实现抵押权的顺序，防止发生纠纷，还有利于保护债权人的合法权益和经济活动的正常进行。

▶▶ 454. 不动产抵押合同有效的条件是什么？

（1）主体要适格，也就是说双方必须是具有完全的民事行为能力人。

（2）意思表示必须真实。

（3）内容不违反法律法规的强制性规定，不违反社会公共利益。

（4）该抵押人的权利无瑕疵，也就是说这个不动产必须是抵押人的。权利上是明确的，没有瑕疵的，也就是没有他人主张权利，没有经济纠纷。

▶▶ 455. 依法取得农村土地承包权的使用人可以抵押土地经营权吗？

《民法典》第三百四十二条规定，通过招标、拍卖、公开协商等方式承包农村土地，经依法登记取得权属证书的，可以依法采取出租、入股、抵押或者其他方式流转土地经营权。

▶▶ 456. 建设用地使用权人都有哪些权利？

《民法典》第三百四十四条规定，建设用地使用权人依法对国家所有的土地享有占有、使用和收益的权利，有权利用该土地建造建筑物、构筑物及其附属设施。

▶▶ 457. 建设用地使用权怎么设立？

《民法典》第三百四十五条规定，建设用地使用权可以在土地的地表、地上或者地下分别设立。

《民法典》第三百四十六条规定，设立建设用地使用权，应当符合节约资源、保护生态环境的要求，遵守法律、行政法规关于土地用途的规定，不得损害已经设立的用益物权。

▶▶ 458. 怎么样取得建设用地使用权？

《民法典》第三百四十七条规定，设立建设用地使用权，可以采取出让或者划拨等方式。

工业、商业、旅游、娱乐和商品住宅等经营性用地以及同一土地有两个以上意向用地者的，应当采取招标、拍卖等公开竞价的方式出让。

严格限制以划拨方式设立建设用地使用权。

《民法典》第三百四十九条规定，设立建设用地使用权的，应当向登记机构申请建设用地使用权登记。建设用地使用权自登记时设立。登记机构应当向建设用地使用权人发放权属证书。

▶▶▶ **459. 建设用地使用权人可以将建设用地使用权用于抵押吗？**

《民法典》第三百五十三条规定，建设用地使用权人有权将建设用地使用权转让、互换、出资、赠与或者抵押，但是法律另有规定的除外。

▶▶▶ **460. 建设用地使用权人抵押建设用地使用权需要采取什么形式？**

《民法典》第三百五十四条规定，建设用地使用权转让、互换、出资、赠与或者抵押的，当事人应当采用书面形式订立相应的合同。使用期限由当事人约定，但是不得超过建设用地使用权的剩余期限。

▶▶▶ **461. 地役权可以单独抵押吗？**

地役权不可以单独抵押。《民法典》第三百八十一条规定，地役权不得单独抵押。土地经营权、建设用地使用权等抵押的，在实现抵押权时，地役权一并转让。

▶▶▶ **462. 土地使用权抵押的前提条件是什么？**

（1）土地使用权抵押必须以初始土地登记作为前提，领取土地使用证。

（2）以划拨、租赁、入股方式取得的土地使用权，必须连同地上建筑物一同抵押。以出让方式取得的土地使用权，可以抵押。

（3）土地使用权抵押应当进行地价评估。

①以出让方式取得的国有土地使用权，由抵押人委托具有土地估价资格的中介机构进行评估，评估结果由抵押权人认可并经国土管理部门确认后，发放确认文件，并批准抵押。

②以划拨、出租、入股方式取得的国有土地使用权可按不同的用途、性质实行差额抵押，由抵押人委托具有土地估价资格的中介机构进行评估，评估结果经土地管理部门确认，发放确认文件并批准抵押，核定出让金数额后，由抵押人和抵押权人签订抵押合同。

（4）抵押人向土地管理部门申领《抵押许可证》。土地管理部门在《抵押许可证》上应根据不同的用地性质规定该宗地抵押率，最高抵押金额。同时在《抵押许可证》上注明"本证仅作为可以抵押之证明，在贷款，抵押协议签订后，应到国土部门办理抵押登记，未经登记的抵押行为无效"这一限制性条款。

▶▶▶ 463. 土地使用权抵押评估的一般原则是什么？

土地使用权抵押评估的一般原则是要遵守土地估价的一般原则。

土地使用权抵押属于二级市场行为，但划拨土地没有经过一级土地市场。因而，当划拨土地直接进入二级市场后，评估时就要充分考虑其特殊性，必须遵守土地估价的一般原则。在进行评估时，可以先将划拨土地假设成可以在公开市场上自由转让的土地，并由此确定价格。这种评估方法符合替代原则、预期收入原则、最有效使用原则及供给与需求原则。

土地使用权的抵押评估结果应该是包含了土地出让金的地价。在进行抵押前，抵押人、抵押权人需与土地管理部门签订有关核定土地出让金的协议，在进行清偿处置时，法律规定必须先抵偿土地出让金后，抵押权人方可优先受偿。如果在计算中仍然扣减土地出让金，就意味着双重扣减，会导致估价结果偏低，相对于抵押人来说，则未能充分体现出评估的公平性原则。

▶▶▶ 464. 土地使用权抵押合同是如何签订的？

土地使用权抵押应当先进行地价评估，然后由抵押人和抵押权人签订抵押合同。

（1）以出让方式取得的国有土地使用权，由抵押权人进行土地价格评估或由具有土地估价资格的中介机构评估并经抵押权人认可后，由抵押人和抵押权人签订抵押合同。

（2）以划拨方式取得的国有土地使用权，由抵押人委托具有土地估价资格的中介机构进行土地价格评估，经土地管理部门确认后，并批准抵押。在核定出让金数额后，由抵押人和抵押权人签订抵押合同。

（3）乡（镇）村企业厂房等建筑物抵押涉及集体土地使用权抵押的，由抵押人委托具有土地估价资格的中介机构进行土地价格评估，经土地管理部门确认，并明确实现抵押权的方式。需要转为国有的，同时核定土地使用权出让金数额。然后，由抵押人和抵押权人签订抵押合同。

（4）以承包方式取得的荒山、荒沟、荒丘、荒滩等荒地的集体土地使用

下篇　导致银行被动抵债后果的授信风险识别与防范

权,由抵押人委托具有土地估价资格的中介机构进行土地价格评估,并经土地管理部门确认后,由抵押人和抵押权人签订抵押合同。

抵押出让土地使用权的,抵押权终止期限不得超过土地使用权出让终止期限。

▶▶▶ 465. 土地抵押贷款地价评估方法有哪些?

地产抵押贷款抵押权设定时,评估的对象是土地使用权的抵押贷款价格。由此可见,地产抵押权设定评估与一般的以市场价格为基础的其他地产评估方法基本相同,即可以用市场比较法、收益还原法、成本法和基准地价系数修正法来进行评估。

▶▶▶ 466. 土地抵押贷款需要注意哪些方面?

(1) 评估人员在验证抵押人土地使用证时,必须验证证书原件,并在复印件上注明"原件已审阅"字样,以示负责。

(2) 抵押人的名称必须与土地使用证上所注明的使用权人的名称一致。如有差异,需究其原因,并予以说明。

(3) 核实国有土地还是集体土地,并核实是否存在他项权力(是否已经抵押贷款过等),以避免抵押人将土地使用权重复抵押贷款而造成金融机构损失的情况发生。

(4) 土地面积和四至(四至是指土地的四方边界)必须明确,在实地踏勘时,必须认真核实。

抵押贷款的抵押设定,是为评估贷款金额是否合理提供依据。因此,在评估时,一方面要严格遵循评估保守性原则,尽可能避免银行的风险;另一方面,也不应该随意压低地产价格,评估人员应尽量做到评估公平合理。

▶▶▶ 467. 个人可以抵押的财产有哪些?

(1) 借款人所有的商品住房或者其他土地定着物,例如,工厂、厂房。

(2) 借款人所有的机器、交通运输工具和大额保单、贵金属等其他财产。

(3) 借款人依法有权处置的国有土地使用权、房屋或其他土地定着物。

(4) 借款人依法承包并经同意抵押的荒地土地使用权。

▶▶▶ 468. 如何界定个人借贷抵押物是否合法?

个人借贷抵押物是否合法,需要根据具体情况决定:

（1）只要在双方协商达成一致的情况下，就是合法的行为。

（2）合同签订出现不公平的情况，则不合法，不受法律保护。

《民法典》第三百九十五条规定，债务人或者第三人有权处分的下列财产可以抵押：

（1）建筑物和其他土地附着物。

（2）建设用地使用权。

（3）海域使用权。

（4）生产设备、原材料、半成品、产品。

（5）正在建造的建筑物、船舶、航空器。

▶▶▶ 469. 银行对个人用房屋做抵押贷款要注意哪些事项？

（1）房产抵押需要的是借款人的房产，如果与第三人共有，则在抵押时必须出具共有人同意抵押贷款的声明书。

（2）在提供的婚姻关系证明书中，有离婚情况的，需要提交离婚协议书或法院判决书；如果离婚后单身，则需要提供离婚后未再婚证明。

（3）需要明确贷款用途。抵押贷款一般用于装修、留学、购买家庭大额耐用消费品等消费项目，如果消费者违规使用抵押资金，有可能被银行收回资金，因此消费者要注意政策风险。

（4）没有还清贷款的房子，是无法申请抵押贷款的。也就是说，如果房子还处于按揭状态中，该房的抵押权其实就在银行手中，虽然借款人拥有使用权，但是不具备完全产权，所以不能再次申请抵押。

（5）小产权房不具备房产抵押贷款交易的权利。这是因为小产权房实为无产权，如遇政策性用地规划就面临风险，因此金融机构不予对该类房产抵押贷款。

▶▶▶ 470. 银行在办理个人房屋贷款时必须遵循哪些程序？

（1）借款人准备相关资料。在贷款前，借款人需要向银行提供资料，包括身份证、户口本、结婚证、房产证、购房合同。

（2）提供银行流水对账单。根据房屋价值的不同，银行的房贷额度也不同，除了需要对房产证进行抵押，银行为了更好地规避风险，也需要借款人有良好的信用和经济实力，所以大多数银行会要求借款人提供个人账户近半年的银行流水对账单。

（3）向银行申请贷款。房屋贷款的额度一般在5万元以上，房产价值的

70%以下。贷款预期年化利率会根据央行基准预期年化利率上调一定比率，贷款期限一般为5~30年，还款方式一般有等额本息，等额本金两种方式，前者前期还款压力较小，后者后期还款压力较小，借款人可以根据自身情况灵活选择。

（4）银行审核房贷。在申请完房贷后，银行就开始了对借款人的资质审核。

（5）银行审核通过，办理相关手续。银行在通过借款人的房贷审核，同意批贷后，借款人需要与银行业务员一同前往当地县级以上房产管理部门做抵押登记手续。

（6）银行获得房产证，放款。在上述的手续都办好后，银行会向借款人放款。一般来说，房屋贷款放款时银行会直接将款项打到地产开发商的账户中，并不会直接发现金。

471. 动产抵押的财产都包括哪些？

《民法典》第三百九十六条规定了动产抵押的范围，包括：现有的以及将有的生产设备、原材料、半成品、产品。

472. 以动产抵押的，抵押权何时生效？

根据《民法典》第四百零三条的规定，以动产抵押的，抵押权自抵押合同生效时设立；未经登记，不得对抗善意第三人。

473. 抵押权设立前，原租赁关系怎么办？

《民法典》第四百零五条规定，抵押权设立前，抵押财产已经出租并转移占有的，原租赁关系不受该抵押权的影响。

474. 抵押期间，抵押人转让的抵押财产所得价款如何处理？

《民法典》第四百零六条规定，抵押期间，抵押人可以转让抵押财产。当事人另有约定的，按照其约定。抵押财产转让的，抵押权不受影响。

抵押人转让抵押财产的，应当及时通知抵押权人。抵押权人能够证明抵押财产转让可能损害抵押权的，可以请求抵押人将转让所得的价款向抵押权人提前清偿债务或者提存。转让的价款超过债权数额的部分归抵押人所有，不足部分由债务人清偿。

475. 抵押权可以与债权分离而单独转让或者作为其他债权的担保吗？

《民法典》第四百零七条规定：抵押权不得与债权分离而单独转让或者作为其他债权的担保。债权转让的，担保该债权的抵押权一并转让，但是法律另有规定或者当事人另有约定的除外。

《民法典》如此规定是因为抵押权是担保物权，具有从属性，它以其担保的债权存在为前提，没有债权，也就不可能有抵押权，抵押权失去了债权，也没有存在的意义。此条规定抵押权不得与债权分离而单独转让（债权转让的，担保该债权的抵押权一并转让），是指抵押权人不得将抵押权单独让与他人而保留债权。所谓抵押权不得作为其他债权的担保，是指抵押权人不能以自己的抵押权为他人的债权担保。因为抵押权是为特定的债权设立的，如果将其作为其他债权的担保，就会使原债权失去履行保障，违背设定抵押权的目的。

476. 抵押人的行为足以使抵押财产价值减少的，抵押权人怎么办？

根据《民法典》第四百零八条规定：抵押人的行为足以使抵押财产价值减少的，抵押权人有权请求抵押人停止其行为；抵押财产价值减少的，抵押权人有权请求恢复抵押财产的价值，或者提供与减少的价值相应的担保。抵押人不恢复抵押财产的价值，也不提供担保的，抵押权人有权请求债务人提前清偿债务。

根据这一条款，抵押人的行为（包括转让、损毁等）使抵押财产价值减少的，抵押权人有权请求抵押人停止其行为，并有权请求恢复抵押财产的价值。如果转让，出现以下情况应该追加担保或者制止，（1）抵押物所得的价款明显低于其价值的，抵押权人可以要求抵押人提供相应的担保；（2）抵押人不提供的，不得转让抵押物。法律规定抵押人有权转让抵押物，但抵押人不能滥用转让权，以明显低于抵押物价值的价款向受让人转让抵押物，如果转让所得价款不足清偿所担保的债权，实际上是侵害了抵押权人的利益。所以，抵押权人可以要求抵押人提供相应的担保。相应的担保应当理解为在数额上相当于被担保债权数额和转让价款之间的差额的担保。如果抵押人不提供担保，就不能转让抵押物、如果转让的、则该转让行为无效，抵押人应当返还受让人交付的价款、受让人应当返还抵押人抵押物、原抵押权继存于抵押物之上。

下篇 导致银行被动抵债后果的授信风险识别与防范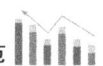

▶▶▶ 477. 抵押财产处置的价款与债权数额不符怎么办？

《民法典》第四百一十三条规定，抵押财产折价或者拍卖、变卖后，其价款超过债权数额的部分归抵押人所有，不足部分由债务人清偿。

根据这一条款，抵押财产处置的价款与债权数额不符时遵循"多退少补"原则。

▶▶▶ 478. 抵押权人实现动产抵押权的条件是什么？

根据《民法典》第四百一十一条规定：依据本法第三百九十六条规定设定抵押的，抵押财产自下列情形之一发生时确定：

（1）债务履行期限届满，债权未实现；
（2）抵押人被宣告破产或者解散；
（3）当事人约定的实现抵押权的情形；
（4）严重影响债权实现的其他情形。

《民法典》第三百九十六条的规定是：企业、个体工商户、农业生产经营者可以将现有的以及将有的生产设备、原材料、半成品、产品抵押，债务人不履行到期债务或者发生当事人约定的实现抵押权的情形，债权人有权就抵押财产确定时的动产优先受偿。

以上条款明确规定了抵押权人实现动产抵押权的条件，了解这些对银行在做抵押贷款时十分重要。

▶▶▶ 479. 哪些动产财产抵押必须登记才有效？

根据《民法典》第四百零一条规定，以本法第二百九十五条第一款第一项至第三项规定的财产或者第五项规定的正在建造的建筑物抵押的，应当办理抵押登记。抵押权自登记时设立。

《民法典》第三百九十五条规定：债务人或者第三人有权处分的下列财产可以抵押：

（1）建筑物和其他土地附着物；
（2）建设用地使用权；
（3）海域使用权；
（4）生产设备、原材料、半成品、产品；
（5）正在建造的建筑物、船舶、航空器；
（6）交通运输工具；
（7）法律、行政法规未禁止抵押的其他财产。

抵押人可以将前款所列财产一并抵押。

这一条款明确以下动产财产抵押必须登记才有效，即：（1）建筑物和其他土地附着物；（2）建设用地使用权；（3）海域使用权；（5）正在建造的建筑物、船舶、航空器。

▶▶▶ 480. 以动产抵押的不同财产的抵押生效条件有哪些不同？

以动产抵押的要特别注意抵押生效条件的区别。

抵押权自登记时设立。《民法典》第四百零二条规定的[即：（1）建筑物和其他土地附着物；（2）建设用地使用权；（3）海域使用权；（5）正在建造的建筑物、船舶、航空器]抵押财产，应当办理抵押登记，抵押权生效的条件是：抵押权自登记时设立。

抵押权自抵押合同生效时设立。《民法典》第四百零三条以动产抵押的，抵押权自抵押合同生效时设立；未经登记，不得对抗善意第三人。包括：其他动产财产[即：（4）生产设备、原材料、半成品、产品；（6）交通运输工具；（7）法律、行政法规未禁止抵押的其他财产]。

注意这里的区别：前者抵押权自登记时设立；后者自抵押合同生效时设立；未经登记，不得对抗善意第三人。

下篇　导致银行被动抵债后果的授信风险识别与防范

第十六章　质押的基本知识和法律规定

▶▶▶ **481. 什么是质押？什么是动产质押？**

质押是债务人或第三人将其自有的动产或权利资产交由债权人占有，作为债权的担保，在债务人不履行债务时，债权人可以将该动产或权利资产折价或拍卖、变卖所得价款优先受偿。这其中的债务人或第三人称为出质人，债权人称为质权人，移交的动产或权利资产称为质物，在质物上设定的担保物权称为质权。质权做为债的一种担保方式，对促进资金融通和商品流通，保障交易安全和债权的实现，稳定社会经济秩序，具有重要的意义。

质押包括动产质押和权利质押。动产质押是质押中的一类。《民法典》第四百二十五条对动产质押做出了明确规定，即：为担保债务的履行，债务人或者第三人将其动产出质给债权人占有的，债务人不履行到期债务或者发生当事人约定的实现质权的情形，债权人有权就该动产优先受偿。

此规定中的债务人或者第三人为出质人，债权人为质权人，交付的动产为质押财产。

▶▶▶ **482. 质权都有哪些分类？**

根据质物的类别，可将质权分为动产质权和权利质权。

（1）动产质权，是指以动产为标的物的质权。因为动产是以占有为公示方法的，多数动产并无登记或注册制度，因而以动产作担保的，应采用设定质权的方式。在各国的立法上动产质权是质权的一般类型，我国《民法典》中将动产质权规定为质权的主要形态，并做出规定。

能作为动产质权的动产的范围比较宽泛，《民法典》只对不能作为动产质权的动产作出了规定。根据《民法典》第四百二十六条的规定，法律、行政法规禁止转让的动产不得出质。说明除这一款规定以外的资产都可以作为动产质押。

（2）权利质权，是指以债权或其他财产权利为标的物的质权。权利质权在目前的各国法律中都得到了普遍认可，我国《民法典》中也对权利质权做了专门的规定。

《民法典》第四百四十条规定，债务人或者第三人有权处分下列权利出质：

（1）汇票、本票、支票。

（2）债券、存款单。

（3）仓单、提单。

（4）可以转让的基金份额、股权。

（5）可以转让的注册商标专用权、专利权、著作权等知识产权中的财产权。

（6）现有的以及将有的应收账款。

（7）法律、行政法规规定可以出质的其他财产权利。

▶▶▶ 483. 质权人有哪些权利？

（1）占有质物。质物应当为动产，金钱以特户、封金、保证金等形式特定化后也可用作质押。

（2）收取孳息。质权人有权收取质物的孳息，但质权合同另有约定的除外，质权人收取的孳息应当先充抵收取孳息的费用；质权人在质权存续期间，未经出质人同意，擅自使用、出租、处分质物，因此给出质人造成损失的，质权人应当承担赔偿责任。

（3）质权的保全。质物有损坏或价值明显减少的可能，足以危害质权人权利的，质权人可以要求出质人提供相应的担保。出质人不提供的，质权人可以拍卖或变卖质物，并与出质人协议，将拍卖或变卖所得的价款用于提前清偿所担保的债权，或向与出质人约定的第三人提存。

（4）优先受偿。债务履行期届满质权人未受清偿的，质权人可以继续留置质物，并以质物的全部行使权利。出质人清偿所担保的债权后，质权人应当返还质物。债务履行期届满，出质人请求质权人及时行使权利，而质权人怠于行使权利致使质物价格下跌的，由此造成的损失，质权人应当承担赔偿责任。

（5）转质。质权人在质权存续期间，可以经出质人同意，以其所占有的质物为第三人设定质权以担保自己的债务。但应当在原质权所担保的债权范围之内，超过的部分不具有优先受偿的效力。转质权的效力优于原质权。质权人在质权存续期间，未经出质人同意，为担保自己的债务，在其所占有的质物上为第三人设定质权的无效。质权人对因转质而发生的损害承担赔偿责任。

▶▶▶ 484. 质权具有哪些特征？

（1）质权具有从属性。质权是以担保债权实现为目的的权利，与其所担保的债权形成主从关系。被担保的债权为主权利，质权为从权利，质权具有从属性。质权的从属性，又被称为附属性和伴随性，质权以主债权的有效存在为存在前提，在主债权无效或因其他原因不存在时，质权也就不能存在。主债权转让时，质权也应随之而转移，质权不能脱离债权而单独让与。主债权消灭，质权也当然随之消灭。

（2）质权具有不可分性。质权与抵押权一样地具有不可分性，即质物的全部价值担保债权的全部。质权的效力及于质权标的全部，即使债权部分受清偿也不受影响。

（3）质权具有物上代位性。质权的物上代位性表现在质物发生毁损、灭失或者在其价值形态发生改变时，质权的效力及于质物的代位物上。即质权因质物灭失而消灭。因灭失所得的赔偿金，应当作为出质财产。

（4）质权具有优先受偿性。质权虽由质权人占有质物，于债务履行前有留置的效力。但质权的根本效力不在于留置，而在于以质物的价值优先受偿。

质押一般指的是动产质押和权利质押两种，质押不能够以不动产来进行质押，一般来说只有抵押才能够以不动产来进行。不动产一般指的是类似于房产等财物。

485. 为什么不动产不能作为质权质押？

不动产质权在古代普遍存在，因为其是农业经济的产物，随着工商业的发展，其缺点表现得越来越明显，逐渐被社会所淘汰。但是目前日本的法律中还存在不动产质权的规定，绝大多数的国家已经不承认不动产质权。

我国《民法典》不承认不动产质权，以不动产提供担保的只能设定抵押权。

486. 质押与抵押有什么不同之处？

抵押与质押都是物的担保的重要方式，本质上属于物权担保，但两者间的区别也是明显的。归纳起来主要有：

（1）质押和抵押的根本区别在于是否转移担保财产的占有。

法律上的占有是指对物的实际掌握和控制，是物权的一项基本职能。质押是转移质物占有权的一种担保方式，质权人与出质人订立的质押合同一旦成立，出质人就要将质物移交给质权人占有。出质人拥有质物的所有权，但不直接控制质物，而质权人取得质物占有权，却不享有质物的所有权，这是质押最明显的特征，也是质押与抵押最重要的区别。在抵押担保中，抵押物并不发生占有的转移，抵押人仍占有抵押物，而抵押权人对抵押物既不享有所有权，也不享有占有权。抵押不转移对抵押物的占管形态，仍由抵押人负责抵押物的保管；质押则改变了质押物的占管形态，由质权人负责对质押物进行保管。一般来说，抵押物毁损或价值减少，由抵押人承担责任，质押物毁损或价值减少由质押权人承担责任。

（2）担保物的种类不同。

抵押与质押的担保物种类有所不同。在抵押担保中，抵押物可以为不动产，包括抵押人所有的房屋和其他地上定着物，也可以为权利或动产，如土地使用权和机器、交通运输工具及其他财产。而在质物担保中，质物一般具有简便、易于移动空间位置和便于保管的特点，质押的标的可以是动产，也可以是权利，但不动产不能成为质物。

（3）合同生效的时间不同。

质押和抵押合同生效的时间有明显的不同。在质押中，质押合同从动产质物移交给质权人占有时生效；权利质押中，如以汇票、本票、支票、债券、提单、存款单等债权出质的，合同从权利凭证交付质权人占有之日起生效；如以股票、股份、商标专用权、专利权和著作权等财产权出质的，质押合同自出质登记之日起生效。而在抵押合同中，以不动产以及大部分动产作为抵押物时，都必须到有关部门依法办理登记手续，抵押合同自登记之日起生效。

（4）能否重复设置担保权不同。

抵押与质押在是否能重复设置担保权上有根本的不同。在抵押担保中，抵押人可以就一项财产向两个以上的债权人进行抵押，也就是说，同一财产上可以设置两个以上抵押权，即抵押权重复设置。而在质押担保中，质押合同是从质物移交给质权人占有之日起生效，占管情况改变，也就不可能存在就同一质物重复设置质权的现象。

（5）担保范围不同。

抵押法定担保范围包括主债权及利息、违约金、损害赔偿金和实现抵押权的费用。而质押担保范围除此之外，还包括质物保管费用。质物保管费用是指为保管质物，质权人需要支付必要的费用。

▶▶▶ 487. 动产作为质押，需要满足哪些条件？

（1）动产质押的设立是动产质权取得的途径之一。在我国，动产质权虽然可以通过转让、继承等方式取得，但动产质权的原始取得是质权的创设。《民法典》第四百二十七条规定，设立质权，当事人应当采用书面形式订立质押合同。

质押合同一般包括下列条款：①被担保债权的种类和数额；②债务人履行债务的期限；③质押财产的名称、数量等情况；④担保的范围；⑤质押财产交付的时间、方式。

下篇 导致银行被动抵债后果的授信风险识别与防范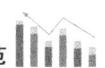

根据该规定,质押合同应当采用书面形式。但需要注意的是,质押合同的书面形式仅具有证据效力。因此,当事人未以书面形式订立质押合同的,只要有其他证据可以证明质押合同的存在,质押合同仍然有效。

(2)动产质押物必须由债权人占有。只有出质人将质押物交付债权人时,动产质押才能成立。动产质押由质押合同设定,但质押合同的成立并不意味着动产质押当然的成立。只有出质人将质押物交付债权人、动产质押物由债权人占有,动产质押才能成立。也就是说,动产质押的设立是以出质人将质押物交付债权人占有为基础的。动产质押的当事人也是质押合同的当事人,包括出质人和质权人。出质人是在质押合同中提供动产质押的人。出质人可以是主债务人,也可以是第三人。出质人是第三人的,第三人为担保人。出质人以动产作为债权担保的,质权在质权实现时处分。动产质押的债权人应当是动产质押的主要债权人。不享有主债权的,不作为质权人。质押合同为质权人设定了担保物权,原则上质权人必须占有质物并负有保管义务,因此,质权人必须具有相应的认知能力。动产质押的标的物是出质人在质押合同中约定转让给质权人占有的动产。因为动产质权实现时,需要改变质权的价格,所以动产质权的标的物必须满足两个条件:一是可以转让,不受法律禁止。性质上不能转让的财产,或者性质上可以转让但法律禁止流通的财产,不能作为动产质押的标的。这是因为动产质押是价格变动权。以不能转让的动产为质权的,质权人不能实现权利,也不能以质权的价格变动获得补偿。二是标的物必须是特定的动产。动产质押的标的物只能是特定的动产,不能是非特定的物。《民法典》第四百二十五条规定:为担保债务的履行,债务人或者第三人将其动产出质给债权人占有的,债务人不履行到期债务或者发生当事人约定的实现质权的情形,债权人有权就该动产优先受偿。

上述规定的债务人或者第三人为出质人,债权人为质权人,交付的动产为质押财产。

由于动产的移动不会对实体造成损害,也不会降低物的价值,所以动产的权利是通过占有来公示的。占有动产也被视为对动产的权利。因此,将动产的占有权作为担保转让给债权人非常简单。这既是动产质押相对于抵押的优势所在,也是动产质押成为重要融资手段的原因。

▶▶▶ 488. 以汇票、本票、支票、债券、存款单、仓单、提单出质的,质权设立的时间怎么规定的?

根据《民法典》第四百四十一条规定,以汇票、本票、支票、债券、存款单、仓单、提单出质的，质权自权利凭证交付质权人时设立；没有权利凭证的，质权自办理出质登记时设立。法律另有规定的，依照其规定。

▶▶▶ 489. 可以出质的其他质物的质权设立时间是怎么规定的？

（1）根据《民法典》第四百四十三条规定，以基金份额、股权出质的，质权自办理出质登记时设立。

基金份额、股权出质后，不得转让，但是出质人与质权人协商同意的除外。出质人转让基金份额、股权所得的价款，应当向质权人提前清偿债务或者提存。

（2）根据《民法典》第四百四十四条规定，以注册商标专用权、专利权、著作权等知识产权中的财产权出质的，质权自办理出质登记时设立。

知识产权中的财产权出质后，出质人不得转让或者许可他人使用，但是出质人与质权人协商同意的除外。出质人转让或者许可他人使用出质的知识产权中的财产权所得的价款，应当向质权人提前清偿债务或者提存。

（3）根据《民法典》第四百四十五条规定，以应收账款出质的，质权自办理出质登记时设立。

应收账款出质后，不得转让，但是出质人与质权人协商同意的除外。出质人转让应收账款所得的价款，应当向质权人提前清偿债务或者提存。

▶▶▶ 490. 汇票、本票、支票、债券、存款单、仓单、提单的兑现日期或者提货日期先于主债权到期的，质权人怎么处理？

根据《民法典》第四百四十二条规定，汇票、本票、支票、债券、存款单、仓单、提单的兑现日期或者提货日期先于主债权到期的，质权人可以兑现或者提货，并与出质人协议将兑现的价款或者提取的货物提前清偿债务或者提存。

▶▶▶ 491. 质权人在占有质物过程中有哪些义务？

根据《民法典》第四百三十二条规定，质权人负有妥善保管质押财产的义务；因保管不善致使质押财产毁损、灭失的，应当承担赔偿责任。

质权人的行为可能使质押财产毁损、灭失的，出质人可以请求质权人将质押财产提存，或者请求提前清偿债务并返还质押财产。

根据这一条款，质权人在占有质物过程中负有妥善保管质押财产的义务，造成损失出质人可以请求质权人将质押财产提存，或者请求提前清偿债务并返还质押财产。

492. 质押财产毁损或者价值明显减少，足以危害质权人权利的情况下，质权人应如何处理？

根据《民法典》第四百三十三条规定，因不可归责于质权人的事由可能使质押财产毁损或者价值明显减少，足以危害质权人权利的，质权人有权请求出质人提供相应的担保；出质人不提供的，质权人可以拍卖、变卖质押财产，并与出质人协议将拍卖、变卖所得的价款提前清偿债务或者提存。

根据这一条款，质权人有权要求出质人补充担保、处置质押财产或者提前清偿债务。例如，质物是家畜（牛、羊、猪等），在出质期间发生自然灾害，导致家畜损失的，质权人有权请求出质人提供相应的担保，如果不提供，质权人有权按照该条款处置质物提前清偿债务。

493. 质权人在质权存续期间随便转质造成损失的，应当承担哪些责任？

根据《民法典》第四百三十四条规定，质权人在质权存续期间，未经出质人同意转质，造成质押财产毁损、灭失的，应当承担赔偿责任。

根据这一条款，在质权存续期间，质权人未经出质人同意，擅自使用、出租、处分质物，给出质人造成损失的，出质人有权要求质权人承担赔偿责任。所以，银行对质押物要严格管理，防止银行内部人违规使用、出租、处分质物，从而给银行带来损失。

494. 质权人放弃质权，其他担保人的担保责任还需要承担吗？

根据《民法典》第四百三十五条规定，质权人可以放弃质权。债务人以自己的财产出质，质权人放弃该质权的，其他担保人在质权人丧失优先受偿权益的范围内免除担保责任，但是其他担保人承诺仍然提供担保的除外（案例见第605题）。

495. 质权人应当如何处理质押财产？

根据《民法典》第四百三十六条规定，债务人履行债务或者出质人提前清偿所担保的债权的，质权人应当返还质押财产。

债务人不履行到期债务或者发生当事人约定的实现质权的情形，质权人可以与出质人协议以质押财产折价，也可以就拍卖、变卖质押财产所得的价款优先受偿。

质押财产折价或者变卖的，应当参照市场价格。

《民法典》第四百三十六条规定很明确，履行则返还质押财产，不履行则处置质押财产。

▶▶▶ 496. 质权人不及时行使质权时出质人应如何处理？

根据《民法典》第四百三十七条的相关规定，出质人可以请求质权人在债务履行期限届满后及时行使质权；质权人不行使的，出质人可以请求人民法院拍卖、变卖质押财产。

出质人请求质权人及时行使质权，因质权人怠于行使权利造成出质人损害的，由质权人承担赔偿责任。

根据《民法典》第四百三十七条的相关规定，质权人不及时行使质权时要承担相应的责任。主要有以下三种情况：一是到期应返还，不返还的；二是出质人如果是债务人以外的第三人，该第三人代为清偿债权或因质权实行丧失质物的所有权的；三是质权人怠于行使权利致使质物价格下跌的。这些情况由此造成的损失，出质人有权要求质权人予以赔偿。该条款是对质权人行为的约束，保证出质人的利益。

▶▶▶ 497. 处置质押财产的"多退少补"原则是什么？

根据《民法典》第四百三十八条的规定，质押财产折价或者拍卖、变卖后，其价款超过债权数额的部分归出质人所有，不足部分由债务人清偿。

即处置质押财产后实行"多退少补"原则。

▶▶▶ 498. 出质人与质权人协议设立最高额质权的目的是什么？

根据《民法典》第四百三十九条的规定，出质人与质权人可以协议设立最高额质权。

最高额质权是指为担保债务的履行，债务人或者第三人对一定期间内将要连续发生的债权提供质押财产担保的，债务人不履行到期债务或者发生当事人约定的实现质权的情形，质权人有权在最高债权额限度内就该质押财产优先受偿。最高额质权制度对于配合继续性交易的发展，扩大担保融资，促进社会经济的繁荣，发挥了重要的作用。规定最高额质权的目的是为了简化设立担保的手续，方便当事人促进资金融通，更好地发挥质押担保的功能。

▶▶▶ 499. 最高额质权与最高额抵押权有哪些相似之处？

最高额质权与最高额抵押权具有许多相同之处，主要体现在：一是两者在设立、转移和消灭上均在一定程度独立于主债权；二是两者担保与动产质权相比，最高额质权和最高额抵押权自己的特征的债权都是不特定债权；三是两者均有最高担保额的限制；四是在实现担保物权时，均需要对担保的债权进行确定。基于以上相同点，《民法典》第四百三十九条规定，最高额质权可以参照最高额抵押权的有关规定。最高额质权所担保债权的转让、最高额质权的变更以及最高额质权所担保债权的确定可以参照《民法典》第四百二十一条、第四百二十二条和第四百二十三条的规定。此外，根据《民法典》第四百二十条第二款的规定，最高额抵押权设立前已经存在的债权，经当事人同意，可以转入最高额抵押担保的债权范围。同理，最高额质权设立前已经存在的债权，经当事人同意，也可以转入最高额质押担保的债权范围。

▶▶▶ 500. 最高额质权与最高额抵押权在性质上有什么区别？

最高额质权需要质权人占有担保财产，其本质属于质权的一种；最高额抵押权不需要抵押权人占有担保财产，其本质属于抵押权的一种。

▶▶▶ 501. 出质人有哪些权利？

（1）出质人在质权人因保管不善致使质物毁损灭失时，有权要求质权人承担民事责任、在质权人不能妥善保管质物可能导致其灭失或者毁损的，出质人可以要求质权人将质物提存，或者要求提前清偿债权而返还质物。在此种情况下将质物提存的，提存费用由质权人承担。同时，出质人提前清偿债权的，应当扣除未到期部分的利息。

在质权存续期间，质权人未经出质人同意，擅自使用、出租、处分质物，因此给出质人造成损失的，出质人有权要求质权人承担赔偿责任。

（2）债务履行期届满，债务人履行债务的，或者出质人提前清偿所担保的债权的，出质人有权要求质权人返还质物。

（3）出质人如果是债务人以外的第三人，该第三人代为清偿债权或因质权实行丧失质物的所有权时，有权向债务人追偿。

（4）债务履行期届满，出质人请求质权人及时行使权利，而质权人怠于行使权利致使质物价格下跌的，由此造成的损失，出质人有权要求质权人予以赔偿。

第十七章　抵押欺诈的风险识别与防范

▶▶▶ 502. 抵押欺诈一般发生在授信的什么阶段？

抵押欺诈一般发生在授信的放款前，即放款条件落实阶段。土地、房产、设备等抵押物是银行授信资金安全的重要保证，也是银行确保资金回收的主动权所在。因此在放款前，落实好抵押手续，是一项十分重要的工作。如果出现差错，都将导致银行难以处置抵押物，造成资金损失。在现实中，制度的不健全、操作不规范等问题，导致出现虚假抵押骗贷的情况。因此，银行工作人员应端正工作态度，按规定流程操作，认真负责，使抵押物担保的作用得以发挥。

▶▶▶ 503. 抵押物欺诈都有哪些类型？

（1）抵押物根本不存在。
（2）以非法房产作抵押。
（3）串通中介高估抵押物价值。
（4）重复抵押。
（5）提供虚假抵押资料。
（6）专业骗贷。
（7）蒙骗银行核保人员。
（8）抵押登记造假。
（9）抵押物已经长租。
（10）抵押物被查封。[①]

▶▶▶ 504. 抵押物根本不存在，为什么还能办理抵押？

现实中，不法分子可能会通过伪造土地和房屋他项权证，骗取银行贷款。诈骗分子常以虚假动产或不动产进行抵押骗贷，包括使用已失效的、不正当取得的产权，或根本不拥有的产权骗取银行信任，进行诈骗活动。具体如下：一是伪造产权证明。比如伪造房屋的产权，或从租赁公司租车后伪造发票和

---

① 孙建林：《常见授信风险识别与防范》，中国商业出版社2022年版。

行驶证后,到银行申请抵押贷款。二是变造产权证明。如将他人的产权证明用涂改的方式换成本人的名字(案例见606题)。

▶▶▶ 505. 银行如何防范非法房产抵押的风险?

不法分子以非法手段获取他人的房产后到银行办理抵押贷款,这类案件,在个人房产抵押贷款中偶有发生。不法分子们为了达到银行抵押骗贷的目的不再使用伪造房产证,而是手持真实的房产证原件到银行办理抵押贷款,这种"假人真证"的骗贷手段有以下几种。

(1)直接盗取他人真房产证。不法分子一般都是盗取自己家人或亲朋好友房产证,如父母的房产证、兄弟姐妹的房产。不法分子通常采用"两骗连环"的手段:先骗取房子证件,变更到自己的名下,再以该房产证件到银行办理抵押贷款。

(2)盗卖他人房产取得真房产证。这种手段可以归纳为"先盗卖他人房产,后抵押给银行骗贷"。第一步是通过欺诈手法进行房屋买卖,将该房产落户到不法分子或其控制人的名下;第二步是以房主的名义持房产证到银行办理抵押,骗取贷款。

例如,某房屋中介先骗取卖房人的全权卖房委托书及相关证件。然后指使员工伪装成买主,通过房地产交易所买卖将房产过户到员工名下。最后由员工出面该房产抵押给银行骗取贷款。

在这种先盗卖他人房产,后抵押给银行骗贷的案件中,最后出现的局面是"一房两主",即该房产应该属于原房主,还是属于有抵押权的银行。有些案例表明,最终法院会把房产判给原房主,使银行抵押权无效,债权落空,资金损失。

为了防止这种情况的出现,银行人员必须到政府负责房屋和土地的管理部门,核实产权证的真实性,并到房管局核查房产的真实业主。[1]

▶▶▶ 506. 串通中介高估抵押物价值骗取银行贷款手段有哪些?

高估抵押物价值的手段有:低价高估、以次充好、以少充多,或甲地评估乙地申贷。要做到以上的结果,必须有中介机构的配合。因此,串通中介是前提。为了抵押,抵押人可以串通评估机构以明显高于市场价格给出评估报告,还有以次充好、以少充多,或甲地评估乙地申贷等欺骗行为,这些个别不

---

[1] 孙建林:《常见授信风险识别与防范》,中国商业出版社2022年版。

法分子实际上是在进行犯罪。如果银行审查不严，认可抵押物价值，在债务人无法履行还款义务时，发现抵押的房产价值大幅缩水等情况为时已晚，银行就会有很大损失。

为了防范此问题的发生，需要评估和贷款审查部门严格把关。

▶▶▶ 507. 什么是重复抵押？

重复抵押是指同一房产多次在银行抵押，这与在房产价值内的多次抵押不同，前者是欺诈行为，是犯罪；后者是正常抵押。

▶▶▶ 508. 什么是抵押欺诈？

将他人财物用于抵押是抵押欺诈的一种表现形式。如将租赁、拾得、盗窃、产权不明或产权共有的房产到银行进行抵押，就属于抵押欺诈。将他人财物用于抵押必须获得财物所有人的同意，否则就是犯罪。银行如果没有发现抵押物来历不明，就办理了贷款，今后将难以处置该抵押物。

▶▶▶ 509. 抵押房产租赁时哪种情况属于欺诈行为？

一是先抵后租，即抵押后再租赁。二是先租后抵，即房产所有人租赁在先，之后进行抵押；我国相关法律根据两种权利生效的先后顺序确定其优先权及效力，经依法登记生效的抵押权可对抗后设的租赁权，即第一种情况。反之，则适用"买卖不破租赁"原则，即第二种情况。第一种情况法律上是允许的，但是，必须告知抵押权人，否则属于欺诈行为。

▶▶▶ 510. 使用假房产证进行诈骗主要有哪些手段？

（1）在房屋买卖活动中，卖方用假房产证进行交付，而买方把房产证的交付当作房屋所有权的交付。在房产证是假的情况下，买方会因支付了价款却得不到房屋而蒙受损失。

（2）在房屋抵押活动中，抵押人用假房产证进行抵押，而抵押权人拿抵押人房产证当做抵押权的设定，把占有抵押人的房产证当作拥有了抵押权。在房产证是假的情况下，抵押权人会因其债权得不到履行并且实际上没有抵押权而蒙受损失。

▶▶▶ 511. 银行怎样对抵押欺诈进行风险识别与防范？

银行防范抵押欺诈风险主要要做到把好以下三关：

第一关，严格把住核保关。核保是放款前最后一道关口，因此，必须严格把好这一关。核保主要是做好两件事，一是认真核实抵押人提供的资料。二是认真查阅登记簿。房产抵押占抵押财产的绝大部分，必须格外重视。登记是房地产交易的必经程序，查阅登记簿是一项简单且不增加成本的工作。在房地产交易时，只要去登记机关查阅一下登记簿，假房产证便无可遁形，使用假房产证的欺诈目的就很难得逞。相关单位应广泛宣传房屋登记的方法与意义以及房产证的性质与作用，真正做好风险防范工作。

第二关，严格执行现场查看关。防范抵押诈骗重要的一点是在发放贷款前必须现场查看走访。通过现场查看、走访可以看到抵押物的现状、存在形态、抵押物的真假、与抵押人提供的资料的差距等。

第三关，严格执行制度关。就是严格执行贷前调查和审查制度，才能事先最大限度地发现欺诈者的欺诈伎俩。①

512. 抵押资料需要核实哪些内容？

（1）抵押物的名称、数量、质量、地址等基本情况。

（2）抵押物的权属证明、价值评估报告及相关文件。

（3）法律、法规及抵押人公司章程规定设定抵押需要股东大会或董事会同意的，应提供股东大会或董事会决议，且要素齐全。

（4）抵押人为三资企业、上市公司的，必须提供股东大会或董事会决议，且要素齐全；若上市公司以公司资产为股东或个人提供担保的，需提供股东大会或公司章程同意的决议。

（5）抵押人为自然人的，应要求其出示能证明其身份的有效证件（身份证或护照）原件，并留存其复印件。

（6）以共同共有财产抵押的，应提供全体共有人签字的书面证明。

513. 法律是怎样对抵押欺诈行为的认定和处罚的？

（1）《民法典》对抵押欺诈行为的相关规定。

《民法典》第一百四十六条规定，行为人与相对人以虚假的意思表示实施的民事法律行为无效。

以虚假的意思表示隐藏的民事法律行为的效力，依照有关法律规定处理。

《民法典》第一百四十七条规定，基于重大误解实施的民事法律行为，行

---

① 孙建林：《常见授信风险识别与防范》，中国商业出版社 2022 年版。

为人有权请求人民法院或者仲裁机构予以撤销。

《民法典》第一百四十八条规定，一方以欺诈手段，使对方在违背真实意思的情况下实施的民事法律行为，受欺诈方有权请求人民法院或者仲裁机构予以撤销。

《民法典》第一百四十九条规定，第三人实施欺诈行为，使一方在违背真实意思的情况下实施的民事法律行为，对方知道或者应当知道该欺诈行为的，受欺诈方有权请求人民法院或者仲裁机构予以撤销。

《民法典》第一百五十条规定，一方或者第三人以胁迫手段，使对方在违背真实意思的情况下实施的民事法律行为，受胁迫方有权请求人民法院或者仲裁机构予以撤销。

（2）《中华人民共和国刑法》对抵押欺诈的相关处罚。

《刑法》第二百六十六条规定，诈骗公私财物，数额较大的，处三年以下有期徒刑、拘役或者管制，并处或者单处罚金；数额巨大或者有其他严重情节的，处三年以上十年以下有期徒刑，并处罚金；数额特别巨大或者有其他特别严重情节的，处十年以上有期徒刑或者无期徒刑，并处罚金或者没收财产。本法另有规定的，则依照规定。

（3）《最高人民法院、最高人民检察院关于办理诈骗刑事案件具体应用法律若干问题的解释》

第一条　诈骗公私财物价值3000元至10000元以上、3万元至10万元以上、50万元以上的，应当分别认定为《刑法》第二百六十六条规定的"数额较大""数额巨大""数额特别巨大"。

下篇 导致银行被动抵债后果的授信风险识别与防范

第十八章 抵押条件、手续的风险识别与防范

▶▶ 514. 抵押贷款审批时经常会出现哪些问题？

（1）抵押率超出银行规定。
（2）抵押的补充条款可能影响银行利益。
（3）抵押顺位有可能对银行产生不利影响。
（4）授信期限大于抵押期限。
（5）抵押物保险单期限小于抵押期限。
（6）房产和土地未按规定同时办理抵押。①

▶▶ 515. 各银行规定的抵押率有什么作用？

抵押物贬值的风险是银行在做抵押业务时必须考虑的问题。为了防止抵押物贬值的风险，各银行对于不同的抵押物，通常都要规定贷款金额不得超过抵押物评估价值的一定比例。这就是抵押率。有的低些，有的高些。例如某国有银行规定：住宅抵押率不超过 65%，商用房（商铺、写字楼、商住两用房）抵押率不超过 55%，标准厂房、仓库、土地使用权标准抵押率不超过 50%，机器设备抵押率不超过 45%。各银行要求其各级分支机构在办理贷款业务时必须严格遵守，不得违反。

现实中也有抵押物在抵押期间升值的情况，面对这种情况有的银行也规定可以随抵押物价值的提高而增加贷款，所谓的"二次抵押"。增加贷款的抵押率规定的更严格。由于银行处于卖方市场地位，经常面对许多贷款项目都可以是"可做可不做"的状态，是典型的卖方市场。因此，对于把握不准的，可采取降低抵押率等方法，从而规避贷款风险。②

▶▶ 516. 抵押的补充条款可能影响银行利益怎么办？

一般情况下银行按照标准的协议模板签署合约。如果现实中有增加的补充条款等情况发生，银行经办人员必须认真审核，如发现有对本行不利的条款，应及时加以纠正，以防产生纠纷时，银行难以保证抵押物的担保作用。

---

①② 孙建林：《常见授信风险识别与防范》，中国商业出版社 2022 年版。

▶▶▶ 517. 发现抵押顺位对银行不利应如何处理？

抵押权的顺序十分重要，因为，关系到受偿的数量和债权实现的完整。如果同一抵押物有多个抵押权，处置价款的分配是按照抵押权的顺序来进行的。如果处置价款低于总抵押权的数量，在条件一致（都进行登记的）情况下，排在前面的抵押权先分配价款。因此，银行必须争取对抵押权的第一顺位。如果顺位太靠后，不利于清偿，如果发生抵押顺位靠后的情况，应要求借款人增加其他担保条件。

▶▶▶ 518. 授信期限大于抵押期限可能带来什么风险？

授信期限如果大于抵押期限，就会发生贷款尚未到期，但抵押期限已经期满而自动解押的情况，使抵押物丧失第二还款来源的担保作用。[①]

▶▶▶ 519. 发现抵押物保险单过期怎么办？

抵押物保险十分重要，如果在抵押期间抵押物出现损毁情况，保险是抵押物价值的保证。因此，银行工作人员要注意保险单的有效期，保险单的有效期应该超过贷款的结清日，如果贷款尚未到期保单已经失效，或者抵押物出现损毁而无法获得保险公司的赔偿，银行将遭受意外损失。因此，银行在日常工作中对保单有效期要特别关注。

▶▶▶ 520. 房产和土地未同时办理抵押怎么办？

《民法典》第三百九十七条规定："以建筑物抵押的，该建筑物占用范围内的建设用地使用权一并抵押。以建设用地使用权抵押的，该土地上的建筑物一并抵押。抵押人未依据前款规定一并抵押的，未抵押的财产视为一并抵押。"

《民典法》之所以制定这项"房随地走，地随房走"的基本原则，就是要强调"房地一体"，即强调权利转移时一定要保证权利最终归属同一个权利主体。因此，银行在接受抵押物时，一定要争取将房产和土地同时抵押到银行的名下。并于房地产抵押合同签订之日起30日内，到当地政府主管的不动产登记中心办理抵押登记。

如果发现没有同时办理抵押，应当及时补办抵押手续。现实中还有另外

[①] 孙建林：《常见授信风险识别与防范》，中国商业出版社2022年版。

一种情况,即土地先抵押,后在抵押的土地上又新增建筑物,这种情况应该按照《民法典》第四百一十七条规定执行。该条款规定:建设用地使用权抵押后,该土地上新增的建筑物不属于抵押财产。该建设用地使用权实现抵押权时,应当将该土地上新增的建筑物与建设用地使用权一并处分。但是,新增建筑物所得的价款,抵押权人无权优先受偿。

也就是说,虽然地上新增建筑物不属于抵押财产,但是抵押权人在行使该建设用地使用权的抵押权时,要一并处分。而新增建筑物所得的价款,抵押权人是无权优先受偿的。当然,新增建筑物也不能进行抵押,银行应当提前告知登记部门。

521. 银行在抵押手续方面存在哪些问题?

抵押是银行贷款的重要保证,总体而言,银行的贷款有抵押的占70%以上。因此,足值有效的土地、房产、设备等抵押物,是银行资金安全的重要保证,也是银行确保资金收回的主动权所在。银行工作人员要对抵押品价值的充足性、手续的完整有效性、权证信息的一致性等方面进行核实,确保抵押担保的有效性。这就要求银行在放款前,落实好抵押手续,这是一项十分重要的工作。如果出现差错,将导致银行难以处置抵押物,从而造成资金损失。现实中虽然有明确的规章制度,各个银行在实际办理抵押过程中仍然会出现一些问题。银行在抵押手续存在问题可以概括为七种类型。

(1) 抵押未获得审批文件,存在政策性风险。
(2) 抵押物名称不符,影响、甚至导致抵押失效。
(3) 土地未缴纳出让金,地上建筑物不应接受为抵押物。
(4) 抵押物面积有误,给银行的法律诉讼产生负面影响。
(5) 抵押登记未落实,抵押权有落空风险。
(6) 抵押登记内容有误,可能给银行带来损失。
(7) 抵押程序不符合银行规定,有可能发生虚假抵押和诈骗案件。

银行工作人员在日常工作中应对上述七项内容重点审核,保证资金收回的主动权,以及保证资金安全。[①]

522. 抵押物未获得相关审批文件是否有政策性风险?

有些抵押物在抵押前需要获得相关部门的审批文件,借款人向银行提供

---

① 孙建林:《常见授信风险识别与防范》,中国商业出版社2022年版。

抵押物时，需要其上级主管部门或政府管理部门审批同意。例如，以进口减免税货物做抵押的就需要遵守海关总署令179号的规定报批。

海关总署令179号第二十六条规定，在进口减免税货物的海关监管年限内，未经海关许可，减免税申请人不得擅自将减免税货物转让、抵押、质押、移作他用或者进行其他处置。

海关总署令179号第二十七条规定，按照国家有关规定在进口时免予提交许可证件的进口减免税货物，减免税申请人向海关申请进行转让、抵押、质押、移作他用或者其他处置时，按照规定需要补办许可证件的，应当补办有关许可证件。须经审批机关同意。

海关总署令179号第三十一条规定，在海关监管年限内，减免税申请人要求以减免税货物向金融机构办理贷款抵押的，应当向主管海关提出书面申请。经审核符合有关规定的，主管海关可以批准其办理贷款抵押手续。

减免税申请人不得以减免税货物向金融机构以外的公民、法人或者其他组织办理贷款抵押。

银行应提前获得这些批准文件，以防范抵押物处置时存在政策性风险。

▶▶▶ 523. 抵押物名称不符会影响抵押效果吗？

银行在实务中必须注意细节，防止因此而带来的麻烦。例如，如果抵押物的名称错误，哪怕只有一字之差，今后在处置时，都会出现麻烦。因此银行具体经办人员，对于抵押物的名称等信息资料，必须认真仔细逐字核对，不能有一点差错。

▶▶▶ 524. 土地未缴纳出让金对银行的抵押会产生什么负面影响？

《民法典》第三百四十七条规定，严格限制以划拨方式设立建设用地使用权。

《民法典》第三百五十一条规定，建设用地使用权人应当依照法律规定以及合同约定支付出让金等费用。

根据以上两条法律规定设立建设用地使用权，可以采取出让或者划拨等方式。出让的方式需要支付出让金等费用，也就是要缴纳土地出让金。土地出让金是指各级政府土地管理部门将土地使用权出让给土地使用者，按规定向受让人收取的土地出让的全部价款（指土地出让的交易总额）。它是土地使用权的交易价格，也可以简单地理解为地价，其价格高低取决于土地市场的供求关系。银行对于未缴纳出让金的土地（也就是还没有获得合法的土地使用权），按照房地合一的原则，地上的建筑物不应该接受为抵押物。

▶▶▶ 525. 为什么抵押登记内容有误，可能会对银行造成损失？

抵押登记是抵押权被法律支持和认可的保证。抵押登记必须准确无误。银行负责办理抵押登记的人员，必须要有高度的责任心和认真负责的工作态度，按制度规定和操作流程做好登记工作。去办理登记之前，应备齐有关资料。在办理登记之中，应详细说明要办理的事项。在办理登记之后，经认真核对每一项登记内容，不得出现遗漏和错误。如果出现疏漏，可能给银行带来损失。①

▶▶▶ 526. 抵押物面积有误会给银行的法律诉讼产生什么负面影响？

按照《民法典》第三百五十七条的规定，建筑物、构筑物及其附属设施转让、互换、出资或者赠与的，该建筑物、构筑物及其附属设施占用范围内的建设用地使用权一并处分。

这条法律规定说明，抵押物的范围、面积是有确定的区间和四至（四至是指土地四周的边界）的，涉及公共利益的部分是不能抵押的，所以在接受抵押物时需注意扣除不能抵押的那部分。

另外，抵押物面积有误会给以后抵债、法律诉讼等带来不应有的麻烦。

▶▶▶ 527. 抵押登记未落实银行应当怎样补救？

银行抵押贷款后发现抵押登记未完全落实，出现这种情况主要原因有两个：一是借款人企业内部发生变动（如法人身故、法人变更、法人涉案），导致无法正常办理登记；二是办理抵押时由于政府方面的原因（规划变动、政府征用未定等）推迟登记。出现这些情况银行应当马上采取措施进行补救。补救方法有两种：一是与企业协商，变更法人，重新签订借款合同；二是主动与政府相关部门联系，获得政府部门的书面保证，待条件成熟后补办相关手续。

▶▶▶ 528. 银行为什么要制定严格的抵押程序？

为了防止虚假抵押和诈骗案件的发生，各银行对于抵押的办理程序都有严格的规定，包括时间顺序、参与人员、签字地点、谈话场所、谈话人数等。

---

① 孙建林：《常见授信风险识别与防范》，中国商业出版社2022年版。

例如：不得违反调查原则和制度办事，谈话必须两人参加，不得独自私下会见对方人员，签字地点必须在银行，不得将调查工作委托对方或关系人等。经办人员必须严格执行规章制度，防止负面情况发生。

▶▶▶ 529. 为解决不动产登记信息和金融信息封闭隔离问题，国家有关部门采取了什么措施？

为解决不动产登记信息和金融信息封闭隔离问题，自然资源部、中国银保监会联合印发通知提出，全国不动产登记机构与银行等金融机构将通过互设不动产抵押登记和抵押贷款便民服务点等方式，方便企业和群众同步签订合同、办理贷款审批、办理不动产抵押登记，享受"一站式"服务。

据介绍，两部门将对接系统，实现网上信息查询和抵押登记申请，健全"互联网+不动产抵押登记"办事规则。

这一措施很好地解决了不动产登记信息和金融信息封闭隔离问题，方便了银行等机构在抵押方面的难题，推动了抵押市场的健康发展。①

---

① 资料来源：人民日报，朱隽，2019年4月15日。

第十九章　抵押物损毁的风险识别与防范

▶▶▶ **530. 抵押物损毁都有哪些情况？**

银行必须十分重视抵押物损毁的问题。抵押物在办理抵押后如果管理跟不上，就会出现一些意想不到的问题，为银行的资金安全带来风险。所以，在授信后，仍须加强检查，防止出现意想不到的风险损失。常见的抵押物损毁风险的类型有以下五种：

（1）抵押物状态发生变化（新建、改建、改变用途、部分改建）。

（2）抵押物出现损坏、灭失、移位、事故（车辆损坏、船舶损坏、沉没、撞船）。

（3）抵押物被抵押人擅自处置（出售、出租、与他人合伙改变用途）。

（4）抵押物价值的大幅度变化（市场变化、技术更新、城市规划改变）。

（5）抵押物被抵押人恶意隐秘、位移（机械移位、物理移位）。[①]

▶▶▶ **531. 抵押物状态会发生哪些变化？原因是什么？**

抵押物状态发生变化包括：新建、改建、改变用途等情形。新建是指：在抵押的土地上未经抵押权人同意，私自建设建筑物。改建是指：将原抵押物物理形态改变，例如，一楼加盖屋顶阳台或增加门厅等。改变用途是指：原厂房改为娱乐场所；原机械增加功能。

以上情形对抵押权的实现都有不同程度的影响。理论上讲，这些抵押物状态在抵押期间发生变化都是不允许的，如果出于抵押人善意，可以协商，并且通知抵押权人。不通知抵押权人就是违规行为。新增建筑物属于特例。

新增建筑物是指土地使用权取得后，在裸地上加盖的建筑物。本来土地使用权取得后就是为了加盖厂房或者其他设施，凡是在土地上新增添的建筑物，意味着该土地已被使用。只要建筑物不属于违章建筑，就应受到法律的保护，不应划为抵押财产。该土地上新增的建筑物，不在抵押合同约定的抵押财产的范围内，因此不属于抵押财产。为了实现抵押权，需要处分抵押的建设用地使用权时，如果该土地上已存在建筑物，一般来讲，只有将建筑物

---

① 孙建林：《常见授信风险识别与防范》，中国商业出版社2022年版。

与建设用地使用权一并处分，才能实现建设用地使用权的使用价值和交换价值，这就是为什么在实践中要遵循"房随地走"的原则。因此，处分抵押的建设用地使用权实现抵押权时，虽然新增的建筑物不属于抵押财产，仍可以将其与建设用地使用权一并处分。但处分后，新增的建筑物不属于抵押财产，处分新增建筑物所得的价款，抵押权人没有优先受偿的权利。只能作为普通债权人行使权利。

《民法典》第四百一十七条规定，建设用地使用权抵押后，该土地上新增的建筑物不属于抵押财产。该建设用地使用权实现抵押权时，应当将该土地上新增的建筑物与建设用地使用权一并处分。但是，新增建筑物所得的价款，抵押权人无权优先受偿。

改建、改变用途等情形如果是增加了抵押物的价值，应当与新建情形作相同处理。

▶▶▶ 532. 抵押物出现损坏、灭失等情形，银行应该如何处理？

抵押物在抵押期间出现抵押物损坏、灭失、移位等情形，主要包括以下状况：

（1）损坏。车辆损坏、船舶损坏、沉没、撞船。主要原因是陆上、海上交通事故。

（2）灭失。房屋倒塌、机械设备损毁、车辆损毁、房屋或者机械设备烧毁、房屋和机械设备被掩埋等。主要原因是自然灾害，如地震、火灾、水灾、海啸等。

导致以上状况的原因可以分为两类，一类是自然灾害；另一类是抵押人的失误。

银行对于由自然灾害造成的抵押物价值的损失，补偿有两个渠道，一是抵押物的保险获赔；二是要求抵押人补偿其他抵押物或者新的保证。

对于抵押人的失误造成的损失（如交通事故的责任承担），除了保险的获赔，无法实现优先受偿的部分，要求抵押人用其他财产补充贷款的本金和利息。

▶▶▶ 533. 抵押物被抵押人擅自处置应如何处理？

抵押人恶意对抵押物进行处置的行为，包括：未经抵押权人同意出售、出租抵押物及与他人合伙改变抵押物用途等。银行必须认真对待，防范遭到意外的损失。

下篇 导致银行被动抵债后果的授信风险识别与防范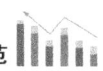

根据《民法典》的有关规定，抵押人在征得抵押权人同意的前提下，可以对抵押物出售、出租、与他人合伙改变用途。前提是经抵押权人同意，如果没有征得抵押权人同意就是无效的行为。

抵押人以其所有的财产为他人设立抵押的，抵押人仍然享有占有、使用、收益的权利，最关键的是享有处分权。

结合《民法典》关于抵押物的规定，有下列几点需要注意：

（1）抵押期间，抵押人可以转让抵押物。

（2）转让抵押物，抵押人应尽两个义务。①转让抵押物应经过抵押权人同意。②告知受让人转让物已经抵押的情况，是依据《民法典》第六百一十二条的规定，出卖人的权利瑕疵担保义务。

（3）无论抵押权人是否同意转让抵押物，还有以下三种情况，影响其行为效力，需要特别注意。

①已经登记的不动产、动产（不包括动产浮动抵押）抵押权，根据《民法典》第四百零六条规定，抵押期间，抵押人可以转让抵押财产。当事人另有约定的，按照其约定。抵押财产转让的，抵押权不受影响。

抵押人转让抵押财产的，应当及时通知抵押权人。抵押权人能够证明抵押财产转让可能损害抵押权的，可以请求抵押人将转让所得的价款向抵押权人提前清偿债务或者提存。转让的价款超过债权数额的部分归抵押人所有，不足部分由债务人清偿。

②动产浮动抵押权人不得对抗特定买受人。已经设立抵押并办理登记的浮动动产未经抵押权人同意而转让的，原则上亦适用上述规则。但有一个特殊规定：不得对抗在经营活动中已经支付合理价款的买受人。《民法典》第四百零四条规定，以动产抵押的，不得对抗正常经营活动中已经支付合理价款并取得抵押财产的买受人。

③未登记的动产（包括浮动动产）抵押权。动产抵押未办理登记的，抵押权有效但不得对抗善意第三人。

▶▶▶ 534. 抵押物价值出现大幅度变化，银行应如何处理？

银行的抵押物在抵押期间可能出现价值的大幅度变化，其原因可以归纳以下三点。

一是市场变化。市场的波动是一种经济现实，市场波动必然带来抵押物价值的变化。例如，房产价格的变化，有时波动甚至高达百分之几十；市场供求关系变化可能导致机械设备、汽车等动产抵押物价格的变化。

二是技术更新。技术更新对机器设备、汽车等抵押物的影响很大。机器设备抵押物的价值,因为产品技术更新、功能更先进的机器设备的出现,原材料价格的降低或替代产品问世等,这些动产抵押物的价值都会受到直接影响。如果贬值将降低银行债权的保障程度。

三是城市规划改变。房地产抵押物受政府规划调整、城市中心区的转移等因素影响,价值往往会发生大幅波动,进而影响到贷款的安全性。

一般来说,动产抵押物贬值的程度与时间呈正相关关系。在贷款存续期间,抵押物本身会随着使用时间的变化产生实体性损耗、功能性损耗及经济性损耗,使抵押物价值随着抵押时间的延续而自然衰减,并最终导致抵押物价值无法覆盖银行债权。这也是银行处置抵押物时,抵押时间越长受偿率越低的原因之一。不动产抵押物的价值变化与经济周期关系很大。例如,在贷款存续期间,经济处于上升周期,房地产的价格就会出现上涨;反之,则下降。当然,还有政策因素等导致的价值变化。

以上抵押物在抵押期间出现价值的大幅度变化,其原因不是抵押人所为,但是对银行的债权影响很大。银行在贷后检查中,如果发现抵押物价值下降幅度较大,应要求借款人和担保人,根据《借款合同》《担保合同》中有关条款的规定,归还一部分贷款本金,或者增加新的抵押物,确保抵押率在银行规定的范围之内。

▶▶▶ 535. 抵押人的行为导致抵押财产价值减少,银行应如何处理?

根据《民法典》第四百零八条的规定,抵押人的行为足以使抵押财产价值减少的,抵押权人有权请求抵押人停止其行为;抵押财产价值减少的,抵押权人有权请求恢复抵押财产的价值,或者提供与减少的价值相应的担保。抵押人不恢复抵押财产的价值,也不提供担保的,抵押权人有权请求债务人提前清偿债务。

银行面对以上情况,应及时采取措施,防止银行利益受损。

第二十章　抵押必须警惕的法律风险

▶▶ 536. 什么情况下抵押物会被司法部门查封？

（1）抵押物被另案人诉讼抵押人的法院查封。

（2）抵押人经营亏损严重直至申请破产，众多债权人纷纷向法院申请破产债权，法院查封了抵押人公司所有的财产，包括抵押财产。

（3）抵押物被刑事案件的法院查封。

（4）最高额抵押的抵押物被法院查封。

▶▶ 537. 抵押物被另案人诉讼抵押人的法院查封，对优先受偿有什么影响？

抵押物被另案人诉讼抵押人的法院查封，有两种情况：

一是抵押人未能清偿另案人的债务，被诉至法院，法院对抵押人的抵押物进行了查封。二是抵押人恶意串通第三人，虚构或者以较小的债权金额诉讼，请求法院对抵押物先行查封。

无论是哪种情况都对银行的优先受偿有负面影响。虽然不会影响银行的优先受偿权，但会影响银行抵押权的顺利实现。

▶▶ 538. 抵押人恶意串通第三人造成抵押物先行查封会对银行抵押权实现产生哪些负面影响？

抵押人恶意串通第三人，虚构或者以较小的债权金额诉讼，请求法院对抵押物先行查封，预设实现后，可能存在下述多种可能，而最终将影响银行抵押权的顺利实现。

（1）银行失去谈判的主导地位。银行在债务人无法按期偿还债务时，可以采取协议抵债的方式解决问题，避免诉讼漫长的时间。但是，在抵押物被先行查封的情况下，将无法与抵押人采取协议方式处置抵押物，失去谈判的主导地位。因为一旦被先行查封，抵押物的执行分配将由首先查封法院主持进行，银行只能通过该法院的处置途径才能实现抵押权，无形中增加了处置成本和难度。

（2）银行的优先受偿权实现受阻。因为抵押物被查封，导致抵押物不被拍卖，银行实现优先受偿权陷入僵局。因为被查封抵押物的拍卖价款，在清偿银行优先债权和法院强制执行费用后可能所剩无几，先行查封的其他债权人可能无法从查封财产的处置变现中受益，所以提起先行查封的其他债权人一般不会积极申请对查封的抵押物进行拍卖，最终将影响银行债权实现的效率和效果。

（3）银行优先受偿权实现的时间会被不受控制的延长。首先查封法院对其他债权人的诉讼程序制约银行实现优先受偿权的时间进程。《关于人民法院执行工作若干问题的规定》明确指出，抵押物的具体分配由首先查封法院主持进行，并在首先查封法院案件审理终结后进行。如果先行查封法院案件审理时间长，或其他债权人怠于案件审理和执行，将严重影响银行对抵押物的处置时机和效率，造成不良资产长期挂账，难以处置等问题。

（4）增加银行实现优先受偿权的经济成本。成本增加是因协调首先申请查封的其他债权人而增加的。现实中，当申请先行查封的债权人预计抵押物变现后自己难以受偿或受偿份额极少时，便会多次与银行协商查封财产处分权。通常情况下，为了尽快实现债权，银行不得不做出让步，对申请先行查封的债权人给予一定的补偿，导致实现优先处置权的经济成本增加。

（5）恶意造假引起的债权纠纷使银行优先处置权受到阻滞。由于抵押人有可能通过与关联企业的虚假债权纠纷有意让抵押物被先行查封，导致银行优先处置权受到阻滞。清收处置实践中常见抵押人为了逃废债务，与关联企业虚构债务纠纷，恶意诉讼。关联企业以此为由申请将抵押人核心资产（包括银行抵押物）进行先行查封，然后关联企业采取怠于行使债权，故意将债权诉讼过程复杂化，拖延案件审理、判决和执行进度，以此来对抗银行行使抵押权，使银行的优先处置权无法顺利有效实现。[①]

▶▶▶ 539. 为解决抵押物优先受偿权与法院执行权的冲突问题，地方法院做了哪些工作？

面对抵押物优先受偿权与法院执行权的冲突问题，抵押权人处于无奈的境地。一些地方法院为了解决这一问题，做出了比较合理的规定。

为了解决抵押物优先受偿权与法院执行权的冲突问题。2012年3月，浙江省高级人民法院执行局发布了《关于印发〈关于多个债权人对同一被执行人申请执行和执行异议处理中若干疑难问题的解答〉的通知》（浙高法执

---

① 孙建林：《常见授信风险识别与防范》，中国商业出版社2022年版。

〔2012〕5号），该通知规定：

（1）被执行人已设定抵押的财产被执行普通债权的法院在先查封，如果抵押产的价值等于或低于抵押债权额的，在先查封法院应将抵押财产的处分权移交给执行抵押权的法院。在先查封法院不同意移交的，执行押权的法院可以报请其与在先查封法院的共同上级法院协调处理。

（2）被执行人已设定抵押的财产被执行普通债权的法院在先查封，该财产的价值高于抵押债权额，但执行普通债权的法院怠于处分，或者其他当事人已执行和解等为由要求暂不处分财的，执行抵押债的法院可以请求其与在先查封法院的共同上级法院协调处理，要求移转抵押财处置权。

（3）在先查封为财产保全，但案件尚未审结，或虽已审结但债权人怠于申请执行，而其他涉及同一被执行人的案件亟待执行的，首先进入终局执行的法院可以报请其与在先查封法院的共同上级法院，决定由首先进入终局执行的法院处置财产并主持分配。对于财产保全申请人诉讼中的债权，分配法院应当按照其讼请求数额算出可分得的款项予以留存，视诉讼结果做出相应的处理。

该办法同时还规定，对执行标的物享有优先权的债权人，即使未取得执行依据，其申请参与分配程序，主张优先受偿的，应当允许。对该优先权存在与否及其数额，由主持分配法院的执行机构审查认定。对于符合形式要件的优先权，原则上可予认定。

综上所述，各地银行应加强与当地法院联系，可参照浙江法院执行局的通知执行。

▶▶▶ 540. 在抵押人破产情况下抵押权人的优先权受偿会受到什么影响？

抵押人经营亏损严重直至申请破产，众多债权人纷纷向法院申请破产债权，法院查封了抵押人公司所有的财产，包括抵押财产；这样银行将面对两种情况，一是企业破产清算；二是企业破产重整。根据我国相关法律条款规定，尽管法院已经查封了抵押人公司所有的财产，但如果法院要拍卖已经为银行设定抵押的厂房，银行对于所得的价款有优先受偿的权利。但是，优先权的实现肯定要拖延很久的时间，而且具有不确定性。

首先，公司破产清算时间一般需要一年，也有可能需要更长时间，具体需要的时间以实际需要的时间为准，法律未做出限制性的时间规定。破产重整的时间要更长一些。破产管理人需要做以下事项：

根据《企业破产法》第一百一十一条的规定，管理人应当及时拟订破产财产变价方案，提交债权人会议讨论。

管理人应当按照债权人会议通过的或者人民法院依照《企业破产法》第六十五条第一款规定裁定的破产财产变价方案，适时变价出售破产财产。第一百一十六条规定，破产财产分配方案经人民法院裁定认可后，由管理人执行。管理人按照破产财产分配方案实施多次分配的，应当公告本次分配的财产额和债权额。管理人实施最后分配的，应当在公告中指明，并载明《企业破产法》第一百一十七条第二款规定的事项。

抵押财产虽然不是破产财产，但是破产管理人通常会将抵押财产的处置安排在最后，因为，根据《企业破产法》的规定，企业破产清算中有抵押担保的，企业可以通过清偿债务取回抵押物，然后将抵押物变现，用于清偿债务（《破产法》第三十七条的相关规定）。企业破产待分配的财产有限，因此不可能先行为抵押清偿债务。

其次，具有不确定性。由于企业破产，债权人众多，清偿率一般很低。因此，可能会对抵押权的合法性产生质疑，甚至扰乱抵押权的实现。因此，银行必须了解企业的破产情况，做好预案，保障银行利益不受损失。

▶▶▶ 541. 抵押物被先行查封，银行作为抵押权人应该如何防范？

针对抵押物先行查封对抵押权人实现抵押权的影响，结合实践，从银行作为抵押权人的角度，应该采取以下措施进行防范。

（1）抵押权人对享有抵押权的资产要及时采取查封等保全措施，既要保证优先受偿权，也要保证优先处置权。

银行的客户经理在实践中，经常会存在认识上的误区，认为既然资产已为银行债权设定了抵押，按照法律规定享有优先受偿权，再申请对抵押物查封意义不大，且还要支付一定的保全费用，觉得得不偿失。事实上先申请查封资产的债权人会取得处置资产的主导权，因此是否能够先行查封对抵押权能否顺利实现有很大影响。同时，按照2007年4月1日起施行的《诉讼费用交纳办法》的规定，申请保全措施的，根据实际保全的财产数额按照相应的比例交纳费用，但是当事人申请保全措施缴纳的费用最多不超过5000元。新规定改变了过去严格按照保全财产金额收取费用的规定，大大降低了申请人申请保全的费用支出。银行作为抵押权人，在必须通过法律手段追偿时对债务人的资产（含抵押资产）应果断地抢先于其他债权人进行财产查封，包括在诉前果断采取诉前保全措施，以确保以后执行工作的顺利进行和抵押权的顺利实现。

（2）抵押权人要加强对抵押物的监控，发现被其他债权人先行查封后要及时主张权利。

银行作为抵押权人，要将抵押物的监控及定期检查作为贷后管理的重要环节，及时发现抵押物存在的重大风险事项。当发现抵押物被其他债权人申请法院先行查封时，要及时主张抵押权。可采取的主要措施有以下几种。

①核实其他债权人的申请查封行为是否符合法律的规定，程序是否合规。如认为申请查封行为不符合有关规定，要及时向查封的法院提出异议。

②及时向查封法院主张抵押权并申请参加参与分配程序。《关于人民法院执行工作若干问题的规定》（简称《执行规定》）第93条规定："对人民法院查封、扣押或冻结的财产有优先权、担保物权的债权人可以申请参与分配程序，主张优先受偿权。"依据该条规定，法院对抵押物采取保全措施符合法律规定，抵押权人虽然不能对此提出异议，但应向法院说明该抵押财产已为本行债权设定抵押的情况及相关证据，如抵押合同、他项权证等，以便法院知悉查封财产已被抵押的事实，以确保该抵押物不被其他债权强制执行或处置抵押物的价款优先用于清偿担保债权，以保证抵押权的实现。

③加强与查封法院及申请查封的债权人的沟通和协调。及时掌握查封法院对上述债权纠纷的审理、判决和执行进程，督促法院尽快处置抵押物来优先偿还所担保的债权。对查封法院怠于处置抵押物或申请查封的债权人与抵押人恶意串通对抗抵押权人实现抵押权的，要依法向法院主张权利或提出异议，依法维护自身的合法权益。①

542. 抵押物被受理刑事案件的法院查封，银行的优先权还能保证吗？

在处理"刑民交叉"的案件时，在审理过程中，法院经常要求民事案件的判决应当等待刑事案件的裁判结果，在执行过程中当被执行人需要同时承担民事责任和刑事责任时，执行法院一般会以刑事被害人作为优先退赔的对象，因此民事案件审判期限可能会被延长。但根据《最高人民法院关于刑事裁判涉财产部分执行的若干规定》第十一条第二款和第十三条第一款的规定，即使抵押物已被生效的刑事判决查封甚至没收，并不影响已经合法成立的抵押权优先受偿的效力。

---

① 孙建林：《常见授信风险识别与防范》，中国商业出版社2022年版。

借款人对银行所负债务为合法债务,而且抵押房屋等抵押物已办理了抵押登记,故银行对该抵押登记房屋等抵押物应具有优先受偿权。抵押房屋等抵押物虽被列入刑事案件没收财产的财产范围,但根据最高法院的司法解释,银行作为债权人主张对借款人提供的,刑事案件中的执行标的即抵押房屋享有优先受偿权的,应予以支持,且该优先受偿权的顺位优于刑事被害人获得退赔的权利。

实务中,审判顺序是先刑后民,退赔也是这样。但是,有抵押的优先权不否定。在优先受偿前,被害人的医疗费用先于抵押优先权。如果还有剩余,则被害人的赔偿按照比例分配。

543. 抵押人不知道抵押的是赃物,抵押后应如何处理?

我国法律规定即使抵押物已被生效的刑事判决查封甚至没收,并不影响已经合法成立的抵押权优先受偿的效力。如果抵押人不知道是赃物而抵押给银行,抵押人应及时向银行说明情况,首先,要保存好相关证据,证明自己在收购或是购买的时候,不知道这件物品的来源是什么,也不知道是赃物,因此才会去银行抵押。其次,将自己在银行抵押的物品向银行换回,用其他的物品进行抵押,保证银行不受损失。最后,向派出所或是公安局进行举报,将相关赃物交予公安局,及时提供线索,提早破案,早日将物品归还原主。

544. 最高额抵押物被法院查封、扣押后对最高额抵押权有什么影响?

一是在最高额抵押物被法院查封、扣押后对之前的债权的优先受偿权没有影响;二是在最高额抵押物被法院查封、扣押后继续发放的贷款的优先权有不确定性。

关于在最高额借款合同履行期间,抵押物被司法机关查封、扣押后金融机构继续按照原合同约定发放贷款,从而产生新的债权,是否会导致抵押权丧失的问题,《民法典》做出了明确规定。

《民法典》第四百二十三条规定有下列情形之一的,抵押权人的债权确定:

(1)约定的债权确定期间届满;(2)没有约定债权确定期间或者约定不明确,抵押权人或者抵押人自最高额抵押权设立之日起满二年后请求确定债权;(3)新的债权不可能发生;(4)抵押权人知道或者应当知道抵押财产被查封、扣押;(5)债务人、抵押人被宣告破产或者解散;(6)法律规定债权确定的其他情形。

《民法典》实际上是对以前的《物权法》《担保法》司法解释进行了修正，避免了因条文理解偏差带来同案不同判现象的发生。从《民法典》的相关规定不难看出，当抵押物被查封，最高额抵押权所担保的债权确定，需要"抵押权人知道或者应当知道"，即通知到抵押权人，或有证据证明抵押权人"应当知道"。而"应当知道"却是实践中最难以界定的问题，尤其是对于广泛运用最高额抵押制度的金融机构来说，审贷、放贷、贷后管理均按照《商业银行法》《贷款通则》等有关规定执行，金融机构是否"应当知道"，往往和审贷、贷后管理等流程相关。

总之，抵押权人作为最高额抵押贷款债权人不能被动依赖于查封、扣押机关的通知，应当主动了解抵押物状况，避免新增贷款债权担保悬空而造成损失。

▶▶▶ 545. 如何防范抵押物被先行查封的风险？

授前深入调查抵押人和抵押物是否涉诉。银行要转变观念，摒弃"抵押物崇拜"思想不要盲目认为办理了抵押担保，就能保障债权顺利实现，从而忽视抵押物可能存在的风险隐患。

一是认真查询全国被执行人查询系统、法院裁判文书网等公共平台的信息，以及依托政府房产登记部门，随时掌握抵押人是否涉诉的信息。二是抵押权人要加强对抵押物的监控，发现被其他债权人先行查封后要及时主张权利。①

▶▶▶ 546. 什么是抵押物范围限制的法律风险？

抵押物可以是动产、不动产，也可以是不动产的用益物权，但是抵押物也是有一定的范围限制的。《民法典》第三百九十五条规定了可以设定抵押的财产范围，而《民法典》第三百九十九条则进一步明确了不得设定抵押的财产范围，两条法规分别从两个方面规定了抵押物的范围限制。

如果因为抵押物不符合法定范围的规定而造成抵押合同无效，不仅会给银行方面带来损失，对于借款人的企业来讲，也可能会因为贷款抵押无效而蒙受巨大损失，比如时间成本的浪费，资信等级的降低。因此，银行在操作时一定要对抵押物的范围进行严格审核，以防范法律风险的产生。

---

① 孙建林：《常见授信风险识别与防范》，中国商业出版社2022年版。

▶▶▶ 547. 什么是抵押手续不完备的法律风险？

抵押手续不完备将直接影响融资目的的实现，甚至导致抵押合同无效。抵押手续不完备在企业贷款抵押中的主要表现为以下几种情形：

（1）未依法办理审批手续。如果法律、法规要求必须经过批准才能抵押，未经批准，则抵押无效。例如，国务院《全民所有制工业企业转换经营机制条例》第15条规定的企业的关键设备、成套设备或重要建筑物。

（2）未依法办理登记手续。抵押权是不转移抵押物占有状态的一种物权，因此，为了满足公示公信的原则，物权法对于抵押权的生效作了明确的规定。一些特定抵押物的抵押权只有经过抵押登记方能生效。例如，以建筑物和其他土地附着物；建设用地使用权；以招标、拍卖、公开协商等方式取得的荒地等土地承包经营权或者正在建造的建筑物抵押的，应当办理抵押登记。

（3）混淆登记和批准的区别。

（4）未经同意以共同共有的财产设定抵押。共有财产的抵押多见于夫妻共有财产和家庭共有财产。对以共同共有财产设定抵押的，应经其他共有人的同意，否则抵押无效。

▶▶▶ 548. 什么是抵押物不足值的法律风险？

抵押物不足值的法律风险主要有两种类型：

（1）超值抵押。即抵押人的抵押物的价值低于其担保的债权的价值。在设定抵押时，抵押物所担保的债权不得超过抵押物的价值。需要说明的是，超值抵押并不是无效，法律规定：抵押人所担保的债权超出其抵押物价值的，超出的部分不具有优先受偿的权力。债权人只能要求债务人以抵押物之外的财产清偿债务。

如果出现超值抵押的情况，银行之间可以协调联动机制，将相关企业骗贷或者超值抵押的行为信息发布到业务联网上，达到信息共享，防止和规避因信息欠缺造成管理上的漏洞及贷款损失的可能。这样有过"前科"的企业再想贷款就困难了。

（2）重复抵押。重复抵押是财产抵押后，该财产的价值大于所担保债权的余额部分，可以再次抵押，但不得超出余额部分。

企业重复抵押必须符合以下条件：

①重复抵押的设定必须以抵押物价值扣除已有的抵押权所担保的债权总额后，尚有余额为前提条件。

②重复抵押所担保的债权金额设定不得超出抵押物的余额部分，超出的

部分不具有优先受偿的效力。

549. 在抵押设立方式上动产抵押与不动产抵押以及动产质押的区别？

由于动产抵押与不动产抵押及动产质押在设立方式和物的占有方式上的不同，因此，了解三者在设立方式和物的占有方式上的不同，对于银行来说十分重要，只有了解了它们之间的区别，才能更好地做出选择，才能更好地在贷后进行科学、有效的管理。

动产抵押是指债务人或者第三人将动产以不转移占有的方式为债务人提供担保，并且在债务不能及时获得清偿时以拍卖价款优先受偿的担保制度。动产抵押权在设立方式和物的占有方式上与不动产抵押和动产质押均有非常明显的不同。

(1) 动产抵押和不动产抵押的区别。动产抵押与不动产抵押最主要的区别是不动产抵押一般要登记才生效，而动产抵押一般不需要登记。两者的相同之处在于，都是债权人为了实现债权而采取的保护措施。

不动产物权的设立、变更、转让和消灭，经依法登记，发生效力；未经登记，不发生效力，但法律另有规定的除外。依法属于国家所有的自然资源，所有权可以不登记。

为担保债务的履行，债务人或者第三人将其动产出质给债权人占有的，债务人不履行到期债务或者发生当事人约定的实现质权的情形，债权人有权就该动产优先受偿。

(2) 动产抵押与动产质押的区别。动产抵押与动产质押的区别主要有两个方面：①担保物设立生效方式不同。动产抵押和动产质押的核心区别在于是否占有担保财产。动产抵押的抵押权自抵押合同生效时设立，未经登记，不得对抗善意第三人。抵押权人不占有抵押资产。动产抵押权的设立不以登记为条件，签署书面的抵押合同即可设立，并且在合同生效之时，抵押权即已经设立。与不动产抵押不同，登记不是设定动产抵押的必要条件，登记仅是动产抵押的一种重要的公示方式，是取得对抗效力的重要方式。动产质押的质权自出质人交付质押财产时设立，质权人占有担保财产。

②对担保财产孳息的收取约定不同。动产质押的质权人占有质押财产，并负有保管质押财产的义务，因此在合约没有另行约定的情况下，质权人有权收取质押财产的孳息。动产抵押，只有在抵押财产被人民法院依法扣押之日起，抵押权人才有权收取该抵押财产的天然孳息或法定孳息。

▶▶▶ 550. 未登记动产抵押权有哪些法律风险？

动产抵押合同订立后未办理抵押登记，动产抵押权的法律风险包括：

（1）不得对抗善意的买受人。因动产抵押权未办理登记，购买人无从知晓动产是否已经办理了抵押，又因动产抵押不转移动产的占有，抵押人依然实际控制抵押物，因此从外观上看，抵押人对于动产享有完全的没有任何负担的所有权，抵押人对抵押物享有完全的处分权，当然也包括出售给他人。善意的买受人签署了买卖合同或者支付了合理的对价即便尚未实际取得抵押物，抵押权人也不能以该物已经设立了抵押为由主张买卖无效或者要求行使优先受偿权。

抵押权人如有证据证明购买人知道或者应当知道购买的动产已经向他人设定抵押权的，那么抵押权人依然有权追及行使抵押物的优先受偿权，但司法实践中抵押权人要提供这方面的证据。

（2）抵押人的其他债权人向人民法院申请保全或者执行抵押财产，人民法院已经作出财产保全裁定或者采取执行措施，抵押权人主张对抵押财产优先受偿的，人民法院不予支持。

（3）抵押人破产，抵押权人主张对抵押财产优先受偿的，人民法院不予支持。

▶▶▶ 551. 为什么未登记的动产抵押不得对抗质押或者已经登记的动产抵押权？

根据《民法典》第四百一十四条的规定，同一抵押物上存在多个抵押权的，已经登记的抵押权优先于未登记的抵押权受偿，未登记的动产抵押权不能对抗已经登记的抵押权，不论登记的抵押权设立在先还是在后，均优先于未登记的抵押权。

根据《民法典》第四百一十五条的规定，在登记的抵押权和设立的质权之间，按照登记和交付的顺序确定优先受偿的顺序。如果抵押权没有办理登记，就意味着未登记的抵押权不能对抗合法设立的质权。一般情况下既有未登记的抵押权，又有质权的，显然应该是未登记的抵押权先设定（因为质权的设定以交付为构成要件基本不可能），但未登记的抵押权即便设立在先，也不可能优于质权而优先受偿，因为动产质押是要交付的。另外，根据《民法典》的规定，同一财产既设立抵押权又设立质权的，拍卖、变卖该财产所得的价款按照登记、交付的时间先后确定清偿顺序。这一条款就自然排除了未登记的抵押权，所以，未登记的动产抵押不得对抗质押或者已经登记的动产抵押权。

▶▶▶ 552. 登记的动产抵押登记有哪些例外风险？

动产抵押不办理登记风险非常大，有太多的民事法律行为会导致抵押权人不能享有优先受偿权，因此动产抵押应当及时办理抵押登记，但是有两种情况下，依然会导致已经登记的动产抵押权人无法行使到优先受偿的权利。

（1）不能对抗正常经营中的买受人。《民法典》第四百零四条规定，以动产抵押的，不得对抗正常经营活动中已经支付合理价款并取得抵押财产的买受人。第四百零四条的规定与第四百零三条未经登记，不得对抗善意第三人的规定截然不同，第四百零三条规定的范围非常广泛，不管这里的第三人是谁，也不论购买目的，只要是善意第三人就可以；第四百零四条的规定更为严格，这里需要满足三个必备条件，即第一正常经营活动，第二支付了合理价款，第三取得了抵押财产，三者缺一不可。第四百零四条规定中支付了合理对价和取得了抵押财产都比较容易理解也比较容易判断，但是第一个条件正常经营活动难以判断，实践中我们认为应该结合下面几个方面去判断。

首先从出售人的角度判断，交易行为是否是出售人的正常经营行为，比如说出售人是不锈钢水杯生产商，那么该出售人出售不锈钢水杯的行为就是正常经营行为，而如果该出售人将生产不锈钢水杯的设备对外出售就不是正常的经营行为。其次从购买人的角度判断，交易行为是否具有合理性，比如说作为一个顾客可能购买一个或者一组不锈钢水杯，这个就是正常的，如果严重超过了该购买人应该购买的数量，就是不正常的。最后从出售人和购买人之间的关系来判断，两者之间是否具有关联关系，比如直接控制或者间接控制，是否具有恶意串通的可能性等。

对于已经登记的抵押权，抵押权人已经通过最合理的方式对抵押物进行了公示，其抵押权依法应当予以全面保护。但是实践中考虑到正常的经营行为不可能要求购买者在购买时均要去查询购买物是否有抵押，为了交易的便捷和减低交易成本，只能牺牲抵押权人的部分利益，此种情况下应该严格把握正常经营标准的适用，防止权利滥用损害抵押权人的利益的行为。

（2）不能对抗价金登记抵押权的超级优先受偿权。《民法典》第四百一十六条规定，动产抵押担保的主债权是抵押物的价款，标的物交付后十日内办理抵押登记的，该抵押权人优先于抵押物买受人的其他担保物权人受偿，但是留置权人除外。该条款的意思是说，如果某动产上设定了两个或者两个以上登记抵押权，那么为购买该抵押物支付的价款而设立的登记抵押权处于最优先受偿的地位，当然这里还有一个限制性条件，就是必须在抵押物交付后的十日内办理抵押登记。比如说某工厂购置了一套设备，因无力支付购买价款而不得已在购买后以购买的设备重新抵押给出售人作为未付款的担保，同时该工厂在购买该设备后为了融资又将该设备抵押给第三人进行贷款，如果两个抵押都及时办理抵押登记的话，不论价款的抵押权登记在先还是融资贷款的抵押权登记在先，价款的抵押权（前提是必须在抵押物交付十日内办理抵押登记）都具有优先受偿的效力，如果该设备的变价款不足以支付全部债务，那么已经登记的融资贷款的抵押人将面临无法获得或者全额获得清偿的窘境。这也是登记的动产抵押权人第二个可能遭受的例外风险。

总而言之，相比于不动产抵押而言，动产抵押风险确实更大一下，但是动产抵押作为非常高效便捷的融资手段在实践中使用还是非常广泛的，为了维护自身抵押安全，抵押权人还是应当在中登网及时办理抵押登记手续，同时还应该关注抵押物上设立的其他担保措施的期限和用途，特别是在抵押物交付后的十日内办理抵押登记的价款抵押权，避免遭受不必要的损失。

▶▶▶ 553. 最高额抵押担保的法律风险有哪些？

（1）最高限额抵押担保的约定存在争议。最高额抵押担保是一种限额担保，债权人在约定的债权最高额范围内享有债权保护，超出部分则不受法律保护。在具体的实务操作中，在最高额抵押担保合同中出现既约定担保的最高贷款限额等于实际放贷的本金数额，又约定抵押担保的范围包括主债权本金及其利息、违约金、损害赔偿金、实现债权的费用等条款，法院在审判过程中对最高限额是指本金还是债权总额有不同解释。目前，已经出现认定最高限额仅为贷款本金，利息及相关费用无法优先受偿的法院判例出现，必须引起银行的高度重视。

（2）最高额抵押担保合同适用错误。最高额抵押担保合同这一产品的操作较为便利，因此，被银行广泛运用。但在具体的实务操作过程中，往往会出现合同适用错误的情况。个别银行部分信贷人员在签订最高额抵押担保合同时，针对同一借款人或同一保证人，根据融资种类分别签订多份最高额抵押担保合同，或在签订最高额抵押担保合同之外又针对某笔融资签订普通担保合同，导致在同一时间段内出现数个最高额抵押担保合同的交叉或叠加，致使后期在进入债权维护阶段时，法院在审理过程中会出现认为该担保人只需承担部分担保债权的情形。这样的结果与银行签订多份最高额抵押担保合同以简化程序、提高效率的初衷相背离，导致部分债权"悬空"，损失较大。

（3）新旧合同衔接不一致的法律风险。

在实际业务中，部分信贷人员在新合同签订过程中，没有将已发放贷款的主合同信息写进新签订的最高额抵押担保合同中，导致最高额抵押权设立前已经存在的债权不被纳入最高额抵押担保范围，形成"脱保"风险。

▶▶▶ 554. 最高额抵押担保转让是否有效？

在一般抵押中，债权可以转让，抵押权随着主债权的转让而转让，债权人只需通知债务人和抵押人即可。但在最高额抵押中，由于未来发生的债权是不确定的，处于变化中，所以在决算期到来之前，如果允许债权人转让其债权，则会增加最高额抵押担保的不确定性，导致法律关系的混乱，也很容易给抵押人造成损害。

《民法典》禁止最高额抵押担保主债权的转让，由于担保物权不得与债权分离而单独转让，所以最高额抵押担保的抵押权也不能转让。但必须指出的是，法律之所以禁止最高额抵押担保的主债权转让，原因在于其主债权的不确定性，因此法律所禁止转让的是决算期到来之前的债权。决算期到来之后，债权已经确定，而且也不会再有新的债权，此时最高额抵押担保已经与一般抵押没有区别，应当允许被担保的债权转让，抵押权也随之转让。

▶▶▶ 555. 如何确定最高额抵押担保的债权？

（1）为担保债务的履行，债务人或者第三人对一定期间内将要连续发生的债权提供担保财产的，债务人不履行到期债务或者发生当事人约定的实现抵押权的情形，抵押权人有权"在最高债权额的限度内"就该担保财产优先受偿。

（2）抵押权人的债权在下列情况下确定。①约定的债权确定期间届满。②没有约定债权确定期间或者约定不明确，抵押权人或者抵押人自最高额抵押权设定之日起满2年后请求确定债权。③新的债权不可能发生。④抵押财产被查封、扣押。⑤债务人、抵押人被宣告破产或者被撤销。⑥法律规定债权确定的其他情形。

（3）以下两种情况也与最高额抵押担保的债权确定有关：①最高额抵押担保的债权确定前，部分债权转让的，最高额抵押权不得转让，但当事人另有约定的除外。②最高额抵押担保的债权确定前，抵押权人与抵押人可以通过协议变更债权确定的期间、债权范围以及最高额权额，但变更的内容不得对其他抵押权人产生不利影响。

▶▶▶ 556. 如何防范最高额抵押物被查封？

结合当前的信贷实践和司法实践，针对最高额抵押物存续期被查封的风险，从债权银行作为抵押权人的角度，可采取的对策建议如下：

(1) 密切关注抵押物状况，及时防范抵押物被查封的风险。为避免抵押物查封后的债权"悬空"，客户经理要高度关注最高额抵押合同生效后借款人的涉诉情况和抵押物变化情况，在最高额抵押合同约定的债权发生期和最高债权限额内，每发放一笔贷款前，都应重新核实抵押物状态，对抵押物的数量、抵押物登记情况，尤其是司法机关查封状况进行落实，一旦出现异常情况，不得再向借款人发放贷款或提供其他任何授信业务。

(2) 加强贷款规范管理，有效防范信贷操作及贷后风险。各级信贷人员要转变观念，摒弃"抵押物崇拜"思想，不要盲目认为办理了抵押担保，就能保障债权顺利实现。要加强贷款全流程的风险管理，尤其是贷后的风险监测。对借款用途的真实性和账户资金的流向严格监控，及时、特别是要全面掌握抵押人民间借贷、对外担保等隐性负债情况，加大其抵押物信息的检查频率，及时发现抵押物存在的重大风险事项。对于未按约定用途使用和转借他人的信贷资金，要及时提前收回或采取相应的保全措施，切实防范信贷风险。

(3) 及时主张自身权益，依法行使抵押权。抵押权存续期间，抵押物被他人申请采取查封、扣押等财产保全或者执行措施时，银行应及时向执法机关主张权利。首先，要核实查封行为是否合法合规，如发现查封不符合有关规定，银行应及时向执行查封的法院提出异议，维护自身合法权益。如果提出异议没有效果，应及时向执行查封法院的上级法院提出申述，以求解决。其次，在催收无效的情况下，银行应及时依法行使抵押权，通过法律规定的程序和方式处置抵押物实现优先受偿。最后，与借款人协商，解释停止发放贷款的理由，提供相应证据，并要求客户追加新的担保，或者提前收回贷款规避风险。

(4) 强化客户经理业务培训，提高合规经营意识。银行风险和合规部门要对监测发现的问题及时进行风险分析，对涉及的法律风险及信贷制度进行归纳，并举一反三对相关贷款品种进行风险识别培训。通过培训逐步提高信贷人员法律知识水平，强化信贷制度执行力，提示信贷人员在最高额抵、质押合同、最高额保证合同约定期限内，发放循环用信、收回再贷或是借新还旧贷款时要密切关注抵、质押物权属问题及担保能力的变化。

▶▶▶ 557. 抵押物被拆迁，如何保证抵押权的实现？

随着我国城市化的发展，城市综合实力的增强，旧城改造的规模逐渐增大。实践中，有时候有的抵押权人并不知道抵押房屋将被拆迁的情况，拆迁主管部门和拆迁人往往忽视对拆迁房上设抵押权人权益的保护，致使设有抵押的抵押权人的合法权益难以实现。那么，如何保障抵押权人的利益呢？

房屋抵押权是指不以取得房屋的占有、使用和收益为目的，仅在债务人不履行债务时，依法以担保的房屋的价值来受偿的一种担保物权，它具有抵押权的一般属性，即房屋抵押权与其他抵押权一样具有物上代位性。所谓房屋抵押权的物上代位性是指房屋抵押权的效力及于房屋的代位物上。如房屋毁损灭失时，房屋抵押权人得就房屋抵押人因此而获得的保险金、补偿金或赔偿金的请求权行使物上代位权。

根据《民法典》第三百九十条的规定，担保期间，担保财产毁损、灭失或者被征收等，担保物权人可以就获得的保险金、赔偿金或者补偿金等优先受偿。被担保债权的履行期限未届满的，也可以提存该保险金、赔偿金或者补偿金等。这一规定，是抵押权人行使物上代位权的法律依据。房屋拆迁部门一般只将拆迁情况通知被拆迁人，如果抵押人有意逃避债务而不通知抵押权人，造成抵押权人并不知道拆迁情况，等到获悉情况时，拆迁补偿金已被抵押人领取，抵押权人的物上代位权便无从行使。因此，银行应该提示拆迁主管部门与拆迁实施部门在告之房屋所有人的同时，将拆迁有关情况在一定的范围公示或告之抵押权人。

另外，根据《城市房地产抵押登记管理办法》（2021年3月30日修正）第三十八条规定，因国家建设需要，将已设定抵押权的房地产列入拆迁范围的，抵押人应当及时书面通知抵押权人；抵押双方可以重新设定抵押房地产，也可以依法清理债权债务，解除抵押合同。

《城市房地产抵押登记管理办法》第五十一条规定，因国家建设需要，将已设定抵押权的房地产列入拆迁范围时，抵押人违反前述第三十八条的规定，不依法清理债务，也不重新设定抵押房地产的，抵押权人可以向人民法院提起诉讼。

在实务中，银行虽然享有抵押物的物上代位权。但是，如果拆迁部门没有查询是否设有抵押权，拆迁部门的一般做法是：①直接将补偿款给房屋权属人。②另外异地补偿其他房产。都可能造成银行抵押权悬空。

银行应加强对抵押物的跟踪管理。①对抵押物定期实地查看，是否被拆迁。②提前告知拆迁部门信息，书面要求将拟发放的补偿款等支付到银行指定账户。③要求债务人提供其他足额担保。

▶▶▶ 558. 拆除设有抵押权的房屋有哪些规定？

《民法典》第三百九十条规定，担保期间，担保财产毁损、灭失或者被征收等，担保物权人可以就获得的保险金、赔偿金或者补偿金等优先受偿。被担保债权的履行期限未届满的，也可以提存该保险金、赔偿金或者补偿金等。

拆除设有抵押权的房屋属于担保财产灭失情况，根据以上法律规定，抵押权人有权获得补偿（补偿资金或者补偿的其他房产）。当然，抵押权人与抵押人如果协商一致更换抵押物的，应当是最好的解决方案。

▶▶▶ 559. 所抵押的土地未满足转让条件，在实现抵押权时存在法律障碍应如何处理？

根据《民法典》第三百四十七条和第三百五十三条规定，土地使用权转让的前提条件是已经通过招标、拍卖等公开竞价的方式出让而获得了建设用地使用权。另外规定严格限制以划拨方式设立建设用地使用权。所以在一般情况下，开发企业通过出让方式获得土地使用权。根据《城市房地产管理法》第39条规定，以出让方式取得土地使用权的，转让房地产时，应当符合下列条件：（1）按照出让合同约定已经支付全部土地使用权出让金，并取得土地使用权证书。（2）按照出让合同约定进行投资开发，属于房屋建设工程的，完成开发投资总额的百分之二十五以上，属于成片开发土地的，形成工业用地或者其他建设用地条件。转让房地产时房屋已经建成的，还应当持有房屋所有权证书。

根据以上规定，如果抵押物不符合以上法定的转让条件，在实现抵押权时存在法律障碍。所以，银行在做土地抵押时要查清是否存在以上问题，避免以后出现麻烦。

▶▶▶ 560. 所抵押的建筑物因工程款优先受偿权所导致难以受偿怎么办？

在项目实施中，普遍存在开发商总包将工程发包给施工企业的现象。在市场经济活动中，发包人拖欠承包人建设工程款的现象时有发生。为减少拖欠工程款的行为对经济社会平稳运行产生的不利影响，《民法典》对"建设工程价款优先受偿权"做出了规定，赋予承包人对于其承建的工程价款享有优

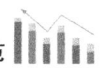

先受偿的权利,是保护承包人的合法权益,确保拖欠工程款得到及时清理和兑现的重要保障。

根据相关法律规定,建设工程价款优先受偿权的实现方式有两种,折价或者拍卖受偿。承包人行使建设工程价款优先受偿权的期限,自发包人应当给付建设工程价款之日起算,最长不得超过十八个月。承包人在承揽建筑工程时,应履行好合同签订、规范施工、安全保障等义务,如遇到发包人拖欠工程款,要运用法律途径进行维权。最高人民法院司法文解释已经认定了建筑工程的承包人的价款优先受偿权优于抵押权和其他债权。如果开发商与承包人联手虚构工程款情况,企图逃废银行债务,则银行的抵押权将受到削减和危害。

银行面对抵押的建筑物因工程款优先受偿权所导致难以受偿的对策是:(1)定期检查开发商与建筑工程的承包人工程款的真实性。(2)如果发现开发商故意拖欠建筑工程的承包人的工程款,应该立即要求开发商更换抵押物,或者要求提前还款。

▶▶ 561. 银行面对因借款人欠税导致的税收优先权与抵押权冲突怎么办?

《税收征收管理办法》第四十五条规定:"纳税人欠缴的税款发生在纳税人以其财产设定抵押、质押或者纳税人的财产被留置之前的,纳税应当先于抵押权、质权、留置权执行"。该规定明确了国家税收具有优先受偿权,优于抵押权和质权,属于法定优先权。如果开发商在以开发项目占用范围内的土地使用权或在建工程提供抵押之前已经拖欠税款的,税务机关有权先于商业银行进行处置并就处置价款优先受偿,收税后的剩余部分,商业银行才可受偿。

因此,银行在发放贷款办理抵押时一定要查清抵押人是否欠缴税款。

第二十一章 质押的风险识别与防范

▶▶▶ 562. 质押的风险分成哪几类？

根据《民法典》，质权分为动产质权和权利质权。这是根据质物的类别来划分的，风险的类别也据此划分。动产质押的风险包括存货质押欺诈风险和存货质押操作风险两大类。权利质押的风险包括权利质押欺诈风险和权利质押操作风险。

▶▶▶ 563. 存货质押欺诈风险具体有哪些？

存货质押欺诈风险具体有：（1）以不属于出质人的货物来质押。（2）以假充真。（3）以次充好。（4）价格高估。（5）重复质押。①

▶▶▶ 564. 如何从出质人资信方面的考察来防范质押风险？

评估担保对象的信用状况，主要依据其历史履约情况和履约意愿。某国内国有银行要求主要从以下几方面进行考察：

（1）全面调查出质人在业内的口碑，例如，出质人偿还债务的历史，如其负责人在信誉和道德上存在法律瑕疵的，应不予以合作。

（2）出质人如果有违法记录的不能提供服务。

（3）必须要求出质人的法定代表人签订承诺书，承诺对由此发生的道德风险以其所有个人资产承担连带保证担保责任。

（4）对融资企业的资产负债比率、经营历史及年利润总额做出明确规定。

（5）建立出质人资信档案，为对长期合作的中小融资企业的评估提供参考。

（6）在业务运行过程中，若出质人未经监管企业的监管人员同意强行提取质物，监管人员应立即上报企业的相关部门，监管部门应立即通知银行，并在24小时内以书面形式通知银行，必要时报警。

在此基础上，还要重点考察企业的经营能力。反映企业经营状况是否正

---

① 孙建林：《常见授信风险识别与防范》，中国商业出版社2022年版。

下篇 导致银行被动抵债后果的授信风险识别与防范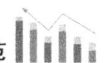

常的最直接指标是主营业务的增长率和企业的资产负债率。①

▶▶▶ 565. 如何通过掌握质押物的整体状况来进行风险防范？

（1）质物的选择。质押商品的种类应该限制在一定的范围内。总体而言，要选择适用广泛、易于处置、价格涨跌幅度不大、易于保管、质量稳定的品种，如黑色金属、有色金属、大豆、玉米等。一般来说，各类原材料商品比较符合这一要求。质押物的选择，还要和国内的经济形势及产品的经济周期相结合，那些关系国计民生、稀缺性的资源不会出现很大的价值波动，是理想的质押品种。性质不稳、易变质损耗、市场价格波动大、产品经济周期短，且市场需求变动大的货物，不能被选为质物。

（2）权属。对质物所有权进行严格确认，只有所有权属于出资人的货物才能出质。

（3）质押物的合法性。对非法途径取得的物品，不能作为质押商品。对于质押物的合法性一般在监管协议中约定由融资企业承担，银行有责任对物所有权进行确认，监管方的金融仓储企业一般不承担质物合法性检验的责任。如银行要求作为监管方的金融仓储企业协助其进行质物合法性检验，应在协议中明确双方的责任，银行应提供合法性检验的方法，金融仓储企业按照银行的要求进行，此时金融仓储企业应全面审核的质物的真实性、合法性，由融资企业提供合法的货权证明、质量证明和《承诺书》或者在发票上加盖货物质押印章，出质人应出具下列文件资料（包括不限于）。

①铁路运达的货物：铁路运单、购货合同、购货发票（或货权证明）、货物的材质证明、货物检验报告、入库验收单以及银行需要的其他资料。

②汽车运达的货物：汽车运单、购货合同、购货发票（或货权证明）、货物的材质证明、货物检验报告、入库验收单以及银行需要的其他资料。

③进口货物：购货合同、信用证、船运单、进口货物完税证明、进口货物商检证明以及银行所需要的其他资料。

（4）明确出质人、质权人、监管人的法律关系及权利义务，注意货物的验收确认、货物出质、质物的置换和解除监管等关键环节的控制。

（5）具体操作中需要注意的几个环节：

①关于质押物的计量方法、验收标准问题。在合作的合同签订后，第三方物流企业应与银行商议质押物的验收标准，按照确认的验收标准通知其监

---

① 孙建林：《常见授信风险识别与防范》，中国商业出版社2022年版。

管人员盘点实物的计量方法,期初盘点记录与质物清单一同保存在物流企业相关部门;对于很难准确判定重量的质物,如铁矿砂、铜精粉、铝粉等,第三方物流企业可以在正常盘点的基础上打折和要求融资企业提供反担保来降低其风险。

②监督仓储企业严格执行相关规定。在监管质押物的过程中,仓储企业应严格执行仓储协议、货物仓储保管规则等其他的相关规定。例如:保管条件不应低于银行的要求、有关货物包装提示的保管要求、国家标准要求以及行业标准要求;采取库外监管质押物时,仓储企业应与实际保管人签订《仓储保管协议》,明确责任和义务,并且当质物外观质量、数量发生变化时,仓储企业应及时通知银行;换货时要求出质人提供品质证明;与相关部门保持联系,确保特殊时期能够控货;相关质物要求出质人投保;对没有保管经验的质物品种应对相关人员进行培训后再开展业务。

③监督仓储企业严格执行质押监管协议及具体模式运作流程。例如:质押物解除质押和置换品种、规格,一定要有银行书面许可,坚决杜绝白条发货;对于总量控制的质押货物,仓储企业的保管人员一定要掌握全部库存货物的进出动态和日消耗量,设定高出最低控制量(值)的一定比例为警戒线(如20%),在最低控制量(值)与警戒线之间为安全量,要提醒融资企业补货或增加保证金,同时通知银行。

▶▶▶ 566. 如何加强对监管企业的监管,保证质押物的安全?

在对质押物整体状况进行把握的基础上,加强商品监管,保证质押物的安全就成为了银行贷款保证的关键环节。作为银行和客户双方信任的第三方,监管企业在商品的监管环节扮演着特殊的角色,负有特殊的责任,因此,必须加强对监管企业的监管。主要是要求监管企业在各种手续完备的基础上,严格按合同行使权利。首先,在监管环节和客户企业签订"仓储协议",明确商品的入库验收和养护要求,并向指定的保险公司申请办理仓储物的保险,确保仓储物出现损毁时保险公司可以赔偿。其次,与银行签订"不可撤销的质押权保证书",向银行承诺保证仓单与商品存储情况相符、手续齐备;质押期间无银行同意不向借款人或任意第三人发货;不以存货方未付有关保管费为由阻挠、干涉、妨碍银行行使质押权等。

银行对监管企业的资质、监管业务的履职记录、存放质押品的场所都要进行严格的审查,以此作为选择监管企业的基本条件。

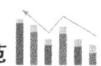

567. 如何设立安全普戒线，保证在极端情况下质押的价值？

质押物的价值虽然在质押时已经做过精确的计算，但是，由于经济形势和价格的不确定性，仍然存在不可预知的风险。对可能发生的风险提前预警是银行必须要考虑的事情。当市场价格下跌到预警线时，按协议规定通知出质人增加质物和保证金。对实行滚动质押，也要设立安全警戒线，实现计算机管理，以防止质押物因量的减少而价值下降，最终影响资金的回笼。

568. 银行如何监督管理企业建立标准化的监管措施？

银行选择好监管企业后，还要监督管理企业建立一套标准化的监管措施。主要有以下五个方面：

（1）统一质押物监管场所环境设置。如各种标识设置，监管区必须设立明显的"质押"标志，各种质物不能与非质物混放。为明示质押监管的占有权利，无论库内库外监管都应在货物上（旁）挂（立）货位卡，卡内应有"质押"字样，应记载质权人、监管人、出质人、货位、品名、数量等内容。

（2）对监管企业库外的监管场所的选择要把握风险可转移原则。监管企业如果有库外监管场所承担能力，则必须承担货物的灭失、被盗、火灾等风险，并要求其提供担保。

（3）对监管企业所有的监管场所进行真实、有效、严格的调查和评价，内容包括：资质、信誉、仓储条件、管理水平、安全设施和近三年的生产经营情况等。

（4）尽量不选择政府执法力度不够的偏僻地区作为监管场所。

（5）与司法部门保持联系，确保特殊时期具备阻止哄抢质物的能力。

569. 质押人是怎样高估价格来骗取银行贷款的？

质押物价值风险是指质押物的价值不足以弥补贷款金额而产生的信贷风险，主要包括两点。一是借款人与资产评估公司合谋想尽办法高估质押物的价值，通常的表现就是采取各种手段人为抬高抵押物市场价格造成质押物价值虚高；二是质押物价值随着市场行情的变化而出现的风险。

对于银行来说，做质押贷款时要研究分析质押物的市场价格，充分认识市场价格可能带来的风险。首先，银行要有识破质押人故意高估质押物价值的能力，把风险控制在前面。其次，银行要掌握好质押率。一般情况下，银行会按照70%左右的价格质押发放贷款。最后，银行要有风险控制预案。在贷款合同里要订有对应的条款，如果出现一些商品价格的大幅下跌，给银行带来了巨大的风险时，要规定贷款人追加质押物，以保持合理的质押率。

▶▶▶ 570. 银行在质押时发生重复质押的原因是什么？

重复质押风险是指出质人与保管人串通，将动产重复设定质押，两方串通以同样交付方式向第三方设定新质押时，因为信息不对称，而产生的风险。具体可能产生以下两种情况：一种是同一批货物，既以实物出质，又以仓单质押；另一种是同一批货物，开出多份仓单，进行质押。

仓单重复质押骗取银行贷款产生的原因主要有以下几点。

（1）银行间质押贷款信息不对称。业内人士认为，重复质押行为之所以难以禁止，根本原因是企业利用了银行之间的信息不对称。银行与银行之间在信息交流上是封闭的，使得每个银行成为一个个信息的孤岛，重复质押融资者正是利用了这一漏洞乘虚而入，在各个不同银行就同一货物进行多次质押骗取融资。金融机构信息的不对称给重复质押融资者提供了机会。

（2）仓储企业与重复质押融资者共同造假。仓单是仓储保管人（如青岛港骗贷案中，那些仓储仓库）在与存货人签订仓储保管合同的基础上，按照行业惯例，以表面审查、外观查验为一般原则，对存货人所交付的仓储物品进行验收之后出具的权利凭证。如果仓库保管人有意参与造假，给存货人（即重复质押融资者）提供虚假仓单，银行是很难发现的。因为在同一储存地点的货物，造假者不提供确切的信息，银行工作人员无法分清这些货物的归属。

（3）银行放贷前未尽到尽职调查责任。《商业银行法》第36条规定，银行在发放质押贷款的时候要对质押物以及质押权利的可行性进行的尽职调查，否则不得给予放贷。但是银行在现实操作中往往忽略这一尽职调查责任。在面对有"实力"或者"背景"的企业时，存在将风险控制抛之脑后，不做必要的调查就给予放贷的情形。

（4）监管者监管不力。监管者的监管不力也是导致骗贷发生的一个重要原因。在整个仓单质押流程中，应该对两个方面进行监管：一是仓储保管人对于存货人所存货物的监管，即保证仓单是在存货人有效存放货物的基础上出具的；二是银行自身的监管，即保证其放贷时已经履行相应的尽职调查义务，对仓单质押融资放贷要求在银行内部予以有效监管。

在实践交易过程中，仓储保管人签发仓单后，仓单持有人即可行使相应仓单权利，而无须对仓单内容进行证明。银行基于这一情况，一般在质押放

下篇 导致银行被动抵债后果的授信风险识别与防范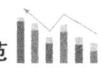

贷的时候只审查仓单文义记载的内容,不查验仓单记载内容是否存在,或者是否有其他第三人享有优先受偿的权利。加之一些银行为了完成考核指标,拼规模,拼利润,忽视安全性、流动性,甚至不惜放松信贷标准,放弃尽职调查。最终导致重复质押骗贷事件的发生。

▶▶▶ 571. 银行如何对仓储重复质押风险进行防范?

银行应对仓储重复质押风险进行防范,采取切实有效的措施,保证银行贷款的安全。

(1) 加强信息联网,消除信息孤岛。

银行在仓单质押贷款管理中,缺少统一的联网系统查询贸易商的仓单,在进行仓单质押贷款的时候,缺乏明确的规则和细则。这是银行监管体系存在的明显漏洞,至少在一个地区、一个城市应该有这个查询系统。

(2) 强化监管力度,压实监管者的责任。

通过这种银行间统一的监管体系,可以有效防止质押物重复质押的情形出现,减少银行的运营风险。

(3) 建立有效的第三方担保机制。

担保货物第三方管理的出现,担保融资发展的产物,是银行业专业化经营的必然结果。通过第三方担保机制的建立,可以使贷款人与银行间建立一个联系纽带。保障贷款人提供的质押物实际有效的存在,以及避免质押物重复质押现象的出现。另外,通过第三个担保可以使银行更容易向企业发放贷款,解决企业融资发展问题。

我国相关法律法规对于质押骗取贷款的情形都有明确的规定,但这也只是风险出现后的事后处理措施。风险出现后其实已经对银行系统,甚至整个融资贷款环境产生不利影响,这种影响需要很长的时间才能予以恢复。因此建立事前完备的防范措施是非常有必要而且必需的。随着我国在世界经济体量中的地位不断提升,贸易融资会越来越多,这对服务于大宗商品进出口的金融工具品种创新和监管提出了更高要求,面对仓单质押融资的风险,加强风险管理,加强行业自律,才能防止重复抵押等违法犯罪行为,确保行业健康发展。

▶▶▶ 572. 我国目前有期货市场标准仓单登记查询系统吗?

2022年8月15日,郑州商品交易所(简称郑商所)正式上线国内期货市场首个标准仓单登记查询系统。

该系统依托郑商所电子仓单系统，面向期货市场会员单位、银行、法人客户及社会公众提供便捷、权威的标准仓单登记信息查询服务。客户可以通过该系统，仓单持有人可以查询本人或经其他仓单持有人授权的标准仓单登记信息，获取电子查询报告，社会公众还可以凭品种、仓库、仓房、垛位4项登记要素条件，查询验证是否存在郑商所登记的标准仓单。这种"撞库"模式查询，既能保护客户的商业秘密，又能有效防范虚开仓单的风险，具有一定的创新性。银行等金融机构、非银行等贷款公司以及贸易企业等都可以利用该系统进行贷款融资、大宗商品贸易前的尽职调查，核验交易对手的质押物或商品是否是期货市场标准仓单货物，以防范融资和贸易风险。

2022年8月1日起施行的《期货和衍生品法》对商品期货交易场所的标准仓单登记职能进行了规定，把《期货交易管理条例》规定的标准仓单由期货交易所"认定"修改为"登记"，并规定交易者有权查询与其接受服务有关的重要信息。《中共中央 国务院关于加快建设全国统一大市场的意见》也提出，统一动产和权利担保登记，依法发展动产融资。

建设和完善标准仓单登记查询系统，对于遏制虚假仓单、保障仓单货权安全提供了一个可靠路径，能有效遏制开具虚假仓单等违法行为。大宗商品仓单流通性强，目前已成为重要的资产类别，在加快贸易流通、便利资金融通、服务实体经济配置资源等方面大有可为。但市场上开具虚假仓单进行重复质押或"一物多卖"等违法行为仍时有发生，打击了市场信心，加剧了中小微企业融资难的问题。为解决这一问题，需要商业银行、贸易商、仓库等多方市场主体共同参与，也需要政府部门和司法机关的支持，发挥商品期货交易所金融基础设施的登记职能作用，共同塑造良好的市场诚信环境。

▶▶▶ 573. 解决质押各类欺诈行为最根本的措施是什么？

解决质押各类欺诈行为最根本的措施是建立押品管理信息系统。《商业银行押品管理指引》（以下简称《指引》共7章48条，强调商业银行应遵循合法性、有效性、审慎性、从属性原则，完善押品管理的组织架构。2017年7月1日实施）第二章第十三条规定，商业银行应建立押品管理信息系统，持续收集押品种类、押品估值、抵质押率等相关信息，支持对押品及其担保业务开展统计分析，动态监控押品债权保障作用和风险缓释能力，将业务管控规则嵌入信息系统，加强系统制约，防范抵质押业务风险。有了这个系统，就可以有效地解决信息孤岛问题，将业务开展与风险防范结合起来，保证质押和抵押贷款业务健康发展起来。要达到这一规定的目标，还有很多工作要做，但是，不管多么难，都要努力实现。①

▶▶▶ 574. 存货质押操作风险都有哪些类型？

在实务中，银行在存货质押上有以下几种操作风险：

（1）监管方资质达不到银行要求。（2）存货的所有权不明确。（3）存货的品种、规格、数量等不符合银行要求。（4）质押价格未按"购买价和市场价孰低"的原则确定。（5）存货保险单中的内容存在问题。（6）押品未按合同进入指定仓库存放。（7）仓库管理存在问题，账务不清，账实不符。（8）货物未分堆码放，标识不明。（9）仓库管理有章不循，违规出库，随意放货。②

▶▶▶ 575. 银行应该怎样审核监管方资质？

监管方资质如果达不到银行要求，应坚决不能让其成为监管企业，这是一条硬性规矩。银行质押的大宗物资一般都交由第三方物流监管企业监管，因此，物流监管企业必须达到银行的要求。银行事先应做好当地物流监管企业的市场调研，选择好的企业作为合作对象。

按照《商业银行押品管理指引》第三十五条的规定，押品由第三方监管的，商业银行应明确押品第三方监管的准入条件，对合作的监管方实行名单制管理，加强日常监控，全面评价其管理能力和资信状况。对于需要移交第三方保管的押品，商业银行应与抵押（出质）人、监管方签订监管合同或协议，明确监管方的监管责任和违约赔偿责任。监管方应将押品与其他资产分离，不得重复出具仓储单据或类似证明。

▶▶▶ 576. 银行对物流监管企业有哪些要求？

（1）具备独立的法人资格（分公司须取得总公司的明确授权）和较强的资本实力，财务指标须达到如下基本要求：注册资本不得低于500万元（特殊类型的监管企业可适当放宽要求）；净资产不得低于2000万元（特殊类型的监管企业可适当放宽要求）；具备一定违约赔偿能力。

（2）具有仓储、物流或监管业务经营资格。

（3）无不良信用记录。

（4）能保证银行对质押货物享有实际出入库控制权和处置权。

---

①② 孙建林：《常见授信风险识别与防范》，中国商业出版社2022年版。

（5）软硬件设施齐备，仓储地、点能够满足货物保管、防火、防盗、防潮等各项基本要求，具备一定的质量检测技术及设备。

（6）完善的出入库管理制度、内部控制制度和业务操作流程规范。

（7）应拥有电子化系统，能快速准确地对质押物情况进行统计分析。

（8）有完整的针对银行质押物的应急预案。

（9）交通条件便利，银行有能力对其进行监控。

（10）仓储场所原则上应与银行在同一行政辖区内。①

577. 银行发现存货的权属不明确应该如何处理？

银行办理存货质押贷款时务必要防止接受的押品存在存货权属不明确的问题。办理存货质押业务时，出质人须提供相关的权属证明材料，以证明其对质押货物确实具有所有权。如果存货的所有权属不明确，就会留下隐患，增加银行钱货两空的风险。

出质人（借款人）必须拥有存货的所有权是质押的基本要求。银行在接受质押时，首先应审查出质人的存货是通过何种渠道取得的，查验其与卖方签订的购销合同原件并根据《民法典》和购销合同的有关规定，确定货物的数量、质量、价款等与实际是否一致，并通过企业财务报表的"存货"科目、发票等互相印证，确认用于质押的货物确实为借款人合法拥有。其次，要审查用于质押的存货是否已设定过质押，防止出现重复质押。②

578. 质押的存货不符合银行要求会有什么风险？

质押给银行的存货的品种、规格、数量等必须符合银行的要求，因为这些都是确认存货价值的基本要素。银行在《质押合同》中，对质物名称不能过于简单和笼统，例如注明为木材、钢材、饲料、原材料等通用名称，应该附有详细、具体的清单，如钢材必须注明：型号、规格、种类、批次等。在实际中，质物常会存在品名不清、规格多样、型号不一、种类繁多、清点不易等问题，如果不认真对照，将会出现质物与银行质押要求不一致、账实不符的情况，或出现质物不足值、缺重、少量、残次、报废、变质等现象。对此，银行人员一方面要加强学习，掌握基本知识；另一方面也可以请行业专家帮助鉴定。

这样的案例很多，银行在实务中遇到质押的存货品种、数量变动的风险，

---

①② 孙建林：《常见授信风险识别与防范》，中国商业出版社2022年版。

下篇　导致银行被动抵债后果的授信风险识别与防范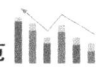

如果工作人员不认真，可能会出现问题。如某市的 A 公司，是一家铜加工企业，原料铜采购后将用于铜带等的加工，企业加工的原料铜中有黄铜，也有紫铜，而且根据下游客户需求的变化，原料铜的数量、品种也在不断调整。因此，质押的存货要根据不断变化的存货随时进行调整，每次的调整必须由出质人和质权人共同签署书面确认函，并明确此书面确认函为质押合同的附件，如此方可满足质物特定化的要求。

▶▶▶ 579. 为什么质押价格要按购买价和市场价孰低的原则确定？

银行在质押是要确定押品的价格。确定的原则是：企业存货即质押价格要按购买价和市场价孰低的原则计价，根据稳健性原则，当企业现有存货的可变现净值下跌至成本以下时，就要按可变现净值对存货重新计价；反之，若可变现净值高于成本，则仍按成本计价。这就是存货计价的成本与市价孰低计价法。成本与市价孰低法在目前会计实务中被广泛应用，并得到许多权威机构的支持，这说明它必然有其存在的合理性。[①]

▶▶▶ 580. 如何防止存货保险单存在问题？

如果存货保险单存在问题，那么对于以后存货出险赔偿会带来麻烦。银行人员对存货保险单中的内容必须仔细核对，包括投保人、受益人、投保金额、有效期、赔付条款等，防止出现差错，日后难以索赔。

▶▶▶ 581. 应收账款质押欺诈风险都有哪些类型？

应收账款质押是指为担保债务的履行，债务人或者第三人将其合法拥有的应收账款出质给债权人，债务人不履行到期债务或者发生当事人约定的实现质权的情形，债权人有权就该应收账款及其收益优先受偿。应收账款的真实性是应收账款质押的前提和基础，因此质权人在设定质押时有义务核实应收账款本身的真实性，如果质权人疏于核实将因此承担应收账款质押无效的不利后果。

应收账款质押欺诈风险的风险类型包括：①应收账款的债权虚假风险；②应收账款的价值虚假风险；③应收账款的时效性风险；④应收账款来源已抵押的风险。[②]

[①②] 孙建林：《常见授信风险识别与防范》，中国商业出版社 2022 年版。

▶▶▶ 582. 什么是应收账款的债权虚假风险？

应收账款债权虚假的风险包括：一是出质人欺诈，以根本不存在的应收账款出质；二是转移账款，出质人收取了应收账款付款人清偿的债务，但没有提存或提前向融资银行还款而是挪作他用；三是应收账款清偿后仍出质，原来的应收账款在出质前已经清偿，但是出质人未下账，或以其他应收账款数据冒充出质，属于虚假应收账款。

▶▶▶ 583. 什么是应收账款的价值虚假风险？

应收账款的具体价值存在很大的不确定性，尤其是出质人故意采用各种手段提高应收账款价值，造成价值虚高，从而形成应收账款价值虚假。业务实践中应防范应收账款价值虚高的风险：一是出质人或出质人与应收账款债务人合谋虚报应收账款价格，使其超过或者远超过合同或实际应付的价格；二是货物折扣销售，且出库价与返还折扣双条线记账，使账务上的应收账款与最终实际应付价不一致，但出质人故意隐瞒。不论哪种情形，出质价格均高于实际应付价格，第二还款来源价值可能不足。

▶▶▶ 584. 什么是应收账款的时效性风险？

用于设定质押的应收账款债权作为合同债权需受诉讼时效约束，过诉讼时效的将成为自然债权，丧失胜诉权，得不到法院保护或支持。在贷款未清偿前，如出质人不行使或怠于行使时效权利，将可能使合同债权超过诉讼时效，成为自然债权，除非应收账款债务人自愿履行，贷款银行不可能从应收账款债务人那里获得清偿，使质押担保失去意义，因此应防范应收账款时效性风险。

▶▶▶ 585. 什么是应收账款来源已抵押的风险？

如果应收账款来源已设抵押，抵押物的转让需经抵押权人的同意，否则抵押权对抵押物有追及效力，易导致应收账款落空，影响应收账款质押的实现。例如：企业将库存的原料或产成品为其他债权人办理了抵押，除非在前的抵押权人以书面方式放弃优先受偿权，否则银行以其对应的销售收入作为应收账款质押标的就存在风险。

▶▶▶ 586. 银行如何防范应收账款质押欺诈风险？

银行对应收账款质押欺诈风险必须高度警惕，采取必要措施进行防范。

（1）强化贷前调查，防范信用风险。

①严格客户准入。应收账款质押不仅是第一还款来源的补充和风险缓释，一旦客户第一还款来源出现问题，就容易形成贷款风险。因此，贷前调查应更多关注第一还款来源。同时，还需对应收账款债务人的经济情况、偿债能力、信用等级、信誉等进行认真审核评估。

②严格应收账款审核。一是尽量选择《应收账款质押登记办法》明确的应收账款品种，对于不在《应收账款质押登记办法》范围内的应收账款，应谨慎对待；二是关注企业应收账款的重要指标，如账龄、占比、周转率、平均收回期等，在综合考虑用信人的资信状况、偿债能力，信贷业务的期限、风险度，质权实现难易程度等因素的基础上，合理确定应收账款质押率；三是在办理应收账款质押时，通过收集留存企业销售合同的原件、卖方企业的发货单、买方企业的收货单及货物验收合格入库的证明等企业真实交易的情况，最大限度地保证办理质押的应收账款均为企业的真实交易。

（2）规范业务操作，防范操作风险。

①规范签订应收账款质押合同。在贷前调查的基础上，依法在借款合同、质押合同中明确约定风险防范措施。应针对应收账款质押的特点，在合同中加入特定条款，如约束条件、风险防范等。另外，在签订合同时还要注意应收账款和贷款期限的差异问题，力争使应收账款的到期日早于或等于借款合同的还款日等。

②规范办理应收账款质押登记公示系统登记。根据《应收账款质押登记办法》，应收账款质押登记由质权人办理，登记内容由登记当事人自行录入，登记内容的真实性、合法性和准确性由发起登记的主体负责。同时，由于登记应收账款质押业务不要求提交质押合同，仅要求登记质权人、出质人、质押物等信息，因此在质押登记时应正确录入出质人、质权人的相关信息，对用于质押的应收账款情况应清楚地进行界定，即在"质押财产描述"一栏，尽量对应收账款进行详尽的描述，如清楚登记应收账款基础合同的总价款、履行期限、支付方式、债务人的基本情况、收费项目等要素。

（3）强化贷后监管，避免债权落实。

①设立应收账款回款专户。银行在发放贷款时，可以要求出质人在贷款银行设立应收账款回款账户，要求应收账款债务人将相关款项支付到上述回款账户，防范出质人在应收账款回款后将款项挪作他用的风险。同时可以和出质人约定，在贷款未偿还前，应收账款在贷款额度内不得转出或保持一定的份额，来确保质权担保足值。

②加强贷后动态监控。银行应加强贷后动态监控,重点关注应收账款的变动情况。如果出质人擅自转让、恶意减免出质应收账款的,银行应及时要求其停止上述不当行为并向法院诉讼行使撤销权或要求其提前清偿贷款。总之,一旦质押应收账款出现坏账或其他减损情况,银行应尽快与出质人、应收账款债务人协商,要求补充提供担保或尽早采取措施以实现质权。①

▶▶▶ 587. 应收账款质押有哪些法律风险?

应收账款质押作为一种新型质押方式,在拓宽贷款抵押担保范围方面,为解决中小企业融资难开辟了途径。但由于其相关法律法规还不够完善,实践中缺乏可操作性,因此,防范此类贷款的法律风险是银行需要十分注意的问题。

(1)应收账款基础合同的效力引发的风险。收账款的基础合同效力与用于设立质押的应收账款是否成立、能否最终实现密切相关。如果基础合同本身存在交易违反法律禁止性规定的,交易合同效力被认定无效,那么所设立的质押也必然无效。因此,无效的基础合同必会导致应收账款质押权无法实现。根据相关法律规定,如果存在法定或约定条件,解除权人可单方解除合同,即单方解除合同通知到达对方时,合同就解除。一旦质押权人主张限制出质人或债务人行使合同解除权时,因缺乏法律依据,法院可能不予支持。

(2)应收账款债权虚假引发的风险。应收账款债权存在虚假的风险包括以下几个方面:①出质人欺诈,即以根本不存在的应收账款出质。②转移账款,即出质人收取了付款人所欠的款项,但没有向融资银行还款而是挪作他用。③应收账款清偿后,但出质人未入账仍出质。尽管《民法典》第四百四十五条规定,应收账款出质后,不得转让,但是出质人与质权人协商同意的除外。出质人转让应收账款所得的价款,应当向质权人提前清偿债务或者提存。因此,一旦出质人将已出质的应收账款再次转让,必然会影响质权人的质权实现。

(3)应收账款债务人的偿债能力出现问题引发的风险。应收账款能否被质权人顺利受偿,与债务人的资信状况和偿付能力有很大的关系。如果应收账款债务人的偿债能力出现问题,例如,因经营不善或还款意愿差等原因不能偿付所欠款项,导致出质人无法收回应收账款,质权无法实现。现实中,那些以尚未发生的未来债权质押的应收账款的尤其需要引起特别的注意,这类

---

① 孙建林:《常见授信风险识别与防范》,中国商业出版社2022年版。

质押贷款大多涉及大型基础设施建设，质押的是预期收益，如公路、桥梁、隧道、渡口等不动产的收费权质押，这些工程的资金到位情况、工程质量等问题导致的项目能否预期完工以及竣工使用后的车、船流量等都能影响其预期收益的实现。以大学生收费为应收账款的质押，未来招生的数量也将影响质押权的实现。

（4）出质人的履约能力和意愿引发的风险。出质人对于应收账款的债权，是建立在其已充分履行自身合同义务基础上的。如果出质人的履约能力不足或者意愿出现问题，导致应收账款无法收回，质押就会落空。例如，根据基础合同，出质人应首先履行发送货物、提供服务或资产的义务，在出质人未履行上述义务的情况下，应收账款债务人依据《民法典》具有抗辩权。即使出质人已发送有关货物，但是，应收账款债务人只有在检验合格后再进行付款。如果出质人交付的货物存在瑕疵，或者被认为有瑕疵，那么应收账款债务人有权提出抗辩，并拒付货款。另外，出质人的履约意愿出现问题，例如，某项服务市场价格大幅上升，出质人继续提供服务将陷入亏损境地，不愿继续履约，也会导致质权落空。因此，贷款银行的应收账款质权只在出质人已充分履行合同义务后方可得以确定。一旦应收账款债务人对债务存在抗辩事由，在债务人合法行使其抗辩权时，质权人不能限制债务人行使抗辩权，这必然影响质权人的质权实现。

（5）应收质押登记及账户监管失效引发风险。现实中，虽然质权人、出质人签订了账户监管协议，并且在央行进行了质押登记，但质权人及登记部门很难对出质人的所有账户进行监管。若出质人想逃避债务，不将货款存入质押账户或将质押账户的资金转移，质权人通过该账户上的资金实现债权的愿望将会落空。①

▶▶ 588. 银行如何防范应收账款质押的法律风险？

银行在办理应收账款质押贷款时要十分谨慎，要时刻防范其中的法律风险。

（1）强化贷前调查评估。

（2）谨慎选择可质押的应收账款。

（3）在合同中明确约定风险防范条款。

（4）完善应收账款质押制度。

（5）重视贷后跟踪管理。

---

① 孙建林：《常见授信风险识别与防范》，中国商业出版社2022年版。

589. 银行在应收账款质押方面存在哪些操作风险？

在办理应收账款质押授信业务中，应注意防范操作风险。

应收账款质押操作风险包括：①应收账款本身存在缺陷。②应收账款质押的合同条款规定不完善。③应收账款质押在手续授权后管理等方面不到位。④应收账款押质人恶意逃债。⑤管理上的失误造成法律地位不牢固。

590. 应收账款质押合同条款规定不完善存在哪些风险？

（1）质押率不当风险。

（2）质押条款不具有排他性。

（3）未制定专门管理办法。①

591. 应收账款质押在手续、授后管理等方面存在哪些风险？

（1）质押顺位上银行处于不利地位。

（2）未设立专用回款账户。

（3）质押资料手续不全。

（4）授信后资金未按时足额入账。②

592. 应收账款质押人恶意逃债的行为有哪些？

（1）应收账款被重复质押。

（2）资金被擅自挪用。

（3）债务人抗辩权风险。③

593. 管理上的失误造成法律地位不牢固的风险有哪些？

（1）放弃权利风险。

（2）诉讼时效风险。

（3）抵销权风险。

（4）被司法机构查冻扣风险。④

594. 如何防止应收账款重复质押或登记失效？

首先，《应收账款质押登记办法》允许在同一应收账款上设立多个质权，

---

①②③④ 孙建林：《常见授信风险识别与防范》，中国商业出版社 2022 年版。

下篇 导致银行被动抵债后果的授信风险识别与防范

按照登记的先后顺序行使。其次，在办理登记时所填写的出质人法定注册名称或有效身份证件号码发生变更的，贷款金融机构应当在变更之日起 4 个月内办理变更登记，否则质押登记可能失效。但金融机构很难及时知晓变更情况。另外，质押登记期限最长不超过 5 年，如果金融机构在登记期限届满前 90 日内未及时进行展期，质押登记可能失效。

▶▶▶ 595. 如何防范应收账款基础合同的效力引发的风险？

用于设立质押的应收账款是否成立、能否最终实现，直接与产生该应收账款的基础合同效力密切相关。如果该基础合同本身存在交易违反法律禁止性规定、违背社会公德、合同自成立之初就根本不可能履行等情形，该基础合同很可能被认定无效，比如基于博彩、走私，销售国家专卖产品等合同产生的应收账款。基础合同效力丧失，直接导致应收账款本身就不存在，因此，以此设立的质押也必然是无效的。因为法律没有规定基础合同当事人在应收账款质押后不得解除合同，所以基础合同当事人如果依据《民法典》或者约定条件行使单方解除合同权，质权人想要予以限制，可能会因为缺乏法律依据而无法得到法院支持。

因此，银行在进行的应收账款质押的时候必须严格审查该应收账款的基础合同效力，防止在这方面而导致的质押的应收账款风险。

▶▶▶ 596. 如何防范应收账款债务人行使抵销权的风险？

按照我国《民法典》第五百六十八条有关互负债务法定抵消的规定，在应收账款债务人与出质人互负到期同种债务的情况下，应收账款债务人可能会随时主张将双方债权予以抵销，从而使设定质押的应收账款债权归于消灭或部分消灭。法定抵销权的行使是一种单方法律行为，它不需要征得对方当事人的同意，自通知到达对方即可生效。因此，为了防范这一风险，银行应该事先对出质人和应收账款债务人权利在合同上进行约束，即在合同上约定出质人不得有转让、放弃、怠于行使基础合同权利而损害质权的行为，否则金融机构有权要求提前清偿贷款或者代出质人行使权利；与应收账款债务人之间，可以通过出质人要求其出具书面承诺函，表明应收账款真实性、认可质押事实、还款监管账户以及放弃抵销权的承诺，最大限度减少应收账款实现的不确定性。

▶▶▶ 597. 如何防范应收账款的时效性风险？

应收账款债权作为合同债权受诉讼时效约束，如果出质人不行使或怠于行使时效权利，将可能使合同债权超过诉讼时效，丧失胜诉权。除非应收账款债务人自愿履行，贷款金融机构难以从应收账款债务人获得清偿。

银行在做应收账款质押贷款时要十分注意诉讼时效问题，防止因超过诉讼时效，丧失胜诉权，从而导致质押担保失去意义。①

▶▶▶ 598. 银行应该怎样做好应收账款质押贷款的法律风险防范？

虽然应收账款质押在制度层面还存在不尽完善的地方，但作为一种较为便捷和低成本的融资担保方式，应收账款质押已经在当前经济发展中广泛存在和应用。金融机构可以从加强贷款调查、设计合同约定、规范业务操作等方面，降低和规避法律风险。

（1）贷前加强对客户信用和应收账款质押标的的调查评估。做好尽调是降低和规避法律风险的第一步。一方面尽量选择"优质"的客户。贷前要更加关注出质人的第一还款来源，严格对借款人的客户准入；另一方面尽量选择"完美"的质押标的。贷款金融机构应根据自身风险管理能水平限定作为质押标的的应付账款范围，选择基础合同不存在效力瑕疵、应付账款到期日不晚于贷款还款到期日、出质人已经充分履行完毕基础合同义务的应付账款。另外，还要做好对质押登记的调查，尽量避免已经被部分质押的应收账款，更要严格避免重复质押的情况。

（2）对出质人和应收账款债务人权利通过合同事先进行约束。银行要与出质人之间通过合同约定，出质人不得有转让、放弃、怠于行使基础合同权利等导致损害质权的行为，否则银行有权要求提前清偿贷款或者代出质人行使权利；与应收账款债务人之间，通过出质人要求其出具书面承诺函，表明应收账款真实性、认可质押事实、还款监管账户以及放弃抵销权的承诺，最大限度减少应收账款实现的不确定性。

（3）规范业务操作，盯紧监管账户，加强跟踪管理。一是在办理应收账款质押时，金融机构要注意收集留存产生应收账款的基础合同原件、发票、收货单、发货单、验收合格入库证明等能够证明企业真实交易的单据、资料。二是尽快办理应收账款质押登记，确保准确录入出质人、质权人相关信息，要对质押的应收账款尽量描述详尽，包括基础合同的总价款、付款方式、履行期限等内容。三是设立应收账款收款监管账户，通过应收账款债务人承诺函或者三方协议的方式明确相关款项支付到该监管账户，且该账户收到款项

---

① 孙建林：《常见授信风险识别与防范》，中国商业出版社2022年版。

后出质人不得擅自挪作他用。四是金融机构要在贷后动态跟踪出质人与其债务人业务往来、财务状况，尤其是应收账款变动情况，发现问题提早寻求救济。

599. 股权（股票）质押应该具备什么条件？

公司股权（股票）质押担保是指以借款人或第三方合法持有的股权或者上市公司股票设定质押，为借款人在银行获得授信提供担保，以保障银行债权实现的行为。股权质押的具体条件：

（1）股权应当具有可转让性。股权是股东因出资而取得的，按照法定或公司章程规定的规则和程序参与公司事务并在公司中享有财产利益的，具有转让性的权利。正是由于兼备财产性和可转让性，股权才可以作为一种适格的质押物。

（2）以有限责任公司的股份出质的，应当按照公司章程的规定履行股权转让的内部决策程序，如果公司章程没有特别约定，即"有限责任公司的股东之间可以相互转让其全部或者部分股权"。

（3）以股权出质的，应当签订书面股权质押合同。以依法可以转让的股票出质的，出质人与质权人应当订立书面合同。

（4）以股权出质的，还应当根据不同情况办理出质登记。

600. 银行不能接受哪几种上市公司的股票作为质物？

上市公司股票质押担保是指以借款人或第三方合法持有的上市公司股票设定质押，为借款人在银行获得授信提供担保，以保障银行债权实现的行为。按照有关规定，下列上市公司的股票不能作为银行贷款的质物：

（1）上一年度亏损的上市公司股票。

（2）前6个月内股票价格的波动幅度（最高价/最低价）超过200%的股票。

（3）可流通股股份过度集中的股票。

（4）证券交易所停牌或除牌的股票。

（5）证券交易所特别处理的股票。

（6）证券公司持有一家上市公司已发行股份的5%以上的，该证券公司不得以该种股票质押；但是，证券公司因包销购入售后剩余股票而持有5%以上股份的，不受此限。

第二十二章 导致银行被动抵债后果的授信风险识别与防范案例解析

▶▶ 601. 抵押人放弃抵押权或抵押权顺位的相关案例

老王向小李借款 100 万元，老王用自家房产抵押 50 万元，另外，联合赵、郑两家各担保 25 万元。借贷发生不久，老王女儿与小李谈对象，很快进入谈婚论嫁阶段。于是，小李放弃老王 50 万元的抵押权，并且与赵、郑两家商量维持原担保金额不变。这个案例的行为符合《民法典》第四百零九条规定的范畴。

▶▶ 602.《民法典》保护债务人利益的相关案例

小王向小张借款 100 万元，约定借款期限一年，并以自己的房产（当时市场价大约 150 万元）作为抵押，办理了抵押登记。在债务履行期限届满前，小张与小王约定，如果小王到期不能还款，其抵押的房产归小张所有。那么，债务到期后，如果按照原先的约定，小王就吃亏了。所以，《民法典》第四百零一条就限制了这种情况的发生，小张不能要求小王交付房屋，直接取得该房屋的所有权，而是按照法律规定（只能依法就抵押财产优先受偿），拍卖、折价或者变卖以实现优先受偿。

▶▶ 603. 关于以抵押物的价格，在标的物交付后十日内办理抵押登记的抵押权人优先于抵押物买受人的其他担保物权人受偿案例

张某将其所有的一辆车以 30 万元的价格卖给王某，于 1 月 1 日交付。但王某并没有能力支付车款，则为了保障张某债权实现，王某以购买的该辆车为张某设定抵押担保，并签订抵押合同。1 月 5 日，王某又向某银行借款 15 万元并将该辆车抵押给 A 银行且办理了登记。1 月 7 日，王某再次将该辆车质押给吴某，借款 10 万元。1 月 9 日，张某同王某对该辆车办理抵押登记。

案例中王某在 1 月 1 日取得车辆后又相继设立了抵押担保并进行登记和质押担保且交付，即抵押权和质押权均设立了。但张某于 1 月 9 日才同主债权人办理抵押登记，如果按照动产抵押"先登记者优先"的原则，则张某的

清偿顺序应在 A 银行和吴某之后。根据《民法典》第四百一十六条的规定只要是在标的物交付后十日内办理抵押登记的，不论办理抵押登记的时间是先于还是后于其他担保物权人，均可优先受让。当然，不能优先于留置权人。这就是真正意义上的"超级优先权"。该条中规定的"十日"应当理解为，只要当事人在标的物交付后十日内提交了登记申请，即可认定其按照要求履行了登记义务，完成了登记手续。

本案例中，王某虽然与 A 银行办理了抵押登记，又将车辆质押给了吴某，但根据《民法典》第四百一十六条的规定，张某可以优先以物抵债（如果银行在王某还不了 15 万元，要求以物抵债的情况下），质押权也优先于吴某。

现代商业社会中，以赊购或贷款方式购买生产设备、原材料、半成品、产品等动产的商业活动非常普遍，为保障贷款人的债权，平衡动产抵押担保人之间的利益，《民法典》规定动产价款抵押权优先于其他担保物权。这种可以对抗动产上几乎所有担保抵押物的动产价款抵押权对企业融资具有重大意义。

▶▶▶ 604. 确认流质条款是否有效的相关案例

在债务清偿期届满后，质权人与出质人订立契约，以质物折价取得质物所有权的，不属于流质契约，是合法有效的。

我们以一个简要案情来进一步说明。A 先生与 B 先生签订抵押借款合同，以自己的汽车一辆作为抵押，向 B 先生借款 10 万元，并且合同约定，在 A 先生不能偿还到期债务时，B 先生有权直接取得 A 先生抵押的汽车所有权。后来，A 先生无力偿还到期债务，B 先生直接将车辆过户到自己名下。

争议焦点：A 先生和 B 先生签订的流质条款是否合法有效？

案情分析：

一、流质条款无效，其他约定有效。

根据我国《民法典》第四百二十八条的规定，本案中的流质条款约定无效，李四取得汽车所有权的行为无效。

二、质押物需协议折价、拍卖、变卖价款来实现债权。根据《民法典》第四百三十六条规定，债务人履行债务或者出质人提前清偿所担保的债权的，质权人应当返还质押财产。

债务人不履行到期债务或者发生当事人约定的实现质权的情形，质权人可以与出质人协议以质押财产折价，也可以就拍卖、变卖质押财产所得的价款优先受偿。根据此规定，B 先生可以与 A 先生协议将质押汽车折价或者通过起诉的方式拍卖、变卖汽车价款，来实现自身债权。

605. 质权人放弃质权的相关案例

质权人与出质人产生了特殊关系（在出质之后两者变成了亲属），原来出质人借给质权人100万元，由出质人的10头奶牛担保30万元，其余70万元由其他两个担保人用债券担保，并承担连带责任。现在质权人主动放弃10头奶牛的质权，那么，这种情况下另外两位担保人就免除了10头奶牛所担保的30万元的连带担保责任。但是，剩余70万元的担保责任还需要承担。

606. 男子伪造土地和房屋证明书获刑的相关案例

王某利用公司和个人的名义伪造土地他项权利证明书和虚假的房屋他项权利证明书骗取贷款240万元，经湖南省某县检察院提起公诉后，被该县人民法院一审以骗取货款罪判处：被告单位某县某机械公司犯骗取贷款罪判处罚金人民币50万元，罚金限判决生效后10日内缴清；被告人犯（单位）骗取贷款罪，判处有期徒刑2年，并处罚金人民币25万元；犯骗取贷款罪，判处有期徒刑6个月，并处罚金5万元；决定执行有期徒刑2年，并处罚金人民币25万元。

王某，男，大专文化，某县某机械公司法人代表，住某县某机械公司宿舍。2009年5月，王某来某市火车站附近找到一制假人，要求帮助其伪造某县某工业园厂区的《新他项（2009）第105号》土地他项权利证明书和虚假的房屋他项权利证明书。

2009年5月10日，向某以伪造的上述土地他项权利证明书和房屋他项权利证明书，向中国建设银行某支行申请抵押贷款223万元，给该行造成直接经济损失190万元。王某骗得贷款后，并非用于生产，而是将其中的150万元用于归还其公司的借款给新晃县某公司，30万元归还芷江县某公司某人的借款，10万元偿还了其他个人的借款。

2009年5月2日，王某还以自己的名义用伪造的房屋他项权利证明书向某银行申请抵押贷款25万元。总共骗得贷款248万元。①

607. 不法分子重复抵押骗取巨额贷款的相关案例

安某为六家公司的法定代表人，其隐瞒已将个人某房屋1—3层抵押给其

---

① 孙建林：《常见授信风险识别与防范》，中国商业出版社2022年版。

他银行的事实，于 1998 年 4 月 8 日，采用在某房产交易中心登记他项权利的方式，将该房屋第 3 层重复抵押，又以其名下一家有限公司的名义，从某商业银行贷款 153 万元，用于归还该行的贷款 104 万元和某工厂的贷款 49 万元，后仅偿还了 30 万元。

1998 年 11 月 15 日，安某又采用将该房屋 1—2 层产权在某工商局进行抵押登记的方式，以其名下另一家有限公司的名义，从中国农业银行某支行贷款 60 万元。

2001 年 5 月 20 日，安某继续隐瞒其某处 1—3 层房屋产权已两次重复抵押的事实，与赵某签订了合同，直接将该房产以 145 万元的价格转让。2002 年 6 月 14 日，法院裁定将安某抵押给商业银行价值 39.87 万元的第 3 层房产 148.53 平方米从赵某处查扣，抵偿其在商业银行的贷款，其余房产过户到赵某的名下。扣除已归还款项和扣回的房屋，安某重复抵押骗取两家银行的贷款 143.12 万元，实际造成赵某被骗 39.87 万元，共计骗取金额 180 多万元。

这起案件展示了不法分子重复抵押的犯罪过程，手段并不高明，之所以能够得逞，与相关部门和银行工作人员的工作疏漏有直接关系。

▶▶▶ 608. 重复抵押骗取钱财的相关案例

2010 年 6—8 月，被告人于某因其建筑材料厂经营困难，在明知无力偿还的情况下，为骗取他人借款，通过伪造某型号挖掘机合格证和重复抵押的方式，将其个人所有的挖掘机、铲车、轿车先后多次抵押给他人，骗取张某 150 万元、王某 23 万元、赵某 115 万元，共计 288 万元。后于某将抵押物私下变卖他人，得款后未向被害人还款而是还其亲戚的借款及部分银行贷款后逃跑，并变更联系方式。案发后被告人于某的儿子替其归还张某 4 万元，王某 12 万元，并取得二人谅解。

该案经该法院审理认为，被告人于某以非法占有为目的，虚构事实、隐瞒真相，骗取他人财物，数额特别巨大，其行为已构成诈骗罪，依法应予惩处。结合该案案情，根据被告人于某犯罪的事实、性质、情节和对社会的危害程度，依照《中华人民共和国刑法》第二百六十六条、第五十二条、第五十三条、第六十四条，《最高人民法院、最高人民检察院关于办理诈骗刑事案件具体应用法律若干问题的解释》第一条的规定，判决被告人于某犯诈骗罪，判处有期徒刑十一年，并处罚金人民币 18 万元。责令被告人于某退赔被害人张某人民币 146 万元、王某人民币 11 万元、赵某人民币 115 万元。

▶▶▶ **609. 抵押欺诈者用虚假抵押资料骗取银行贷款的相关案例。**

四川省广安市中级人民法院近日（2018年6月）在中国裁判文书网公布的一份刑事裁定书显示，某银行武胜县支行原支行客户经理刘某亚、原支行主任李某辉利用职务之便，伪造他人贷款信息，骗取银行贷款并据为己有，数额巨大。此外，两人还违反国家规定发放贷款，造成重大损失。

经查刘某亚利用43人的身份信息骗取贷款。法院经审理后确认，2015年8月至2016年7月，刘某亚利用亲友身份信息、自己掌握的客户信息、姚某等43人的身份信息，编造虚假信息，冒充某银行分行赛马支行主任胡某、某银行分行客户经理周某等银行工作人员的签名，并使用胡某、周某在（某中资银行）银行信贷管理系统组的用户名和密码进行网上审批操作。

刘某亚因生意失败，欠下高额外债，个人经济状况极差。他用别人的信息从银行贷款，用于还债和自己使用。某银行武胜县支行原分理处主任李某辉为催收刘某亚欠款，帮助刘某亚制作上述贷款中22人的部分虚假贷款信息，并通过某银行信贷管理系统帮助刘某亚、胡某完成部分贷款审批操作，贷款金额为813万元。

最终二审法院认定，刘某亚身为银行工作人员，利用职务上的便利，采取伪造他人贷款资料的方法，骗取银行贷款并占为己有，数额巨大；李某辉为达到收取刘某亚欠款的目的，帮助刘某亚制作部分虚假贷款资料，并用某银行武胜支行相关人员在C3系统中的用户名及密码进行网上审批操作，骗取贷款，二被告的行为侵犯了公司、企业或者其他单位的财产所有权，触犯了《中华人民共和国刑法》第二百七十一条的规定，构成职务侵占罪。

▶▶▶ **610. 专业骗贷团伙骗取银行贷款的相关案例**

2016年某省发生一起无业人员合伙造假骗贷，且有银行"内鬼"员工里应外合违法放贷案。

（1）社会人招揽不合格借款人走"便捷通道"结伙造假骗贷

2015年10月至2016年4月，被告人王某（无业）作为贷款中间人活跃于某省某市信贷市场。直接寻找不符合贷款条件的借款人，将其介绍给陶某后，结伙进行暗箱操作。利用陶某与某银行开发区支行业务经理谭某的特殊关系，与其沆瀣一气，骗取该银行贷款。

判决书显示，2015年10月至2016年4月，被告人王某伙同他人通过编造虚假资金用途、伪造相关财产证明及借用他人经营场地应对银行实地调查等欺骗手段，造成某银行15笔贷款逾期不能归还，共计449.29万元。

2016年6月28日，某市人民法院一审认为，被告人王某犯骗取贷款罪，判处被告人王某有期徒刑五年八个月，并处罚金人民币15万元。

（2）重复使用同一"套路"，"内鬼"配合帮忙轻松骗取银行贷款

值得银行警惕的是，被告人王某骗贷案于某银行并非个例。2014年至2016年间，该银行发生过多起非法骗贷案。

在银行"内鬼"的配合下，骗贷团伙迅速打开渠道，轻而易举做到瞒天过海，从而骗取银行贷款。

该银行骗贷案中，多数参与者都是无业人员或农民，更有甚者有过赌博前科经历。在利益诱惑下，团伙中有些成员不仅充当借款人，同时充当担保人。让人可惜的是，其中有人仅仅为获得500元的好处费，竟成为骗贷团伙"帮凶"。

不劳而获或许能给骗贷者带来一时欢愉，但真相大白后终究逃不过法律的制裁。

法院最终判决多个人犯骗取贷款罪，并分别判处有期徒刑。

▶▶▶ 611. 抵押欺诈者蒙骗银行核保人员骗取银行贷款的相关案例

银行为了核实抵押物的真实性，必然要派人员到实地查看实物。不法分子为了假戏真做，会冒充抵押人接待银行人员的调查。对此，银行人员应该从侧面和第三方，核实抵押人身份的真实性，以及抵押物所有人的真实性。

山东省的一起银行骗贷案中，第一被告人的谭某山供述，他在济南实际控制4家公司。为达到非法占有银行贷款的目的，他以公司经营业务需要资金为由，向银行提出房产抵押贷款的需求。其中，不少贷款所用的虚假房产证都是同一张。两年间，为了掩人耳目，谭某山让其哥哥、姐夫、朋友甚至公司员工以自己名义用其事先准备好的假房产证，向银行贷款，共骗取两家银行1002万元。贷款审批过程中，银行人员通常要实地查看房产，谭某山等在做好假房产证后，会将该房屋先租住起来，冒充房主，以此骗过银行的核实。①

▶▶▶ 612. 抵押欺诈的相关案例

2012年7月初，某县李某夫妇因购车缺乏资金，向县农商银行申请贷款60万元。称有一栋自住的商品房，价值90万元，可用于抵押，并书面承诺该

---

① 孙建林：《常见授信风险识别与防范》，中国商业出版社2022年版。

房屋没有出租他人。

县农商银行工作人员按规定进行审核后，认为可以放款。双方于2012年9月2日签订了抵押借款合同。同时，合同对贷款期限、利率、还款方式、违约责任、实现债权费用等作了相关约定。原告依约向被告发放了贷款，将60万元借款打进了刘某个人账户。然而，让县农商银行万万没有想到的是，李某夫妇在该行审查贷款条件合格后，在2012年8月5日与银行签订抵押合同之前，瞒着银行又与邓某签订了《房屋出租合同》，合同约定，租赁期为15年，并由邓某一次性付给李某夫妇租金25万元。邓某并已将款项通过银行转到李某账户上。该行发放贷款后不久，抵押房屋就交付给了租赁人邓某。邓某自此享有了抵押房屋的管理使用权。

由于李某未按约归还借款至2014年9月1日止，李某尚欠本息50余万元。为维护原告的合法权益，该银行将李某诉至法院，要求李某夫妇清偿借款。

法院在审理过程中，借款人李某说房屋已租赁给了别人。银行到公安机关报案，公安机关认为是经济纠纷，没有构成犯罪而不予立案侦查。向法律顾问、资深律师咨询，认为邓某是善意第三人，其签订租赁合同在前，享有该房屋的管理使用权至租赁期满之日止。

案例分析：抵押权因其具有优先受偿权的属性，已成为商业银行信贷业务中运用最为广泛的担保方式之一。由于抵押权具有不转移物的占有的特点，常与租赁权并存于同一物上，这就容易产生两种权利的冲突。我国相关法律根据两种权利生效的先后顺序确定其优先权及效力，经依法登记生效的抵押权可对抗后设的租赁权；反之，则适用"买卖不破租赁"原则，将影响银行处置抵押物的效果。此案很明显，刘某在与银行签订抵押借款合同之前，利用时间差又与邓某签订了长期租赁合同，其实质是隐瞒抵押物已经长租的事实欺骗银行的贷款（书面承诺该房屋没有出租他人），属于欺诈行为。银行起诉刘某，法院判定租赁合同无效。

▶▶▶ 613. 抵押欺诈者隐瞒抵押物被查封诈骗他人钱财的相关案例

公司土地使用权证已被抵押和查封，仍隐瞒事实与他人签订公司转让合同，诈骗80万元转让款后携款潜逃。12月2日，江西省贵溪市检察院以合同诈骗罪对陈某泉、朱某宝提起公诉。

陈某泉、朱某宝均系浙江人，二人作为外地客商到贵溪投资成立了一液化气有限公司，分别任公司法定代表人和股东。2007年7月，因向杨某借款，该公司土地使用权证被抵押作为担保。2008年9月23日，因公司向徐某借款未还而被徐某起诉，该公司土地使用权证被浙江金华某法院裁定冻结和查封。为诈骗钱财，2009年3月28日，陈某泉、朱某宝以公司名义与胡某、余某、谢某签订液化气公司转让合同，约定公司转让价格为120万元，4月2日对方付款80万元。4月3日，二人携款逃匿。被害人多方找寻未果报案，二人被抓获归案。

这个案例说明抵押欺诈者隐瞒抵押物被查封的事实，诈骗他人钱财或者欺诈银行贷款的情况在社会上时有发生，抵押欺诈者触犯法律，应该受到严惩。①

▶▶▶ 614. 原授信抵押期限未覆盖新授信期限的相关案例

辽宁KF实业有限公司原有国际贸易授信额度5000万元，后新增的2000万元，期限1年（2018-8-5至2019-8-4），仍以位于某市的房产提供最高额抵押担保。放款员发现，原抵押物他项权证上设定的日期2018-3-7至2019-3-6，日期不能涵盖新的授信期限，存在脱保风险。经与该市房管局沟通，该局同意出函证明抵押登记时间为2018-3-7至2019-8-5，避免了抵押期限无覆盖风险。

这个案例提示我们：各地方县市登记机关对登记理解、操作存在地方性差异，可能造成登记结果表述存在歧义或不完整。放款审核时应要求出具相关材料，以佐证银行权益得到充分保障。

▶▶▶ 615. 委托贷款协议中存在不利银行条款的案例

在一笔1.5亿元的委托贷款中，委托人为江西省GBDD集团有限公司，借款人为某市PKGZ投资经营有限公司。委托人与借款人办理了房产抵押手续，且双方与银行签订一份《三方补充协议》。但在放款审核中，放款员审核该《三方补充协议》时发现，其中有要求"银行负责审查押品状况"的约定。而《银行委托贷款业务管理办法》规定，"本行不负责审查押品状况，且不发表意见"。放款中心立即暂缓办理此笔放款，要求修改《三方补充协议》中该条款。

此案例中的《三方补充协议》有不利于银行的条款，如果不及时发现，可能给银行带来隐患，必须进行修改和删除。

---

① 孙建林：《常见授信风险识别与防范》，中国商业出版社2022年版。

▶▶▶ 616. 银行为第二权利顺序人，暂缓发放贷款的案例

抵押权的顺序十分重要，因为，关系到受偿的数量和债权实现的完整。如果同一抵押物有多个抵押权，处置价款的分配是按照抵押权的顺序来进行的。如果处置价款低于总抵押权的金额，在条件一致（都进行登记的）情况下，排在前面的抵押权先分配价款。因此，银行必须争取对抵押权的第一顺位。如果顺位太靠后，预计今后清偿价款所得无几，在这种情况下应要求借款人增加其他担保条件。

湖北某电力有限公司向银行申请发放并购贷款1.25亿元，担保方式为第三方土地抵押。放款员审核发现，他权证上本行权利顺序为"2"。土地所在县的国土局说明是，贵行是第二个来办理此块土地抵押登记的申请人，故登记为"2"。放款中心认为，本行必须登记为第一顺序人，于是暂停放款。要求客户经理核实他行已办理注销登记手续（借款人申明前一抵押已经注销），并按要求更换（改）他权证书。

▶▶▶ 617. 抵押物未获得相关审批文件，抵押存在政策性风险的相关案例

某分行向某通信技术有限公司发放贷款3800万元，期限3个月，以该公司66台（套）设备作抵押，抵押价值6253万元。

总行在年度信贷大检查中发现，抵押设备中有价值4572万元35台设备，进口时间不足5年，尚处于海关监管期内。总行制度规定，以海关监管期内的动产作抵押的，要取得海关出具的同意抵押的证明文件。而截至检查日未见海关出具的同意抵押的证明文件，抵押的有效性存在政策性风险。

▶▶▶ 618. 贷款没有相关批文，抵押存在政策性风险的相关案例

某分行给予新盛（国有）资产经营公司8000万元过桥贷款，由某城市建设开发投资有限公司担保，并由某新城管理委员会出具相关还款资金安排计划。总行在年度信贷大检查中发现，该市政府有文件要求，新城区区域内规划批准的基础设施和公益事业建设融资，须征得市财政、土地储备中心同意。而此笔贷款没有市财政和土地储备中心同意融资和担保的批文，只有新城管委会的一个担保函，故存在政策性风险。

▶▶▶ 619. 发现抵押物名称与批复不一致，暂缓放款的相关案例

某银行放款中心在审核长沙市YCCH纸品有限公司3000万元贷款额度时，

发现客户提供热翔的机器设备名称为"高宝利必达四色对开及全开胶印机",与信审部门批复抵押的机器设备名称"高保利比达对开及全开四色胶印机"不一致。而且企业提供的设备评估报告为9个月之前的,高于现在的估价。发现这一情况后,放款中心立即停止放款操作,并将材料退回信审部门重新审批。

620. 抵押房屋未缴纳土地出让金的相关案例

陕西兴达经贸有限公司向银行贷款 550 万元,抵押房产评估价 1100 万元,抵押率 50%。复核员在审核放款资料时,发现抵押房屋未缴纳土地出让金,且土地价格重复计算。在剔除土地出让金和重复的土地评估值后,重新计算的抵押率超过银行规定比例。放款中心严格按照制度规定,在房主补缴土地出让金之后,重新计算抵押率,在此基础上压减金额后予以放款。

621. 房屋他项权证附记登记的债务人名称错误的相关案例

江苏海运通达有限公司向银行申请短期贷款 6000 万元,由丹阳 TSDY 有限公司房地产作抵押。

放款人员在审查该笔业务资料时发现,房屋他项权证附记登记的债务人名称为"丹阳 TSDY 有限公司",与在银行的借款单位"江苏 TSDY 有限公司"名称不符。放款中心将该笔业务做了退卷处理。经查证,他项权证附记登记的债务人名称错误,为房管部门录入错误所致。如果未发现该错误,在债务人违约,实现抵押权的时候必然会产生纠纷,由此会给银行带来不应有的损失。

622. 可抵押土地面积确定的相关案例

河北省万方有限公司向银行申请一般固定资产贷款 6000 万元,由自有土地及房产抵押。核保人员办理抵押登记时,抵押登记机关提出抵押面积应扣除土地证记载的规划公共道路用地面积 15000 平方米,实际可抵押面积为 46920 平方米(而不是 61920 平方米)。因抵押面积减少,涉及评估报告需要重新出具并报信审部门审批,放款中心暂缓本笔放款。

这个案例说明,抵押面积不能包括规划公共道路用地面积,如果以后出现债务人违约,在诉讼中就会因抵押面积减少而给银行带来损失。

623. 他项权证件是由客户自行领取,暂缓放款的相关案例

唐山某钢铁有限责任公司向银行申请提款 3650 万元,以其自有土地房产抵押。在办理押登记时,银行专职核保员与客户经理一同将有关材料递交到

抵押登记部门。在领取他项权证时，客户在未通知银行的情况下自行前往领取了他项权证，然后交给客户经理。放款员在放款审核时，发现核保操作过程违反银行制度，无法确定客户带回的他项权证的真实性，决定暂缓了放款。并要求核保人员立即与业务人员执他项权证一同前往登记部门进行复核，复核无误后，才办理放款手续。①

▶▶▶ 624. 已经登记的不动产、动产抵押物，再次抵押的相关案例

甲欠乙债务 20 万元，以一辆汽车为乙设立抵押，并办理抵押登记，甲以 25 万元价格出售给丙，丙交车款后，甲交付汽车，后才告知乙。乙称不同意甲出卖，遂起纠纷。该纠纷应该如何解决。

分析：可以肯定地说，甲、丙的买卖行为并非当然、绝对无效，而是属于对特定第三人（债权人）无效的法律行为。因为这里存在多种可能情形：

可能情形之一：甲取得车款后，将其中的 20 万元提前清偿或者提存，此时不会出现纠纷，乙也无权请求确认买卖行为无效。

可能情形之二：丙取得汽车后，将应付车款 25 万元中的 20 万元提前代为清偿给乙、提存或者在甲、乙债务到期时将 10 万元直接交付给乙，余款 5 万元交付给甲。此时，乙没有必要也无权主张甲、丙买卖行为无效。

可能情形之三：甲、丙相互交付汽车、车款后，乙对汽车主张抵押权，丙为保住汽车，另拿出 20 万元代甲向乙清偿债务。此时，乙也无权请求确认买卖行为无效。

可能情形之四：甲、丙相互交付汽车、车款后，乙主张汽车的抵押权，但甲拒不清偿债务，丙也无所表示，此时，乙有必要也有权利主张甲、丙买卖行为无效。

可能情形之五：若甲、丙约定的车款仅为 10 万元，远低于汽车价值 20 万元，乙有必要也有权利主张甲、丙之间的买卖行为无效，以执行该汽车以获得优先受偿。

结论：已经登记的不动产、动产抵押权不仅有效且具有对抗第三人的效力，不容否认。但是，这并不能得出未通知债权人的抵押物转让行为当然无效的结论。只有那些已经损害债权人优先受偿权的擅自转让行为，经债权人主张且经过法院判决认定无效的，方为无效。

---

① 孙建林：《常见授信风险识别与防范》，中国商业出版社 2022 年版。

下篇 导致银行被动抵债后果的授信风险识别与防范

▶▶▶ 625. 抵押物被抵押人恶意隐秘、位移的相关案例

银行抵押设定以后，有的抵押人出于逃避银行债务的目的，对抵押物恶意隐秘、位移，致使抵押落空，银行必须加以防范。

某国有大银行在宁夏中卫支行发放挖掘机抵押贷款 5600 万，贷款人是几家建筑公司。贷款发放后，挖掘机随工程招标地移动，最后不知道转移到何处。几家建筑公司先后破产清算，抵押物挖掘机也无从查找，银行损失巨大。

还有一些个人的汽车贷款，借款人恶意逃债，将汽车隐瞒起来，给银行追讨债务带来极大困难。

银行面对这类情况，采取的对策一是加强监管，随时监控抵押物的动向；二是与当地车辆管理部门建立联系，请求协助监管车辆；三是增加担保人，提高保证系数。

▶▶▶ 626. 抵押物被征用，如何保证抵押权实现的相关案例

某企业向银行贷款 2000 万元，以其厂房、仓库做抵押。在贷款未到期间，该市新建地铁，通过该厂区（厂区处于郊区，地铁在地面上）抵押的厂房、仓库被征用。银行拟宣布贷款提前到期，要求还款。

本案中，按照法律规定，由于没有达到贷款提前到期的条件，因此，该银行不能直接要求贷款公司提前偿还贷款及其利息，如果有其他财物，可以通过其他财物重新设立抵押。但显然，该公司没有其他合适的抵押物，也不符合《民法典》规定的相关情形，所以该银行可以选择如下维权方式。一是如果该公司选择货币安置补偿的，银行就可以对该公司获得的征收补偿款享有物上代位权；二是如果该公司选择房屋产权调换的，银行可与该公司进行协商，重新设立抵押，或者提供其他担保。

▶▶▶ 627. 出质人对质押物不享有所有权的相关案例

某建材市场中，A 公司以价值 1500 余万元的线材为其 900 万元借款提供质押担保。贷款发放后，A 公司多次出货，后以中板为出货后补充的质物，价值达 1000 万元，所有权由市场方及出质人 A 公司确认并出具入库单证明。但随后第三方 B 公司以上述中板所有权属其所有（暂存放于市场方）为由要求出货，银行委托的监管公司认为中板属于质押监管货物，不予放行。双方争执不下，均报警处理。

在公安机关的介入下，市场方及出质人 A 公司均承认上述涉及争议的中板所有权确属于第三方 B 公司，A 公司不享有所有权。A 公司为了出货进行

加工，而与市场方合谋将第三方 B 公司的中板纳入质押监管货物，以弥补出货的空缺。在中板货权明确后，监管方只能将货物放行。最后银行与公安机关对 A 公司施压，迫使 A 公司将已经进行加工的钢材重新入库纳入监管，并提前归还了部分贷款，才有效降低了贷款风险。

　　在这起案件中银行及时发现了问题，防止了风险的发生。这里的市场监管方与质押人合谋欺诈，是犯罪行为。好在没有产生严重后果，质押人及时弥补过错，也就没有给予处罚。

后　记

　　本书是笔者多年潜心研究和业务实践的经验总结。在书中，笔者翔实解析了银行在抵债资产管理中遇到的大量问题，并且收集整理了诸多与银行抵债资产工作相关的案例，并对案例进行了归纳分析、总结提炼。

　　在本书写作过程中，笔者得到了多方的鼓励和帮助，才使书稿得以顺利完成，在此一并表示感谢。

　　首先，要感谢北京农信合研究所的鲁建华老师，他在得知我的工作心得后鼓励我将这些内容编撰成书，并与我共同确定了这一选题。还要特别感谢孙建林老师，书中抵押和质押风险部分参考和借鉴了他的《常见授信风险——识别与防范》一书的内容，他的书为我在抵押和质押风险管理方面开拓了新思路。在此郑重表示感谢。

　　其次，要感谢中国建设银行总行资产保全部的同事们，他们给了我很多建议和研究机会，使本书与实际业务联系的更加紧密。

　　最后，还要感谢我的家人们，在我撰写书稿的过程中，他们给予我大力支持，并为我创造了良好的环境。

　　本书是银行抵债资产业务指导用书，希望能够对银行相关工作人员在厘清思路和提高操作能力方面有所帮助。

谭兴民
2023 年 10 月于北京